Rhinegold Study Guides

TGAU Cerddoriaeth Llawlyfr y Myfyriwr

ar gyfer manyleb **CBAC**

Gan

Alun Guy ac Iwan Llewelyn-Jones

Golygydd: Lucien Jenkins

Cyhoeddwyd dan nawdd Cynllun Cyhoeddiadau
Cyd-bwyllgor Addysg Cymru

R·

Rhinegold Publishing Ltd
241 Shaftesbury Avenue
Llundain WC2H 8TF
Rhif ffôn: 01832 270333
Ffacs: 01832 275560
www.rhinegold.co.uk

Cyfres Music Study Guides Rhinegold
(golygydd y gyfres: Paul Terry)

Students' Guides to GCSE, AS and A2 Music for the AQA, Edexcel and OCR Specifications
Listening Tests for Students for the AQA, Edexcel and OCR GCSE, AS amd A2 Music Specifications
A Student's Guide to AS and A2 Music Technology for the Edexcel Specification
Listening Tests for Students for the Edexcel AS and A2 Music Technology Specification

Teitlau Study Guide Eraill gan Rhinegold
Students' Guides to AS and A2 Religious Studies for the AQA, Edexcel and OCR Specifications
Students' Guides to AS and A2 Drama and Theatre Studies for the AQA and Edexcel Specifications
Students' Guide to AS and A2 Performance Studies for the OCR Specification

Mae Rhinegold Publishing hefyd yn cyhoeddi Music Teacher, Classroom Music, Classical Music, Opera Now, Piano, Early Music Today, The Singer, British and International Music Yearbook, Rhinegold Guide to Music Education, British Performing Arts Yearbook, Rhinegold Dictionary of Music in Sound.

Cyhoeddwyd y gyfrol hon gyntaf yn y Deyrnas Unedig yn 2004 gan
Rhinegold Publishing Ltd
241 Shaftesbury Avenue
Llundain WC2H 8TF
Rhif ffôn: 01832 270333
Ffacs: 01832 275560
www.rhinegold.co.uk

Comisiynwyd â chymorth ariannol Awdurdod Cymwysterau, Cwricwlwm ac Asesu Cymru.
Cyhoeddwyd dan nawdd Cynllun Cyhoeddiadau Cyd-bwyllgor Addysg Cymru.

CBAC
WJEC

© Rhinegold Publishing Ltd

Cedwir pob hawl. Ni chaniateir atgynhyrchu unrhyw ran o'r cyhoeddiad hwn na'i gadw mewn cyfundrefn adferadwy na'i drosglwyddo mewn unrhyw ddull na thrwy unrhyw gyfrwng electronig, mecanyddol, llungopïo, recordio nac fel arall, heb ganiatâd ymlaen llaw gan Rhinegold Publishing Ltd.

Nid yw'r teitl hwn yn gynwysedig mewn unrhyw drwydded a roddir gan yr Asiantaeth Trwyddedu Hawlfraint, na Chyrff Hawliau Atgynhyrchu eraill.

Mae Rhinegold Publishing Ltd wedi ymdrechu hyd eithaf ei allu wrth baratoi'r Llawlyfr hwn. Nid yw'n derbyn unrhyw atebolrwydd i unrhyw barti am golled neu ddifrod a achosir gan wallau neu hepgoriadau yn y Llawlyfr, pa un a yw'r cyfryw wallau neu hepgoriadau yn deillio o esgeulustod, damwain neu achos arall, ac mae'n gwrthod pob atebolrwydd drwy hyn.

Dylech bob amser gadarnhau gofynion cyfredol yr arholiad, gan fod y rhain yn gallu newid.
Gellir cael copïau o Fanyleb CBAC o Siop Lyfrau CBAC,
245 Rhodfa'r Gorllewin, Caerdydd CF5 2YX.
Gweler hefyd wefan CBAC: www.cbac.co.uk

TGAU Cerddoriaeth Llawlyfr y Myfyriwr ar gyfer manyleb CBAC
Mae cofnod catalogio'r gyfrol hon ar gael gan y Llyfrgell Brydeinig.
ISBN 1-904226-58-2

Argraffwyd yn y DU gan WPG Group Ltd

Cynnwys

Yr awduron 4

Cydnabyddiaethau 4

Rhagymadrodd 5

Deall Cerddoriaeth 7

Perfformio 21

Cyfansoddi 27

Cerddoriaeth yng Nghymru 42
    Y delyn, 42
    Caneuon Cymreig, 44
    Cerddoriaeth gerddorfaol Gymreig, 55

Adeiledd Cerddorol 65
    Ffurf yn y traddodiad clasurol gorllewinol, 65
    Ffurf mewn cerddoriaeth leisiol, 73
    Ffurf mewn jazz, 75
    Dyfodiad roc, 79

Cerddoriaeth ar gyfer Achlysuron Arbennig 84
    Genedigaethau, priodasau a marwolaethau, 84
    Cerddoriaeth ar gyfer seremonïau pwysig, 89
    Cerddoriaeth a drama, 91
    Cerddoriaeth ar y llwyfan rhyngwladol, 92

Cerddoriaeth i'r Llwyfan a'r Sgrin 96
    Y llwyfan, 96
    Y sgrin, 100

Esblygiad Cerddoriaeth 107
    Cerddoriaeth yr 20fed ganrif, 107
    Digyweiredd, 107
    Cyfresiaeth, 108
    Cerddoriaeth aleatorig, 111
    Minimaliaeth, 113
    Ailgymysgu dawns clwb, 119

Rhestr Termau 122

Yr awduron

Roedd **Alun Guy** yn gyfarwyddwr cerddoriaeth yn Ysgol Gyfun Gymraeg Glantaf am 20 mlynedd. Bu'n arholwr ymarferol i Gyd-bwyllgor Addysg Cymru er 1989 a daeth yn brif arholwr yn 1999. Mae'n olygydd cerdd i Eisteddfod Genedlaethol Cymru ac mae wedi cyhoeddi trefniannau o ganeuon Cymraeg poblogaidd ar gyfer ysgolion uwchradd. Mae Alun hefyd wedi ysgrifennu'n helaeth am faterion addysg cerddoriaeth ar gyfer cylchgronau a chyfnodolion yn ogystal ag ysgrifennu llyfrau am gyfansoddwyr a pherfformwyr enwog. Eleni mae'n ysgrifennu cyfres o lyfrau am berfformwyr Cymraeg cyfoes. Mae ei waith fel beirniad ac arweinydd yn mynd ag ef i bob cwr o'r byd, yn cynnwys De America, Awstralia, Barbados ac UDA.

Astudiodd **Iwan Llewelyn-Jones** ym Mhrifysgol Rhydychen a'r Coleg Cerdd Brenhinol. Mae wedi teithio'r byd yn ei yrfa fel pianydd cyngerdd ac mae wedi ymddangos yn Nhŷ Opera Sydney, y Gewandhaus yn Leipzig a Neuadd Wigmore, Llundain. Mae ei ymwneud ag addysg cerddoriaeth yn dyddio'n ôl i 1999 pan ddyfarnwyd grant Celfyddyd i Bawb iddo gan Gomisiwn y Loteri ar y cyd â Chyngor Celfyddydau Cymru. Bu'r grant hwn yn fodd iddo ariannu cyfres o gyngherddau yn archwilio repertoire unawdau piano Chopin ac ymwelodd â sawl ysgol i gynnal gweithdai ar y berthynas rhwng cerddoriaeth a ffurfiau celfyddydol eraill. Ar hyn o bryd mae Iwan yn cynnal cyfres o weithdai i fyfyrwyr TGAU a Lefel UG/U mewn ysgolion ledled Llundain a Chymru, ac mae galw parhaus amdano fel darlithydd gwadd ar y lefel gynradd ac uwchradd.

Golygyddion

Lucien Jenkins, Charlotte Regan, Joanna Hughes, Elisabeth Rhodes.

Cydnabyddiaethau

Hoffai'r awduron ddiolch i John Arkell, David Bowman, Michael Burnett, Ian Burton, Bruce Cole, Ann Farmer, Luke Harley, Hywel Jones, Paul Terry, Abigail Walmsley a Jonathan Wikeley am eu cyngor a'u cymorth wrth iddynt baratoi'r arweiniad hwn. Mawr werthfawrogwyd y cymorth a roddwyd gan Awdurdod Cymwysterau, Cwricwlwm ac Asesu Cymru hefyd i ddatblygu'r prosiect. Serch hynny, os gwnaed unrhyw wallau, cyfrifoldeb yr awduron yw'r rhain.

Mae'r awduron yn ymwybodol hefyd bod ffrwyth oes o ddarllen yn y gwaith. Yn fwy diweddar, mae'r twf yn y defnydd o'r Rhyngrwyd wedi golygu bod mwy o wybodaeth gyffrous a barn heriol ar gael yn eang nag erioed o'r blaen. Er bod pob ymdrech wedi ei gwneud i gydnabod y ffynonellau uniongyrchol ac anuniongyrchol y dibynnwyd arnynt, mae'n amhosibl gwneud cyfiawnder â'r holl ddeunydd sydd wedi llywio'r gwaith o greu'r llyfr hwn. Hoffai'r awduron ymddiheuro felly os nad yw gwaith unrhyw un wedi cael ei gydnabod yn briodol. Byddent yn falch o glywed oddi wrth awduron neu gyhoeddwyr fel bod modd cywiro unrhyw wallau neu hepgoriadau o'r fath mewn argraffiadau dilynol.

Rhagymadrodd

Mae'r llawlyfr hwn wedi cael ei ysgrifennu'n benodol ar gyfer myfyrwyr sy'n astudio TGAU CBAC mewn cerddoriaeth. Nid llyfr i gymryd lle'r hyn sydd gan eich athrawon i'w gynnig mohono. Rydym yn rhoi tipyn o help ac arweiniad ychwanegol ichi, ond bydd angen ichi fynd i'ch gwersi cerddoriaeth yr un fath.

Mae tair rhan i gerddoriaeth TGAU: perfformio, cyfansoddi a gwrando. Bydd eich athro yn asesu eich gwaith cyfansoddi a bydd CBAC yn gwirio'r marciau. Bydd arholwr allanol yn asesu eich perfformiad a bydd yr arholiad gwrando yn cael ei farcio'n uniongyrchol gan arholwyr CBAC.

Perfformio

Mae perfformio'n werth 30% o gyfanswm y marciau. Bydd rhaid ichi berfformio un darn fel unawdydd ac un darn ensemble. Caiff y perfformiadau hyn eu hasesu a'u recordio yn ystod pumed tymor eich cwrs gan arholwr allanol o'r bwrdd.

Cyfansoddi

Mae cyfansoddi'n werth 40% o gyfanswm y marciau. Bydd rhaid ichi gyflwyno dau ddarn gwrthgyferbyniol ar ddiwedd pumed tymor eich cwrs. Rhaid i'r **ddau** ddarn gyda'i gilydd gymryd dim llai na dwy funud i'w chwarae, a dim mwy na phedair munud. Yn ogystal, bydd rhaid ichi ddangos y cysylltiadau rhwng eich cyfansoddiadau a'r Meysydd Astudiaeth.

Yn ystod eich cwrs byddwch yn creu ac yn datblygu syniadau cerddorol mewn perthynas â briff/cyfarwyddiadau penodedig a ddewiswyd gennych chi neu gan eich athro. Bydd eich athro am ichi gyfansoddi cerddoriaeth sy'n adlewyrchu eich chwaeth a'ch diddordebau arbennig chi.

Gwrando

Mae gwrando'n werth 30% o gyfanswm y marciau. Byddwch yn sefyll arholiad ysgrifenedig 1½ awr, ar ddiwedd eich cwrs, lle bydd rhaid ichi ateb cwestiynau am ddarnau o gerddoriaeth wedi'u recordio sydd wedi'u seilio ar bob un o'r pum Maes Astudiaeth. **Mae'n annhebygol iawn mai'r darnau sy'n cael eu hastudio yn y llawlyfr hwn fydd y darnau, ond byddant yn debyg.**

Er mwyn eich helpu i gael gradd dda, bydd angen digon o ymarfer arnoch yn ateb cwestiynau am gerddoriaeth debyg ond anghyfarwydd. Mae gennym rai cwestiynau 'Profwch eich hun' yn y penodau ar bob Maes Astudiaeth yn y llawlyfr hwn, ynghyd â rhai cwestiynau arholiad enghreifftiol i'ch helpu i baratoi ar gyfer yr arholiad.

Drwy'r llawlyfr ar ei hyd, rydym yn cyfeirio at draciau ar y CD Gwrando Arwyddol (CDGA). Mae'r adnodd hwn yn cael ei anfon i

Meysydd Astudiaeth

1. Cerddoriaeth yng Nghymru
2. Adeiledd Cerddorol
3. Cerddoriaeth ar gyfer Achlysuron arbennig
4. Cerddoriaeth i'r Llwyfan a'r Sgrin
5. Esblygiad Cerddoriaeth.

Awgrymiadau a chyngor buddiol wrth ichi ddechrau ar y cwrs hwn

ysgolion gan CBAC, felly bydd copi gan eich athro. Nid yw ar gael i'w brynu.

Mae'r cwrs TGAU fel y'i nodwyd gan Gyd-bwyllgor Addysg Cymru wedi'i fwriadu i gynnig amrywiaeth eang o gerddoriaeth, o arddulliau clasurol i rai pop, mewn pum Maes Astudiaeth (gweler tudalen 5). Er mwyn llwyddo yn yr arholiad bydd rhaid ichi ddangos y wybodaeth a'r sgiliau yr ydych wedi'u meithrin dros y ddwy flynedd mewn tair prif ffordd – perfformio, cyfansoddi a gwrando ar gerddoriaeth.

Byddai'n hawdd iawn eistedd yn ôl a gadael i'ch athrawon wneud y rhan fwyaf o'r gwaith, e.e. dweud wrthych sut i gyfansoddi a beth i'w berfformio, a gwneud ichi wrando ar gerddoriaeth yn y dosbarth. Mae'r athrawon yno i roi cyngor, i'ch helpu gyda phroblemau ac i roi syniadau ychwanegol ichi. Fodd bynnag, mae cerddoriaeth o'n hamgylch drwy'r amser, nid dim ond yn ystod gwersi cerddoriaeth yn yr ysgol. Gallwch wneud llawer o'r gwaith sylfaenol eich hun mewn llawer o ffyrdd syml.

Lluniwyd y llawlyfr astudio hwn i roi llawer iawn o wybodaeth ichi, nid dim ond y testun ei hun ac enghreifftiau cerddorol, ond hefyd o ble i gael gafael ar recordiadau cerddoriaeth ar CD, a gwybodaeth bellach ar y we fyd-eang. Mae'r farchnad recordio yn gwegian gyda CDs o bob mathau o gerddoriaeth, am brisiau rhad, ar hyn o bryd. Mae'n hawdd dod o hyd i wybodaeth am gyfansoddwr neu ddarn o gerddoriaeth ar y Rhyngrwyd. Mae gorsafoedd radio, megis Classic FM a Radio 3, yn chwarae cerddoriaeth glasurol ddydd a nos; os hoffech wybod mwy am jazz, trowch at Jazz FM, ac mae digon o gerddoriaeth Gymraeg ar Radio Cymru. Mae perfformiadau o gyngherddau byw (pop a chlasurol) ac opera'n gyffredin ar y teledu. Dim ond ychydig o grafu pen sydd ei angen; prynwch bapur newydd neu gylchgrawn teledu/radio i weld beth sy'n cael ei ddarlledu. Gall gwrando ar gerddoriaeth fel hyn roi llawer iawn o foddhad – efallai na fyddwch chi'n meddwl hynny ar y pryd, ond gall y synau a glywch tra'n gwrando gael effaith bositif iawn ar eich cyfansoddi a rhoi llawer o syniadau newydd ichi.

O ran yr elfen berfformio, efallai'ch bod chi'n meddwl bod y gofynion – un unawd ac un darn ensemble – yn swnio'n hawdd ac nad oes angen ichi wneud dim yn eu cylch tan ryw bythefnos cyn yr arholiad ymarferol. Anghywir! Holl hanfod yr asesiad ymarferol yw paratoi'n dda, gweithio'n gyson ar eich techneg dros y ddwy flynedd, a gwneud yn siŵr y bydd eich perfformiad yn gwbl gadarn, heb gamgymeriadau. Wrth gwrs, does dim rhaid ichi dreulio dwy flynedd yn ymarfer yr un unawd ar gyfer yr arholiad – dysgwch sawl darn gwrthgyferbyniol a wedyn byddwch yn y sefyllfa braf o allu dewis yr un gorau. Dechreuwch gasglu syniadau am ddarn ensemble yn gynnar yn y cwrs – gall eich athrawon helpu gyda hyn. Os ymrowch chi i ymarfer, fe gewch chi'ch gwobr: gwell sgiliau, gallu cyfathrebu'n dda, hyder a llwyddiant.

Yn olaf, cofiwch mai'r peth pwysicaf gyda cherddoriaeth yw mwynhau a mynegi eich personoliaeth, boed hynny yn eich cyfansoddiadau, eich perfformiadau, neu yn eich sylwadau am gerddoriaeth pobl eraill.

DWYN YW LLUNGOPÏO'R DUDALEN HON
Rhowch wybod i *copyright@rhinegold.co.uk* am achosion o gopïo
Gwarentir cyfrinachedd

Deall Cerddoriaeth

Mae'r bennod hon yn ymdrin â rhai termau a chysyniadau pwysig y byddwch yn dod ar eu traws yn ystod eich cwrs. Gall rhai o'r pwyntiau, yn enwedig am gyweiriau a chordiau, ymddangos yn anodd iawn i ddechrau felly peidiwch â cheisio gweithio drwy'r bennod gyfan mewn un sesiwn – defnyddiwch hi fel ffynhonnell i droi ati pryd bynnag y bydd angen ichi wneud hynny. Cofiwch – nid rhoi pethau ichi i'w dysgu'n waith cartref yw diben theori cerddoriaeth ond eich helpu i ddod yn well gwrandäwr, perfformiwr a chyfansoddwr.

Rydych yn siŵr o weld llawer o dermau cerddorol sy'n newydd ichi. Byddant yn gwneud llawer mwy o synnwyr os ydych yn deall y *synau* y maent yn cyfeirio atynt. Peidiwch â dibynnu ar ddysgu diffiniadau yn unig – ewch ati i chwarae neu ganu'r enghreifftiau a'u defnyddio yn eich cyfansoddiadau chi. Bydd deall terminoleg cerddoriaeth yn help ichi gyfleu syniadau cymhleth wrth gyd-gerddorion (arholwyr hyd yn oed!) mewn gair neu ddau, yn hytrach na gorfod defnyddio disgrifiadau hir. Ond cofiwch fod rhaid deall terminoleg cerddoriaeth yn drylwyr a'i defnyddio'n gywir er mwyn ichi wneud synnwyr.

Arwyddion amser

Mae dau fath o arwydd amser y mae angen inni ei ystyried – syml a chyfansawdd.

Fel arfer mewn arwyddion amser syml ceir y rhifau 2, 3 neu 4 ar y top ac maent yn dweud wrthych sawl curiad sydd ym mhob bar. Mae'r rhif gwaelod yn dweud wrthych beth yw hyd pob curiad, er enghraifft, 2=minim, 4=crosiet ac 8=cwafer (gweler ar y *dde*).

Mewn arwyddion amser cyfansawdd ceir y rhifau 6, 9 neu 12 ar y top (gweler yr enghraifft waelod). Mae'r cwaferi wedi'u grwpio mewn dau grŵp o dri, felly yn hytrach na chyfrif chwe churiad, byddem yn cyfrif dau guriad wedi'u seilio ar y grwpiau.

Yn dibynnu ar yr arwyddion amser, mae'r curiadau'n creu patrymau neu fesurau gwahanol.

Mae mesur rheolaidd yn cyfeirio at guriadau cryf sy'n cadw at yr un patrwm drwy'r amser. Er enghraifft:

➢ Dau guriad yn y bar = mesur dyblyg.

➢ Tri churiad yn y bar = mesur triphlyg.

Felly,

➢ $\frac{2}{4}$ = syml-dyblyg
➢ $\frac{3}{4}$ = syml-triphlyg
➢ $\frac{4}{4}$ = syml-pedwarplyg
➢ $\frac{6}{8}$ = cyfansawdd dyblyg.

Mae mesur afreolaidd yn cyfeirio at newid yn y grwpio, e.e. pum curiad y bar, wedi'i drefnu fesul dau a thri fel arfer.

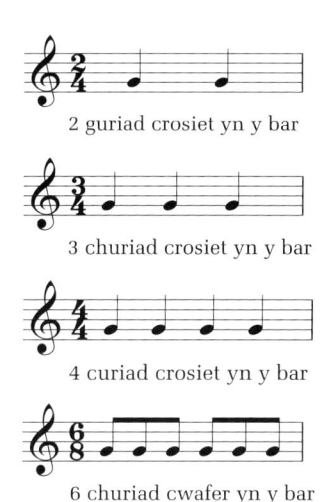

Gwerth nodau

Dengys y tabl isod hyd sylfaenol nodau o'u cymharu â churiad crosiet, ynghyd â'u henwau a'u symbolau. Rhoddir y symbol am seibiau o'r un hyd hefyd.

Enw'r nodyn	Symbol y nodyn	Symbol y saib	Nifer o guriadau crosiet
hanner brîf	o	▬	4
minim	♩	▬	2
crosiet	♩	𝄽	1
cwafer	♪	𝄾	½
hanner cwafer	♬	𝄿	¼

Nodau dot Mae dot ar ôl nodyn neu saib yn ei wneud hanner yn hirach eto.

Er enghraifft, mae crosiet dot ♩. = 1½ curiad crosiet.

Nodau clwm Mae clwm yn uno dau nodyn â'i gilydd.

Er enghraifft, ♩‿♩ = tri churiad crosiet.

Tripledi Tri nodyn wedi'u chwarae yn amser dau nodyn yw tripled.

Tempo

Y tempo yw cyflymder darn o gerddoriaeth. Isod rhoddir tabl o rai o'r tempi mwyaf cyffredin yr ydych yn debygol o'u gweld ar ddechrau darn, gyda chyfieithiadau Cymraeg o'r termau Eidaleg a nifer y curiadau y funud i bob tempo.

Gair Eidaleg	Cymraeg	Nifer y curiadau y funud
largo	araf iawn	40–60
adagio	araf	60–76
andante	cyflymder cerdded	76–108
moderato	cyflymder cymedrol	108–120
allegro	cyflym	120–168
presto	cyflym iawn	168–200

DWYN YW LLUNGOPÏO'R DUDALEN HON
Rhowch wybod i *copyright@rhinegold.co.uk* am achosion o gopïo
Gwarentir cyfrinachedd

Gall y tempo newid o fewn darn o gerddoriaeth. Dyma rai o'r termau Eidaleg mwyaf cyffredin i ddangos newid tempo, a'r talfyriadau y gallech eu gweld ar gerddoriaeth.

Gair Eidaleg	Talfyriad	Ystyr
accelerando	accel.	cyflymwch yn raddol
rallentando	rall.	arafwch yn raddol
ritenuto	rit.	arafwch ar unwaith
rubato		byddwch yn hyblyg gyda'r tempo
a tempo		ewch yn ôl i'r tempo gwreiddiol
	𝄐	daliant

Dynameg

Mae dynameg yn cyfeirio at ba mor gryf neu ba mor dawel y caiff cerddoriaeth ei chwarae. Megis gyda thempo, gall dynameg cerddoriaeth newid o fewn darn. Isod, gwelir rhai o'r arwyddion dynameg mwyaf cyffredin.

Eidaleg	Talfyriad	Ystyr
pianissimo	*pp*	tawel iawn
piano	*p*	tawel
mezzo piano	*mp*	cymharol dawel
mezzo forte	*mf*	cymharol gryf
forte	*f*	cryf
fortissimo	*ff*	cryf iawn
crescendo	cresc.	yn mynd yn gryfach
diminuendo	dim.	yn mynd yn dawelach

Cleffiau

Mae'n debyg y byddwch yn gyfarwydd â **chleff y trebl**. Mae ei symbol (𝄞) wedi ei ddatblygu o lythyren G gywrain sy'n cordeddu o amgylch y llinell o'r erwydd sy'n cynrychioli traw G uwchlaw C ganol.

Byddwch hefyd yn gweld **cleff y bas**. Cafodd ei symbol (𝄢) ei ddatblygu o lythyren F sy'n troi o amgylch y llinell o'r erwydd sy'n cynrychioli traw F islaw C ganol.

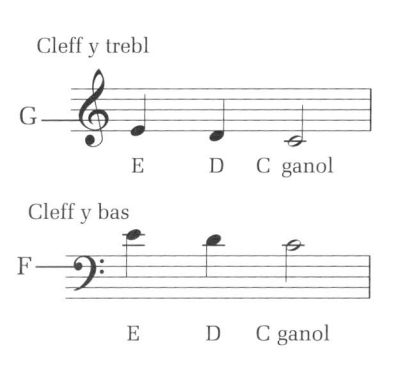

Defnyddir cleff y trebl ar gyfer offerynnau'r alaw megis y ffliwt, yr obo, y clarinét, y sacsoffon, yr utgorn, y corn, y feiolin a'r recorder desgant, yn ogystal ag i leisiau trebl ac alto. Defnyddir cleff y bas ar gyfer lleisiau bas ac offerynnau bas megis y basŵn, y trombôn, y tiwba, y sielo a'r bas dwbl. Mae offerynnau allweddellau a'r delyn yn defnyddio'r ddau gleff.

Graddfeydd mwyaf a chyweiriau mwyaf

Mae graddfeydd yn un o'r prif flociau adeiladu mewn llawer o fathau o gerddoriaeth. Efallai nad ydym yn mwynhau eu chwarae, ond maent yn hanfodol wrth ddeall sut mae cerddoriaeth yn gweithio.

Cyfwng yw'r pellter rhwng dau draw. Y cyfwng lleiaf a ddefnyddir fel arfer mewn cerddoriaeth orllewinol yw hanner tôn. Ar y diagram o allweddellau *isod* mae hanner tôn rhwng nodau 1 a 2, a hanner tôn arall rhwng nodau 2 a 3. Mae'r cyfwng rhwng nodau 1 a 3 felly yn ddau hanner tôn, neu'n un tôn.

Nawr edrychwch ar raddfa C fwyaf sy'n cael ei dangos yn y diagram. Nid oes nodyn du rhwng E ac F, na rhwng B ac C. Y rheswm am hynny yw mai dim ond hanner tôn sydd rhwng y nodau hyn yn barod.

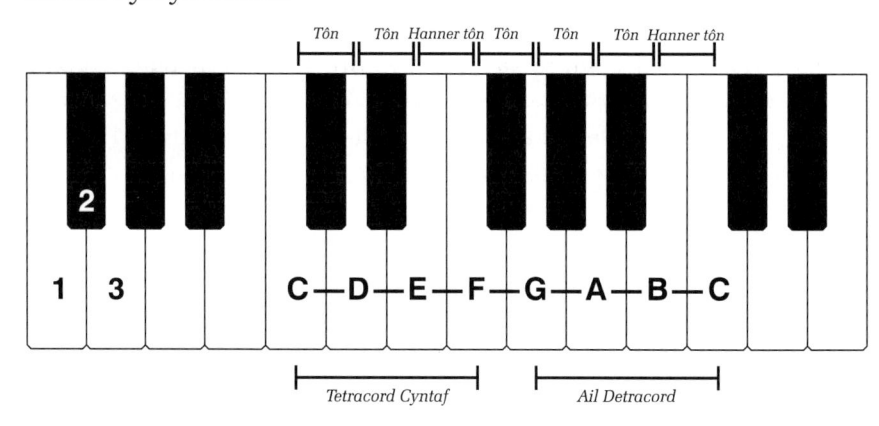

Allwch chi weld y patrwm cyfyngau yn y raddfa hon? Mae'n dechrau gyda grŵp o bedwar nodyn (a elwir yn detracord) sy'n cael eu gwahanu gan y cyfyngau tôn-tôn-hanner tôn. Ac mae'n gorffen gyda grŵp arall o bedwar nodyn yn yr un patrwm yn union. Mae tôn yn gwahanu nodyn olaf y tetracord cyntaf a nodyn cyntaf yr ail detracord. Felly mae'r raddfa wyth nodyn gyfan yn creu'r patrwm:

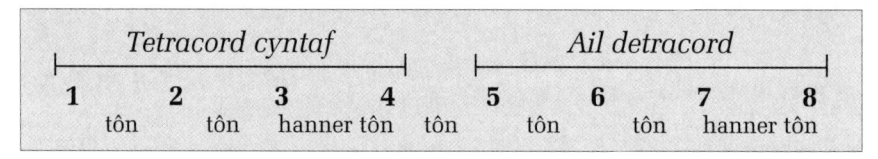

Tetracord cyntaf				*Ail detracord*			
1	2	3	4	5	6	7	8
tôn	tôn	hanner tôn	tôn	tôn	tôn	hanner tôn	

Efallai ei fod yn edrych yn gymhleth ond unwaith y byddwch wedi deall y patrwm gallwch lunio pob graddfa fwyaf sy'n bodoli!

Gadewch inni roi'r theori ar waith a defnyddio'r fformiwla i lunio graddfa fwyaf yn dechrau ar G. Y tetracord cyntaf fydd G-A-B-C, sy'n digwydd bod yr un fath ag ail detracord C fwyaf (ar y *chwith*). Gwyddom fod rhaid i'r tetracord arall ddechrau tôn uwchlaw nodyn olaf y tetracord cyntaf. Er mwyn cadw at y patrwm dieithriad o dôn-tôn-hanner tôn, rhaid iddo gynnwys y nodau D-E-F♯-G.

Y gwahaniaeth pwysig rhwng nodau C fwyaf ac G fwyaf yw bod y cyntaf yn defnyddio F♮ a'r ail yn defnyddio F♯. Mae cyweiriau sydd â'r rhan fwyaf o'u nodau yn gyffredin fel hyn yn cael eu disgrifio fel rhai sy'n perthyn yn agos.

Nawr ceisiwch lunio graddfa D fwyaf. Mae'n dechrau gydag ail detracord G fwyaf, sy'n cael ei ddangos ar waelod tudalen 10 (D-E-F#-G) ac yn gorffen gyda'r tetracord A-B-C#-D. Mae'r raddfa hon yn perthyn yn agos i G fwyaf (dim ond un traw, C#, sy'n wahanol) ond nid yw'n perthyn mor agos i C fwyaf (lle mae dau draw, F# ac C#, yn wahanol).

Dilynwch y patrwm unwaith eto ac ysgrifennwch raddfa fwyaf yn dechrau ar A. Dylech ganfod bod angen tri llonnod arnoch y tro hwn. Bob tro yr ydych yn dechrau graddfa newydd ar bumed nodyn y raddfa flaenorol, ydych chi wedi sylwi bod angen un llonnod ychwanegol?

Nawr rhowch gynnig ar ysgrifennu'r raddfa fwyaf sy'n dechrau ar bedwerydd nodyn C fwyaf (F). Er mwyn cadw'r patrwm arferol dylai'ch graddfa F fwyaf edrych fel yr un a welwch ar ochr y dudalen. Gallwn weld ei bod yn perthyn yn agos i C fwyaf oherwydd mae'r nodau yn y naill a'r llall yr un fath i gyd ac eithrio un (B♭). Ailadroddwch y broses drwy ddechrau graddfa ar bedwerydd nodyn F fwyaf (B♭), ac fe ddylech weld bod angen dau feddalnod (B♭ ac E♭) yn y raddfa newydd. Byddwch wedi dyfalu erbyn hyn mae'n siŵr – bob tro yr ydych yn dechrau graddfa newydd ar bedwerydd nodyn y raddfa flaenorol, mae angen un meddalnod ychwanegol.

Yn hytrach nag ysgrifennu llonnod neu feddalnod cyn pob nodyn lle mae angen un, mae'n fwy hwylus defnyddio arwydd cywair ar ddechrau pob erwydd i ddangos nifer y llonnodau neu'r meddalnodau sydd eu hangen.

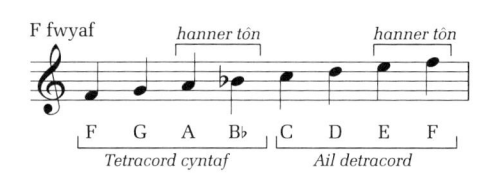

Graddau'r raddfa

Mae'n fwy hwylus yn aml peidio â chyfeirio at enwau nodau unigol ond at swyddogaeth pob nodyn mewn graddfa. Er enghraifft, y nodyn cyntaf mewn graddfa fwyaf (neu leiaf) yw nodyn y cywair, neu'r tonydd, bob amser, pa gywair bynnag y mae'r gerddoriaeth ynddo. Dyma'r enwau technegol ar bob gradd ar y raddfa – defnyddir rhifolion Rhufeinig yn aml yn lle'r enwau technegol:

1	2	3	4	5	6	7	8
Tonydd	Uwch donydd	Meidon	Is-lywydd	Llywydd	Isfeidon	Nodyn arweiniol	Tonydd
I	II	III	IV	V	VI	VII	I

Yn gynharach gwelsom mai un o'r nodau sy'n perthyn agosaf i'r tonydd yw'r un sydd bumed yn uwch – felly ni fyddwch yn synnu gweld mai'r enw ar V yw'r llywydd. Yn yr enghraifft isod fe welwn mai llywydd G yw D. Yn yr un modd, cywair llywydd G fwyaf yw D fwyaf.

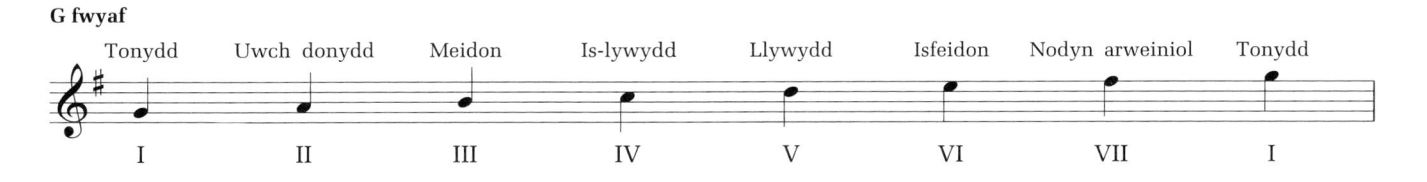

Profwch eich hun ar raddfeydd a chyweiriau mwyaf

1. Ysgrifennwch raddfa E♭ fwyaf yng nghleff y trebl. Pa nodyn yw llywydd E♭ fwyaf?

2. Ysgrifennwch raddfa A fwyaf yng nghleff y bas. Pa nodyn yw is-lywydd A fwyaf?

Graddfeydd lleiaf a chyweiriau lleiaf

I gyd-fynd â phob cywair mwyaf mae cywair lleiaf gyda'r un arwydd cywair. Mae'r **cywair perthynol lleiaf** hwn yn gywair arall sy'n perthyn yn agos i'r tonydd gwreiddiol. Mae bob amser yn dechrau ar isfeidon (chweched nodyn) y cywair mwyaf sy'n cyfateb iddo. Felly mae cywair perthynol lleiaf C fwyaf yn dechrau ar A ac fe'i gelwir yn A leiaf. Yn lle cyfrif chwe cham i fyny at yr isfeidon i ddod o hyd i'r nodyn cychwynnol, efallai y byddai'n well gennych feddwl ei fod yn dechrau ddau gam islaw'r tonydd ar y raddfa:

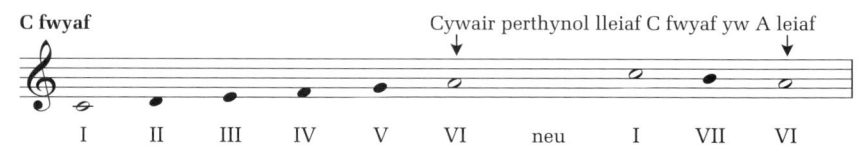

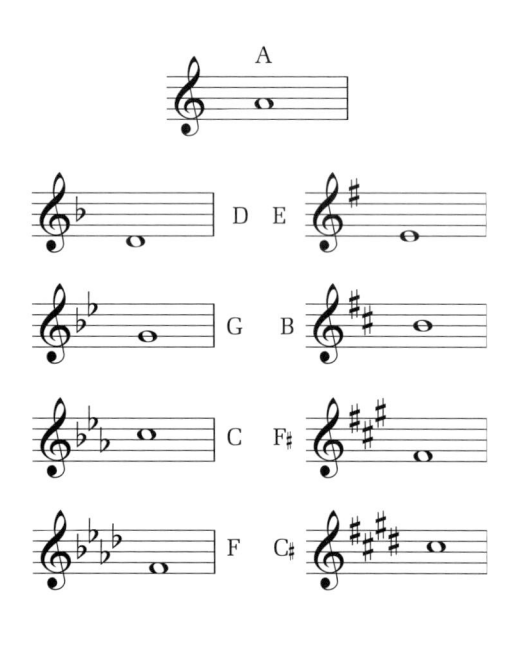

> Weithiau mae cyweiriau lleiaf yn cael eu disgrifio'n gamarweiniol fel rhai trist a chyweiriau mwyaf fel rhai hapus. Gall cerddoriaeth gyflym mewn cywair lleiaf swnio'n wych, yn stormus neu'n llawn dicter, a gall cerddoriaeth araf mewn cywair mwyaf swnio'n drasig neu'n hiraethus. Os gofynnir ichi ddweud ai mwyaf neu leiaf yw cywair mewn prawf gwrando, bydd angen ichi wrando'n ofalus ar y berthynas rhwng y nodau a pheidio â dibynnu ar ddisgrifiadau gor-syml fel hyn.

Gallwn ddweud mai A leiaf yw cywair perthynol lleiaf C fwyaf, neu ddweud mai C fwyaf yw cywair perthynol mwyaf A leiaf. Gallwch ganfod nodyn cychwynnol (neu donydd) pob cywair lleiaf arall yn yr un ffordd yn union. Felly, beth yw cywair lleiaf perthynol pob un o'r cyweiriau canlynol: G fwyaf, D fwyaf, F fwyaf, B♭ fwyaf, A fwyaf, E♭ fwyaf?

Mae sawl fersiwn o'r graddfeydd lleiaf i'w cael. Yr un hawsaf i ddechrau gydag ef yw'r un sy'n cael ei adnabod mewn pop a jazz fel y cywair lleiaf naturiol. Mae'n defnyddio'r un nodau yn union â'i gywair perthynol mwyaf, ond gan ei fod yn dechrau ar donydd gwahanol, mae'r berthynas rhwng y gwahanol nodau ar y raddfa yn wahanol:

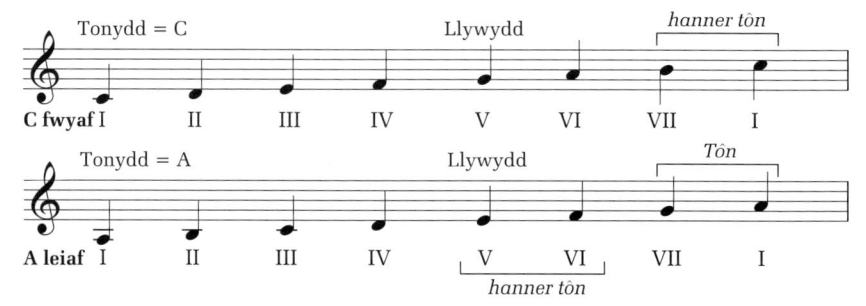

Mae'r berthynas wahanol hon yn fwyaf amlwg ar ddiwedd y raddfa. Chwaraewch neu canwch raddfa C fwyaf sawl gwaith, gan orffen ar nodyn VII bob tro. Rydych yn siŵr o deimlo bod y raddfa'n swnio anghyflawn oni bai bo'r nodyn olaf yn codi hanner tôn i orffen ar C, y tonydd. Mae'r duedd hon mor gryf fel ei bod yn rhoi ei enw technegol i nodyn VII, sef y nodyn arweiniol – y nodyn y mae angen iddo arwain at y tonydd.

Mae'r raddfa leiaf naturiol yn gorffen gyda chyfwng o dôn, felly nid yw'r duedd hon mor amlwg. Gwnewch yr un arbrawf gyda'r ail enghraifft ar y dudalen flaenorol, gan orffen ar VII, ac fe welwch nad yw'r angen iddo godi i'r tonydd mor gryf.

Dyma'r prif reswm pam fod gwahanol ffurfiau'r raddfa leiaf wedi esblygu. Nid yw'r cywair lleiaf naturiol yn cyfleu ymdeimlad cryf o gyweiredd (sy'n golygu ymdeimlad cryf o gywair lle mai'r tonydd yw'r nodyn pwysicaf). Er mwyn sefydlu ymdeimlad cryf o gywair, mae angen i'r raddfa leiaf orffen gyda'r un hanner tôn yn codi rhwng VII ac I ag a geir mewn cyweiriau mwyaf. Y ffordd hawdd o gyflawni hyn yw drwy godi nodyn VII hanner tôn, ond mae hyn wedyn yn creu cyfwng sy'n swnio braidd yn rhyfedd rhwng nodau VI a VII:

> Os ydych wedi gorfod paratoi graddfeydd ar gyfer arholiadau, efallai y byddwch yn adnabod yr enghraifft hon fel y raddfa leiaf harmonig – mae'n fwy addas i harmoneiddio cerddoriaeth nag i'w defnyddio mewn alawon oherwydd y cyfwng trwsgl rhwng nodau VI a VII.

I osgoi'r cyfwng trwsgl hwn, caiff nodyn VI hefyd ei godi hanner tôn yn aml, gan roi'r fersiwn ganlynol o'r raddfa leiaf:

> Efallai y byddwch yn adnabod yr enghraifft hon fel y raddfa leiaf felodig, sy'n fwy addas ar gyfer ysgrifennu alawon.

Mewn darn cywair lleiaf gallwch felly weld nodau VI a VII y fersiwn normal a'r fersiynau sydd wedi'u codi:

A leiaf: ♯VII I ♯VII ♮VI ... ♮VI ♯VII I

Fodd bynnag, mae angen y fersiwn wedi'i godi o'r nodyn arweiniol sy'n cael ei ddilyn gan y tonydd (a ddangosir mewn cromfachau uchod) i gyfleu ymdeimlad cryf o gyweiredd lleiaf, ac mae presenoldeb y patrwm hwn yn dangos yn glir mai cywair lleiaf sydd yma.

Sylwch nad yw codi traw nodau VI a VII bob amser yn golygu defnyddio llonnod. Os yw'r naill neu'r llall o'r nodau hyn wedi ei feddalu fel arfer, bydd angen ichi ddefnyddio'r nod naturiol, nid llonnod, i godi ei draw hanner tôn:

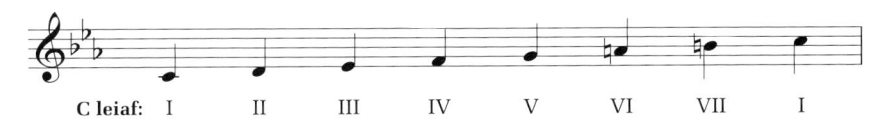

C leiaf: I II III IV V VI VII I

Ewch ati i ymarfer fel eich bod yn gallu adnabod cyweiriau, graddfeydd a graddau'r raddfa yn gyflym a chywir; bydd yn help ichi ddeall pynciau y byddwn yn dod ar eu traws yn well o lawer – yn enwedig cordiau.

Profwch eich hun ar raddfeydd a chyweiriau lleiaf

1. Enwch gywair perthynol lleiaf F fwyaf a dywedwch beth yw traw nodyn arweiniol y cywair perthynol lleiaf.

   ....

2. Ysgrifennwch raddfa G leiaf yng nghleff y trebl, gan ddefnyddio'r ffurf wedi'i chodi o chweched a seithfed radd y raddfa hon.

3. Enwch gywair y darn isod o gerddoriaeth:

   Vivaldi, Op.3 Rhif 2

   ....

Graddfeydd a moddau eraill

Graddfa bum nodyn a geir mewn cerddoriaeth werin mewn llawer o rannau gwahanol o'r byd yw'r **raddfa bentatonig**. Yn ei ffurf fwyaf cyffredin mae'n defnyddio nodau 1-2-3-5-6 y cywair mwyaf (ar y *chwith*). Os chwaraewch chi raddfa ar ddim ond nodau du'r allweddellau, gan ddechrau ar F♯, fe glywch chi'r raddfa bentatonig yn F♯.

Graddfa bentatonig yn dechrau ar C

Mae'r raddfa bentatonig yn ddefnyddiol iawn wrth ichi ddechrau cyfansoddi oherwydd, gan nad yw'n cynnwys hanner tonau, mae'n bosibl cyfuno llinellau melodig gyda chyfeiliant drôn syml heb greu anghyseinedd cras.

Yn wahanol i'r raddfa bentatonig, nid yw'r **raddfa gromatig** yn cynnwys dim ond hanner tonau, 12 ohonynt i'r wythfed:

Mae'r **raddfa tonau cyfan**, fel y byddech yn dyfalu, yn mynd o gam i gam fesul tôn:

Modd aeolaidd

Modd doriaidd

Modd micsolydiaidd

Cyfres o nodau yw **modd**. Mae'r raddfa fwyaf yn un math o fodd a'r raddfa leiaf naturiol a welsom ar dudalen 12 yn fath arall – yn wir, mae'r un fath â'r modd aeolaidd sydd wedi'i argraffu ar ochr y dudalen. Mae'r enghraifft hon yn dangos tri o'r moddau mwyaf cyffredin. Ar yr olwg gyntaf efallai eu bod yn edrych yn debyg i raddfeydd mwyaf, ond y gwahaniaeth arwyddocaol yw'r berthynas rhwng y nodau o fewn y modd. Sylwch nad oes yr un ohonynt yn gorffen gyda hanner tôn rhwng ei ddau nodyn olaf – un o nodweddion graddfa fwyaf – ac nad oes gan yr un ohonynt lonnodau na meddalnodau. Ar gyfer TGAU ni bydd gofyn ichi

DWYN YW LLUNGOPÏO'R DUDALEN HON
Rhowch wybod i *copyright@rhinegold.co.uk* am achosion o gopïo
Gwarentir cyfrinachedd

wahaniaethu rhwng y gwahanol fathau o foddau, ond efallai y byddai disgwyl ichi wybod bod darn o gerddoriaeth yn foddol.

Cyfyngau

Rydym eisoes wedi dysgu mai'r pellter rhwng dau nodyn yw cyfwng. Os yw'r ddau nodyn yn digwydd yr un pryd maent yn ffurfio cyfwng harmonig. Os ydynt yn digwydd un ar ôl y llall maent yn ffurfio cyfwng melodaidd, sy'n esgyn neu'n disgyn. Maent i gyd yn cael eu disgrifio yn yr un ffordd, drwy gyfrif enwau'r llythrennau o'r nodyn isaf i'r nodyn uchaf. Dylech gyfrif y nodyn isaf fel 1 bob amser. Mae pob un o'r tri chyfwng a ddangosir ar ochr y dudalen yn bumedau.

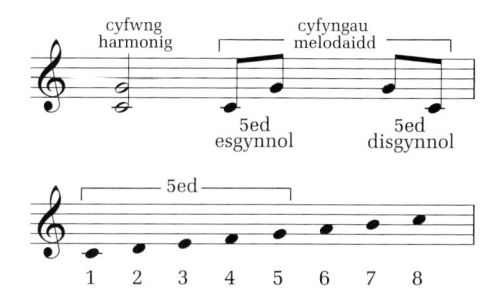

Fodd bynnag, nid yw disgrifio cyfyngau gyda rhif yn unig yn ddigonol. Er enghraifft, mae'r cyfwng o D i F yn 3ydd – ond felly hefyd y cyfwng o D i F♯ ac maent yn amlwg yn wahanol. Mae angen ychwanegu disgrifiad o 'ansawdd' y cyfwng i fod yn fwy manwl.

I wneud hyn, dychmygwch mai nodyn isaf y cyfwng yw nodyn cywair (neu donydd) graddfa fwyaf. Os yw'r nodyn uchaf yn dod o fewn y raddfa honno caiff y cyfwng ei enwi fel a ganlyn:

unsain (perffaith) | 2fed mwyaf | 3ydd mwyaf | 4ydd perffaith | 5ed perffaith | 6ed mwyaf | 7fed mwyaf | wythfed (perffaith) | 9fed mwyaf

> Mewn pob graddfa fwyaf a lleiaf, fe welwch fod y cyfyngau rhwng y tonydd a'r bedwaredd, y bumed a'r wythfed radd uwchlaw iddo yn cael eu galw'n 'berffaith'.

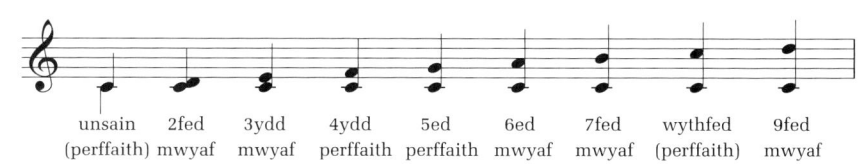

Os yw'r cyfwng un hanner tôn yn llai na chyfwng mwyaf, mae'n gyfwng lleiaf. Mae hynny'n rhoi'r posibiliadau canlynol inni:

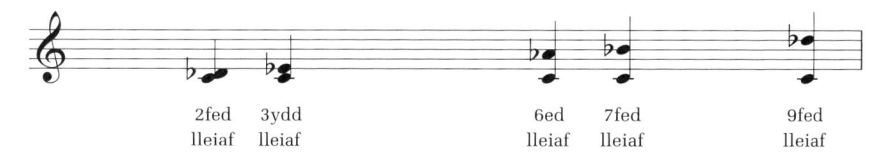

2fed lleiaf | 3ydd lleiaf | 6ed lleiaf | 7fed lleiaf | 9fed lleiaf

> Mae'r 2fed lleiaf yn swnio'r un fath â hanner tôn a'r 2fed mwyaf yn swnio'r un fath â thôn. Sylwch fel y mae'n rhaid darwahanu pennau'r nodau wrth ysgrifennu'r cyfyngau bach hyn ar un erwydd.

Os yw cyfwng un hanner tôn yn llai na chyfwng lleiaf neu gyfwng perffaith, mae'n gyfwng cywasgedig. Ac os yw cyfwng un hanner tôn yn fwy na chyfwng mwyaf neu gyfwng perffaith, mae'n gyfwng estynedig:

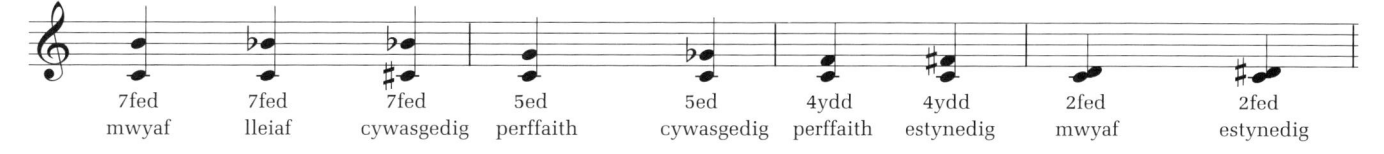

7fed mwyaf | 7fed lleiaf | 7fed cywasgedig | 5ed perffaith | 5ed cywasgedig | 4ydd perffaith | 4ydd estynedig | 2fed mwyaf | 2fed estynedig

Mae'r 5ed cywasgedig a'r 4ydd estynedig yn swnio'r un fath pan fyddant yn cael eu clywed ar eu pen eu hunain. Cyfwng o dri thôn sydd i'r naill a'r llall, ac mae'r ddau ohonynt felly'n aml yn cael eu galw'n **drithon**.

Sylwch fod modd newid ansawdd cyfwng drwy newid y naill nodyn neu'r llall. Mae'r 7fed cywasgedig yn yr enghraifft flaenorol hanner tôn yn llai na'r 7fed lleiaf gan fod ei nodyn isaf wedi cael ei godi hanner tôn.

Enwi cyfyngau: crynodeb

Yn gyntaf, gweithiwch allan rif y cyfwng. Wedyn penderfynwch a yw'r nodyn uchaf yn perthyn i'r raddfa fwyaf y mae'r nodyn isaf yn donydd iddi. Os yw, bydd y cyfwng yn gyfwng mwyaf neu berffaith. Os nad yw, mae'r rheolau canlynol yn help fel arfer:

➢ Os yw'r cyfwng hanner tôn yn llai na chyfwng mwyaf, mae'n gyfwng lleiaf
➢ Os yw'r cyfwng hanner tôn yn fwy na chyfwng mwyaf neu berffaith, mae'n gyfwng estynedig
➢ Os yw'r cyfwng hanner tôn yn llai na chyfwng lleiaf neu berffaith, mae'n gyfwng cywasgedig.

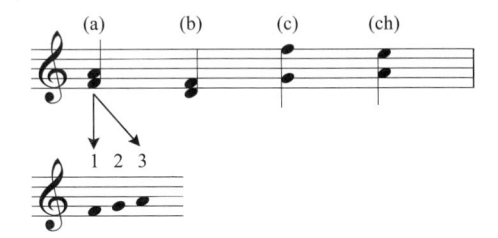

Un o'r pethau mwyaf dryslyd am enwi cyfyngau yw'r ffaith fod cyfyngau lleiaf yn digwydd mewn cyweiriau mwyaf, a bod cyfyngau mwyaf yn digwydd mewn cyweiriau lleiaf. Gadewch inni weld sut mae hyn yn gweithio'n ymarferol gyda'r enghreifftiau a ddangosir ar ochr y dudalen.

Yn gyntaf, gweithiwch allan rif y cyfwng, gan gofio cyfrif y nodyn isaf fel 1. Mae cyfwng (a) yn 3ydd (F=1, G=2, A=3). Wedyn, dychmygwch mai'r nodyn isaf (F) yw'r tonydd. Ydy'r nodyn uchaf (A) yn digwydd yng nghywair F fwyaf? Ydy! Felly mae hwn yn 3ydd mwyaf.

Mae enghraifft (b) hefyd yn 3ydd. Dychmygwch mai'r nodyn isaf (D) yw'r tonydd. Ydy'r nodyn uchaf (F) yn digwydd yng nghywair D fwyaf? Nac ydy! Y trydydd nodyn yn D fwyaf yw F♯, ond yr hyn sydd gennym yma yw F♮ – felly mae cyfwng (b) hanner tôn yn llai na 3ydd mwyaf. 3ydd lleiaf ydyw.

Nawr gweithiwch allan beth yw cyfwng (c). G yw'r nodyn isaf. Ydy'r nodyn uchaf (F) yn digwydd yn G fwyaf? Os nad yw, ni all hwn fod yn gyfwng mwyaf. Pa gyfwng ydyw? Gweithiwch gyfwng (ch) allan eich hun.

Profwch eich hun ar gyfyngau

Lluniwch y cyfwng harmonig sydd wedi'i enwi drwy ysgrifennu nodyn *uwchlaw* pob un o'r nodau canlynol.

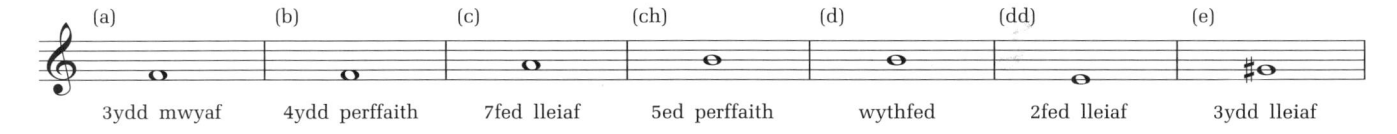

(a) 3ydd mwyaf (b) 4ydd perffaith (c) 7fed lleiaf (ch) 5ed perffaith (d) wythfed (dd) 2fed lleiaf (e) 3ydd lleiaf

Triadau

Y math symlaf o gord yw'r **triad**. Mae'n cynnwys tri thraw: y nodyn y mae'r cord wedi'i seilio arno (y **nodyn gwreiddiol**), ynghyd â 3ydd a 5ed uwchlaw iddo. Dyma'r triadau ar bob nodyn o C fwyaf:

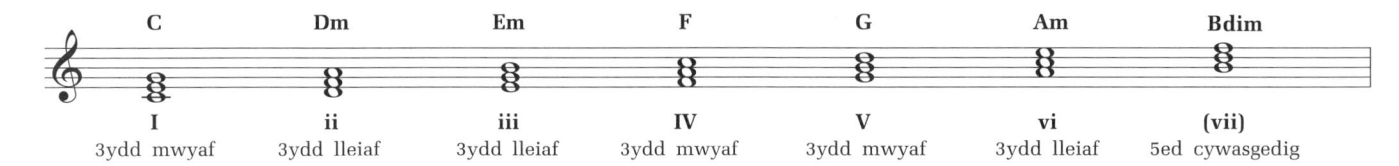

C	Dm	Em	F	G	Am	Bdim
I	ii	iii	IV	V	vi	(vii)
3ydd mwyaf	3ydd lleiaf	3ydd lleiaf	3ydd mwyaf	3ydd mwyaf	3ydd lleiaf	5ed cywasgedig

Gellir disgrifio triadau gan ddefnyddio'r enwau technegol neu'r rhifolion Rhufeinig a ddefnyddir i enwi graddau'r raddfa. Er enghraifft, yng nghywair C fwyaf, cord y llywydd (cord V) yn syml ddigon yw triad nodyn y llywydd (G).

Edrychwch yn ofalus ar y cyfwng rhwng y nodyn gwreiddiol a thrydydd pob cord. Yng nghordiau I, IV a V mae'r nodyn canol 3ydd mwyaf uwchlaw'r nodyn gwreiddiol. Mae'r rhain felly yn gordiau mwyaf, a chânt eu hadnabod fel y tri phrif driad. Yng nghordiau ii, iii a vi mae'r nodyn canol 3ydd lleiaf uwchlaw'r nodyn gwreiddiol. Gelwir y rhain yn gordiau lleiaf.

Mae'r cyfwng rhwng y nodyn gwreiddiol a'r nodyn uchaf yn 5ed perffaith ym mhob triad ar wahân i vii. Yma, 5ed cywasgedig yw'r cyfwng allanol ac mae'r triad hwn felly'n cael ei alw'n driad cywasgedig.

Mewn pop a jazz mae'n fwyaf arferol nodi'r cordiau drwy ysgrifennu enw llythyren y nodyn gwreiddiol uwchlaw'r erwydd. Mae un briflythyren yn dynodi cord mwyaf. Mae llythyren 'm' fach ar ôl priflythyren yn dynodi cord lleiaf, tra bo 'dim' yn dynodi triad cywasgedig.

Gall nodau cord gael eu lleoli mewn unrhyw wythfed, gydag unrhyw fylchau rhwng y nodau a gan ddyblu nodau. Mae'r cordiau sydd i'w gweld ar ochr y dudalen i gyd yn G fwyaf – gellir cymryd mai G fwyaf yw yr un olaf hyd yn oed, er gwaethaf y ffaith fod un o'r nodau (y 5ed, D) wedi cael ei hepgor.

Sylwch mai nodyn gwreiddiol y triad (G) yw'r nodyn isaf ym mhob un o'r pum cord yn yr enghraifft flaenorol. Os mai'r nodyn gwreiddiol yw nodyn bas y cord, fel yn yr enghraifft honno, dywedir bod y cord yn y **safle gwreiddiol**.

Os ychwanegwch chi gyfwng 7fed uwchlaw'r nodyn gwreiddiol, rydych yn cael cord seithfed.

> Caiff rhifolion Rhufeinig mewn priflythrennau (I, II ac ati) eu defnyddio'n aml i ddynodi triadau mwyaf a gall rhifolion Rhufeinig mewn llythrennau bach gael eu defnyddio i ddynodi triadau lleiaf.

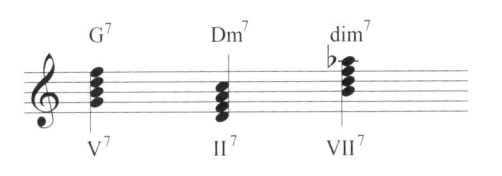

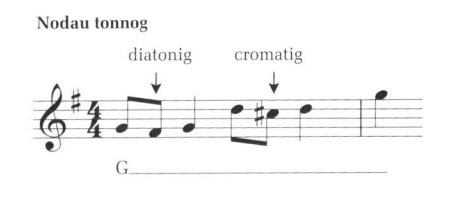

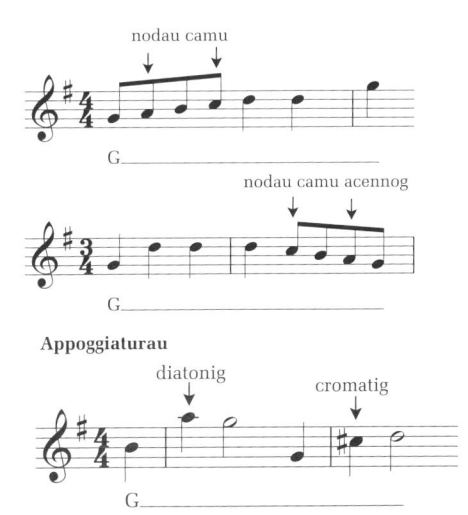

Addurno melodig

Pe bai alawon yn defnyddio nodau o'r cord cyfredol yn unig byddent yn swnio'n ddiflas iawn, felly ychwanegir gwahanol fathau o addurno melodig at nodau'r harmoni sylfaenol yn aml i ddod â mwy o fywyd iddynt. Mae'r rhain yn aml yn creu anghyseinedd am ennyd (h.y. gwrthdaro) gyda'r harmoni gwaelodol.

Gall y nodau addurnol (neu 'diangen') hyn fod yn **ddiatonig**, sy'n golygu eu bod yn defnyddio nodau o'r prif gywair, neu gallant fod yn **gromatig**, sy'n golygu eu bod yn defnyddio nodau o'r tu allan i'r prif gywair. Ac, er ein bod wedi galw'r adran hon yn addurno melodig, gall yr addurniadau hyn ddigwydd yn yr alaw, y bas neu'r rhan fewnol.

Mae **nodyn tonnog** (atodol) yn gorwedd dôn neu hanner tôn uwchlaw neu islaw nodyn harmoni ac mae'n digwydd am yn ail ag ef. Mae **nodyn camu** yn symud fesul cam rhwng dau nodyn harmoni sydd â thrydydd rhyngddynt. Fel arfer mae nodau camu yn digwydd ar guriadau gwan. Os ydynt yn digwydd ar guriadau cryf bydd yn llawer mwy amlwg eu bod yn anghyseiniol a, bryd hynny, cânt eu galw'n **nodau camu acennog**.

Anghyseinedd a gyrhaeddir drwy lamu yw **appoggiatura**. Caiff y tensiwn a greir ei ryddhau wrth i'r appoggiatura 'adfer' ei hun drwy symud i nodyn harmoni.

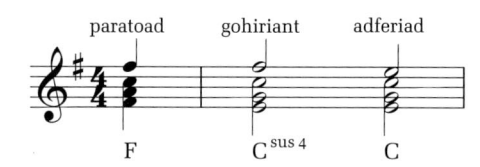

Mae **gohiriant** yn dechrau gyda nodyn cyseiniol sydd wedyn yn cael ei gynnal neu ei ailadrodd (h.y. ei ohirio) tra bo'r harmoni yn newid, gan achosi anghytgord. Mae'r anghytgord yn adfer i nodyn harmoni wedyn, gan symud i lawr gam fel arfer. Yn y rhan fwyaf o achosion mae'r gohiriant yn disodli un o'r nodau harmoni. Er enghraifft, yn yr esiampl ar ochr y dudalen, mae 3ydd arferol cord C fwyaf (E) wedi cael ei ddisodli dros dro gan F, pedwerydd uchlaw C. Mewn pop a jazz, caiff gohiriannau eu trin fel cordiau sy'n sefyll ar eu pen eu hunain a chânt eu nodi gyda symbol cord ar wahân (C^{sus4} yn yr achos hwn).

Ffigureiddio

Pe bai cordiau bob amser yn flociau plaen o nodau byddai cerddoriaeth yn swnio'n ddiflas iawn. Hyd yn oed mewn alaw syml i gyfeiliant mae cyfansoddwyr fel arfer yn gwneud y cyfeiliant yn fwy diddorol drwy ddyfeisio patrymau o nodau'r cordiau. Gelwir y patrymau hyn yn ffigurau, a gellir eu haddasu i gyd-fynd â newidiadau yn y cordiau.

Mae'r enghraifft ar ochr y dudalen yn dangos pum ffordd o ddyfeisio ffigur o gord C fwyaf. Ffigur arpeggio syml yw patrwm (a), tra bo (b) yn ffigur cord gwasgar sy'n cael ei adnabod fel bas Alberti (fe'i henwyd ar ôl cyfansoddwr oedd yn gorddefnyddio'r math hwn o ffigur). Mae'r trawsacennu ym mhatrwm (c) yn creu'r ymdeimlad fod y gerddoriaeth yn prysuro yn ei blaen. Mae patrymau (ch) a (d) yn cynnwys nodau diangen.

Motiffau, cymalau a diweddebau

Syniad melodig neu rythmig byr yw **motiff** sy'n ddigon gwahanol i gadw ei hunaniaeth er gwaethaf y ffaith iddo gael ei newid mewn amryw o ffyrdd. O'r gell sylfaenol hon y caiff syniadau cerddorol llawer hwy eu llunio yn aml, megis yn yr enghraifft hon gan Mozart:

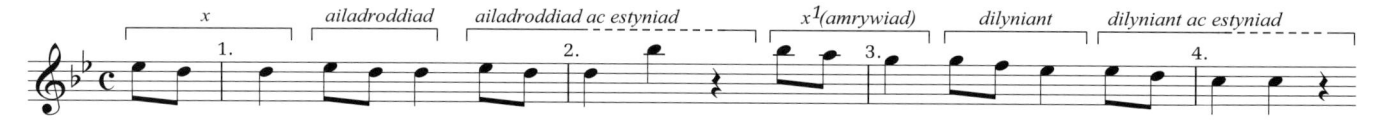

Yn y motiff agoriadol *(x)* ceir rhythm a hanner tôn sy'n disgyn. Yn gyntaf caiff ei ailadrodd yn union yr un fath, yna caiff ei ailadrodd a'i ymestyn â naid ar i fyny a saib. Wedyn caiff ei addasu fel bod y trydydd nodyn yn disgyn (x^1). Caiff yr amrywiad hwn ei drin mewn **dilyniant** wedyn (sy'n golygu bod syniad yn cael ei ailadrodd yn syth ar draw gwahanol). Yn ei ymddangosiad olaf mae'r motiff wedi cael ei ymestyn eto i gyfateb â rhythm yr estyniad cyntaf (ond nid y naid ar i fyny). Mae'r **cymal** cyfan a ddangosir uchod yn cael ei ailadrodd mewn dilyniant wedyn gam yn is, gan greu pâr o gymalau hollol gytbwys.

Mae'r cymal uchod yn dechrau ar guriad olaf bar. Mae agoriad ar guriad gwan fel hwn yn cael ei alw'n **anacrwsis**. Mae'n golygu bod y gerddoriaeth yn dechrau gyda bar anghyflawn a bod y bar olaf yn cael ei gwtogi er mwyn cael cydbwysedd. Mae'r enghraifft hon felly yn cynnwys 16 curiad i gyd ac mae'n dal yn ddilys inni gyfeirio ati fel cymal pedwar bar, er nad yw'n mynd i bedwar bar cyflawn. Sylwch fel mae'r barrau'n cael eu rhifo pan fydd anacrwsis ar y dechrau – bar 1 yw'r bar *cyflawn* cyntaf.

Mae cymalau'n aml yn gorffen gyda diweddeb – man gorffwys, yn debyg i atalnodi mewn brawddeg. Mae diweddeb berffaith (cordiau V–I) yn rhoi ymdeimlad o gwblhau, yn debyg i atalnod llawn ar ddiwedd brawddeg. Mae diweddeb amherffaith (yn gorffen ar gord V) yn swnio'n agored ac anghyflawn – yn debycach i goma ar ôl cymal mewn brawddeg:

Bb fwyaf | II V — diweddeb amherffaith | V I — diweddeb berffaith

Sylwch fod modd i gord V mewn diweddeb amherffaith gael ei ragflaenu gan unrhyw gord addas (I, II neu IV yw'r mwyaf arferol).

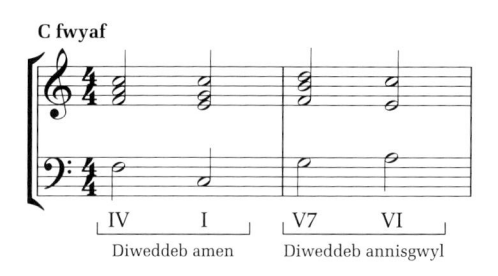

Mae'r ddwy ddiweddeb arall y gallech ddod ar eu traws yn cael eu dangos ar y *dde*. Mae'r ddiweddeb amen yn cynnwys cordiau IV–I ac mae'n cael ei gysylltu'n aml â'r 'Amen' a genir mewn cerddoriaeth eglwysig. Mae'r ddiweddeb annisgwyl yn dechrau gyda chord V (neu V^7) megis diweddeb berffaith, ond mae'n gorffen gydag unrhyw gord ar wahân i I – mewn geiriau eraill, tarfir ar y ddiweddeb berffaith ddisgwyliedig gan gord annisgwyl.

C fwyaf

IV I — Diweddeb amen | V^7 VI — Diweddeb annisgwyl

Trawsgyweirio

Mae gan y ddiweddeb berffaith, yn enwedig yn y ffurf V^7–I, rôl bwysig yn diffinio'r cywair. Mae cord V^7 yn cynnwys y nodyn arweiniol, sy'n tueddu i fod am godi i'r tonydd yng nghord I, tra bo seithfed cord V^7 yn tueddu i fod am ddisgyn i'r trydydd yng nghord I. Mae'r ddau gord hyn yn diffinio cywair yn llwyr. Edrychwch ar yr alaw ar ochr y dudalen, sydd yn amlwg yn amlinellu diweddeb berffaith. Mae cord C^7 yn cynnwys Bb, felly rhaid mai cywair meddal yw'r cywair, ond mae hefyd yn cynnwys E♮. Dim ond dau gywair sydd â'r cyfuniad hwn, F fwyaf ac F leiaf. A phan fydd y 7fed (Bb) yn disgyn i A♮ yng nghord y tonydd gwyddom na all y cywair fod yn F leiaf – F fwyaf yw'r unig bosibilrwydd.

V^7 — I

Pan welwch hapnodau mewn darn o gerddoriaeth, gall eu swyddogaeth fod yn unrhyw un o blith yr isod:

➢ efallai mai'r chweched a/neu'r seithfed nodau o gywair lleiaf ydynt
➢ efallai eu bod yn dangos bod y gerddoriaeth wedi trawsgyweirio (newid cywair)
➢ efallai eu bod yn nodau cromatig nad ydynt yn cael unrhyw effaith ar y cywair.

Bydd rôl y ddiweddeb berffaith wrth ddiffinio cywair yn ein galluogi i wahaniaethu rhwng y gwahanol swyddogaethau hyn. Edrychwch ar yr alaw isod gan Sousa:

F | C^7 | C^7 | F

Pan welwch hapnod, gofynnwch i chi'ch hun a yw hwn yn nodyn arweiniol tybed – os yw, bydd y tonydd hanner tôn yn uwch a byddwch yn disgwyl gweld diweddeb berffaith yn y cywair hwn. Felly, gallai presenoldeb G# awgrymu cywair A leiaf, a gallai F# awgrymu G leiaf. Ond nid oes diweddebau perffaith yn y naill na'r llall o'r cyweiriau hyn. Nid oes ond dau gord gwahanol, C^7 ac F, ac mae'r rhain yn gwneud diweddeb berffaith yn F fwyaf ym marrau 5–8.

Nawr edrychwch ar y miniwét hwn gan Mozart. Mae hwn hefyd yn dechrau yn F fwyaf, fel a gadarnheir gan y ddiweddeb berffaith (C^7–F) ym marrau 3–4. Yr hapnod cyntaf yw B♮ ym mar 5. Ai cromatig yn unig yw hwn ynteu a yw'n arwydd o drawsgyweirio? Fel arfer, gwiriwch a yw'n nodyn arweiniol (e.e. o C fwyaf) drwy chwilio am ddiweddeb berffaith yn y cywair newydd hwn. Y tro hwn fe glywch ddiweddebau perffaith yn y cyweirnod newydd, ym marrau 5–6 (G^7–C) ac eto ym marrau 7–8 (G–C). Felly nid nodyn cromatig yw B♮ – mae'r gerddoriaeth yn trawsgyweirio i gywair C fwyaf.

Cofiwch, er mwyn trawsgyweirio dylech ddisgwyl gweld nid yn unig hapnodau sy'n adlewyrchu'r cywair newydd ond, hefyd, ddiweddeb berffaith yn y cywair newydd.

Ynganiad

Yn olaf, mae ynganiad yn cyfeirio at y ffordd y caiff nodau eu chwarae mewn perthynas â'i gilydd.

Mae nodau stacato yn fyr ac ar wahân, a chânt eu hysgrifennu â dotiau uwchlaw neu islaw'r nodau (a).

Caiff nodau legato eu chwarae'n llyfn, wedi'u huno â'i gilydd. Gellir eu chwarae mewn un llithriad ac wrth ysgrifennu dynodir nhw gyda llinell grom uwchlaw'r nodau sydd i gael eu grwpio gyda'i gilydd (b).

Mae nodau tenuto yn debyg i nodau legato, ond nid ydynt wedi'u huno â'i gilydd. Chwaraeir pob nodyn ar wahân i'w werth llawn. Dynodir y nodau hyn â llinell doriad uwchben y nodyn (c).

Dynodir nodau acennog â'r arwydd > uwchben y nodyn (ch) neu â'r llythrennau *sf* (d), sy'n dalfyriad o'r term Eidaleg *sforzando*.

Perfformio

Mae perfformio i gyfrif am 30% o holl farciau cerddoriaeth TGAU CBAC. Bydd angen ichi berfformio dau ddarn gwahanol:

➢ Unawd, gyda neu heb gyfeiliant

➢ Ensemble lle'r ydych chi'n perfformio rhan unigol arwyddocaol.

Mae gofyn ichi berfformio unawd leisiol neu offerynnol o'ch dewis chi. Gall fod i gyfeiliant neu'n ddigyfeiliant. Rhaid i un o'ch darnau (un ai'r unawd neu'r darn ensemble) fod yn gysylltiedig ag **un** o'r pum Maes Astudiaeth.

Nid yw CBAC yn pennu bod rhaid i'r perfformiad bara o leiaf hyn a hyn o amser. Fodd bynnag, os yw eich darnau yn fyr iawn efallai y bydd yn anodd asesu eich safon perfformio yn gywir. Cyhyd â bod un o'ch darnau yn gysylltiedig â Maes Astudiaeth, mae gennych lawer iawn o ddewis o ran repertoire. Caniateir unrhyw offeryn, yn cynnwys y llais, ac nid ydych wedi eich cyfyngu i unrhyw arddull na chyfnod neilltuol.

Caiff eich perfformiadau eu hasesu gan arholwr allanol yn ystod pumed tymor eich cwrs dwy flynedd. Bydd yr arholwr yn recordio eich perfformiadau a hefyd yn ysgrifennu crynodeb byr am eich chwarae neu eich canu. Bydd rhaid ichi un ai roi copi o'r gerddoriaeth a chwaraewyd i'r arholwr **neu** nodiadau esboniadol a phatrymau cordiau os ydych yn chwarae darn di-sgôr o gerddoriaeth.

Mae llawer o fyfyrwyr yn mwynhau perfformio o flaen arholwr, ond mae eraill yn mynd yn reit nerfus. Peidiwch â phoeni os ydych yn gwneud camgymeriad mawr neu'n torri i lawr yn ystod agoriad yr unawd neu'r perfformiad ensemble oherwydd bydd yr arholwr yn eich gwahodd i ddechrau eto heb golli marciau. Os ydych yn mynd yn nerfus, mae'n syniad da ceisio perfformio cymaint â phosibl yn ystod eich cwrs, gan y bydd hyn yn help ichi ddysgu ymdopi â'ch nerfau.

> Er enghraifft, byddai canu 'My Heart will go on' o'r *Titanic* yn addas ar gyfer MA 4: Cerddoriaeth i'r Llwyfan a'r Sgrin; byddai ensemble roc yn perfformio un o draciau Lost Prophets yn addas ar gyfer MA 1: Cerddoriaeth yng Nghymru

> Bydd rhaid i'ch athro lenwi dwy ffurflen cyn i'r arholwr gyrraedd. Bydd y rhain yn cynnwys manylion eich darnau a beth yw'r cysylltiad rhwng un ohonynt ag un o'r Meysydd Astudiaeth.

> Fodd bynnag, gweler yr adran ar rwyddineb ar dudalen 23.

Perfformio unawd

Bydd angen ichi berfformio un unawd, gyda neu heb gyfeiliant. Caiff eich sgiliau perfformio eu marcio allan o 20, a'u lluosi wedyn un ai â 2, 2½ neu 3, yn dibynnu ar ba mor anodd oedd y gerddoriaeth a ddewiswyd. Mae safon gradd 3 neu uwch yn disgyn i'r categori mwyaf anodd, a safon gradd 1 neu is yn disgyn i'r categori hawdd.

Y marc uchaf y gellir ei gael am berfformio unawd yw 60 (20 x 3). I ennill y radd uchaf, bydd angen i'ch perfformiad fod yn rhagorol ym mhob ffordd. Bydd yn gywir o ran rhythm, a thonyddiaeth sicr. Dylai argyhoeddi fel perfformiad, dylai fod yn rhwydd a llawn mynegiant, ac arddangos dealltwriaeth ragorol o'r arddull sy'n ofynnol i ddehongli'r darn.

Ceisiwch ddewis darn sydd â digon o amrywiaeth ac a fydd yn arddangos eich sgiliau a'ch doniau ar eu gorau. Cofiwch y dylai fod yn addas i'ch offeryn arbennig chi neu i amrediad eich llais. Os

> Tra gallai darn gradd 1 a chwaraeir yn rhagorol (= 18/20) gael 36 marc, gallai darn gradd 4 a chwaraeir yn rhagorol (= 18/20) ddod â 54 o farciau ichi.

Dewis eich darn

ydych yn chwarae darn sy'n rhy anodd ichi, ac yn stopio o hyd, rydych yn debygol o gael llai o farciau na phe baech wedi chwarae darn haws yn rhwydd ac yn gerddorol. Os ydych yn gorfod canolbwyntio'n galed iawn ar gael y nodau'n iawn nid ydych yn debygol o allu meddwl llawer am ansawdd y mynegiant a'r dehongliad. Mae'n llawer gwell sgorio marciau da gyda darn haws, na rhoi cynnig ar ddarn anodd yr ydych yn gorfod ymlafnio ag ef.

Dylech osgoi perfformio darnau sy'n newydd iawn ichi, neu ddarnau yr ydych yn dal i'w dysgu, gan fod perygl ichi wneud camgymeriadau technegol. Fodd bynnag, os ydych yn chwarae hen ddarn yr ydych yn teimlo'n gyfforddus ag ef, gwnewch yn siŵr nad ydych yn rhy ddi-hid yn eich perfformiad, gan fod hyn hefyd yn gallu arwain at gamgymeriadau cerddorol.

Canolbwyntiwch ar roi perfformiad cerddorol. Gallwch wneud hyn drwy dalu sylw i'r brawddegu, dynameg, rhythm a thraw, a thrwy gyfleu cymeriad a naws y cyfansoddiad.

Sut mae cael marciau da

Rheolaeth dechnegol

Bydd yr arholwr am eich clywed yn perfformio'r nodau i gyd yn gywir. Mae hyn yn cynnwys y rhythm yn ogystal â'r alaw (a'r harmoni). Bydd disgwyl hefyd ichi fod â thonyddiaeth dda, felly gwnewch yn siŵr eich bod yn tiwnio eich offeryn (lle mae hynny'n briodol) yn gywir. Dylai'r darnau a ddewiswch ganiatáu ichi arddangos amryw o dechnegau ar eich offeryn. Efallai na fydd rhai mathau o gerddoriaeth, megis trefniannau hawdd neu astudiaethau technegol, ond yn dangos nifer fach o dechnegau ac efallai na fyddant yn rhoi'r cyfle ichi i ddangos eich holl sgiliau fel perfformiwr.

> Gwnewch yn siŵr eich bod yn cynhesu'n drylwyr cyn perfformio, yn enwedig os ydych yn chwarae offeryn chwythbren neu bres.

Mynegiant a dehongli

Dyma lle gallwch gyfleu eich teimladau mewnol a'ch gwerthfawrogiad o'r gerddoriaeth i'r arholwr. Cyn dod â mynegiant a dehongliad i mewn i'ch perfformiad, gwnewch yn siŵr eich bod yn gwbl hyderus â'r nodau, y rhythmau a'r harmonïau. Hanfod dehongli yw troi gofynion technegol y darn i mewn i berfformiad gwirioneddol gerddorol, a rhoi eich stamp personol chi ar y chwarae neu'r canu.

Ar ôl dysgu'r nodau, dylech feddwl am:

➢ Pa mor gryf neu dawel i chwarae pob adran

➢ Ymhle i anadlu

➢ Brawddegu

➢ P'un ai i ddal rhai nodau yn hirach nag arfer

➢ Pa mor gyflym neu araf i chwarae

➢ P'un ai i newid cyflymder, a phryd.

> Rhowch gynnig ar chwarae o flaen eich teulu, eich ffrindiau, y disgyblion yn eich dosbarth, i weld a ydyn nhw'n meddwl eich bod yn rhoi perfformiad cerddorol ai peidio.

Wedyn, canolbwyntiwch ar yr hyn y mae'r gerddoriaeth yn ei olygu i chi. Ceisiwch ddarganfod beth oedd bwriad y cyfansoddiad – a gafodd ei ysgrifennu ar gyfer achlysur neu ddigwyddiad arbennig? A ysgrifennwyd ef yn arbennig ar gyfer rhywun? Oes elfen destunol i'r gerddoriaeth? Sut byddai'r darn wedi cael ei berfformio'n wreiddiol? Bydd datblygu dealltwriaeth o'r gerddoriaeth yn helpu ichi chwarae â gwir deimlad ac ymdeimlad o arddull. Mae hefyd yn syniad da gwrando ar berfformiadau eraill o'r gerddoriaeth yr ydych wedi dewis ei chwarae a gwrando ar sut mae perfformwyr eraill wedi mynd ati i ymdrin â'r darn.

> Mae cerddoriaeth destunol wedi'i bwriadu i awgrymu delweddau gweledol neu stori.

Mae cywirdeb traw yr un mor bwysig i gantorion ac i offerynwyr. Mae tiwnio o'r pwys mwyaf, yn enwedig wrth chwarae gydag eraill neu gyda chyfeiliant allweddellau. Dylai cantorion gymryd gofal mawr wrth gynhyrchu eu llais i gynnal y traw. Gwrandewch yn ofalus ar eich chwarae. Bydd yr arholwr yn sylwi ar unrhyw wallau traw a byddwch yn colli marciau.

Os yw eich rhythm yn ansefydlog, neu'n anghywir, rydych yn debygol o golli marciau. Cymrwch ofal arbennig gyda darnau rhythmig anodd.

Ni bydd yr arholwr yn poeni'n ormodol os yw eich adagio neu eich allegro ychydig yn rhy araf neu'n rhy gyflym. Yr hyn y bydd yr arholwr yn chwilio amdano fydd tempo sy'n briodol i arddull y darn. Er enghraifft, bydd rag piano yn gyflym ac yn rhythmig fel arfer, tra bydd cân blues (melangan) deimladwy yn bwyllog ac yn feddylgar mwy na thebyg. Dewiswch dempo sy'n addas i chi. Pa mor gyflym y gallwch berfformio'r darnau mwyaf anodd ddylai bennu'r tempo drwyddo draw.

Camgymeriad cyffredin yw dechrau'n hyderus ond mynd i drafferthion wedyn gan fod y tempo agoriadol yn rhy gyflym ac yn anodd i'w gynnal. Rhaid i gantorion ac offerynwyr chwythbrennau/pres farnu'r tempo'n ofalus oherwydd y rheolaeth anadl sy'n ofynnol, a rhaid i chwaraewyr llinynnol sicrhau bod y tempo y maent yn ei osod yn gweddu i'w patrymau tynnu bwa. Rhaid i'r tempo hefyd fod yn briodol i gymeriad ac arddull y cyfansoddiad. Bydd walts sy'n mynd yn rhy gyflym neu'n rhy araf yn colli llawer o'i swyn a'i hapêl. Yn yr un modd, mae ymdeithgan sy'n cael ei chwarae'n rhy gyflym yn troi'n rhuthr milwrol!

Bydd diddordeb arbennig gan yr arholwr yn eich ymateb i ofynion dynamig y darn, yn enwedig os oes uchafbwyntiau cyffrous neu gyferbyniadau dynamig oddi mewn iddo. Mae'n debyg y bydd y cyfansoddwr wedi nodi'r lefel sain sy'n ofynnol mewn rhai cymalau. Ceisiwch raddio eich crescendi yn ofalus – peidiwch â chwarae'n rhy gryf lle mae'r gair crescendo yn ymddangos gyntaf, ceisiwch gynnal tôn wastad. Mewn rhai cyfansoddiadau modern ceir dynameg wahanol ym mhob bar; i'r gwrthwyneb, prin yr oedd rhai cyfansoddwyr baróc yn rhoi unrhyw farciau dynamig o gwbl ar eu sgorau. Nid yw hynny'n golygu y dylech chwarae'r darn cyfan ar yr un dynameg serch hynny – chwiliwch am gyfleoedd i ychwanegu eich dynameg eich hun i'r perfformiad.

Os ydych yn petruso, yn baglu neu hyd yn oed yn dod i stop llwyr, nodir bod diffyg rhwyddineb yn eich chwarae neu eich canu. Mae'r gerddoriaeth a ddewiswch yn gallu bod yn ffactor pwysig o ran rhwyddineb. Yn anochel, ni bydd darn sy'n rhy anodd yn llifo oherwydd eich bod yn poeni am rai adrannau sydd wedi achosi problemau wrth ichi ymarfer. Mae perfformiad hyderus yn berfformiad rhwydd. Wrth ymarfer peidiwch â stopio bob tro y gwnewch gamgymeriad bach – cadwch i fynd er gwaethaf unrhyw gamgymeriadau yr ydych yn eu gwneud.

Mae brawddegu yn ymwneud yn bennaf ag anadlu a chydbwysedd, ac mae'n help i roi ffurf a chynllun i'r cyfansoddiad drwyddo draw. Brawddeg gerddorol yw cymal, na ddylai gael ei thorri. Rhoddir marciau brawddegu uwchlaw'r erwydd mewn

Cywirdeb rhythm a thraw

Mae cywirdeb yn golygu gwneud cyn lleied â phosibl o gamgymeriadau, yn ogystal â chwarae mewn tiwn. Yr elfennau cerddorol mewn perfformiad yw ynganiad, cyflymder, traw, rhythm, ansawdd neu liw tôn, gwead, dynameg, adeiledd a thawelwch.

Tempo

Dynameg

Rhwyddineb

Brawddegu

llinell ddi-dor. Dangoswch i'r arholwr eich bod wedi astudio'r brawddegu yn ofalus, a'ch bod yn gallu cynhyrchu'r brawddegu a fwriadwyd gan y cyfansoddwr.

Arddull

Bydd yr arholwr yn disgwyl ichi gyfleu arddull y cyfansoddiad. Er enghraifft, os ydych yn chwarae fflamenco ar y gitâr, byddid yn disgwyl arddull strymio hwyliog gyda llawer o liw a chyffro. Os ydych yn canu baled araf rhaid ichi geisio cyfleu'r naws a'r arddull i'r arholwr. Os yw hynny'n briodol, gallwch ddefnyddio rubato (arafu a chyflymu llawn mynegiant) i danlinellu'r arddull. Os dewiswch chwarae darn digyfeiliant gan Bach ar y feiolin, y fiola neu'r sielo, bydd yr arholwr yn edrych am eglurder eich chwarae, eich techneg tynnu bwa a'ch gallu i gynnal momentwm rhythmig y gwaith.

Technoleg cerddoriaeth

Os defnyddiwch dechnoleg cerddoriaeth ar gyfer eich unawd, sylwir yn arbennig ar y ffordd yr ydych yn defnyddio synau/samplau/lleisiau ar y syntheseiddydd sy'n gweddu i'r gerddoriaeth yr ydych yn ei pherfformio. Pan fydd angen newid o ran lliw tôn neu ansawdd yn ystod y perfformiad, asesir y defnydd a wnewch o'r syntheseiddydd i adlewyrchu hynny fel rhan o'r perfformiad. Bydd yr un egwyddor yn sefyll wrth ichi newid o un rhythm i un arall.

Mae bandiau roc yn dibynnu'n drwm ar dechnoleg cerddoriaeth, felly gwnewch yn siŵr fod unrhyw offer a ddefnyddiwch yn gweithio'n dda. Gofynnwch i ffrind eich helpu wrth ichi wirio'r sain a'r cydbwysedd. Dylai cantorion sy'n defnyddio meicroffonau llaw fod yn arbennig o ofalus. Peidiwch ag ildio i'r demtasiwn o orwneud pethau a chwifio'r meicroffon o amgylch. Bydd yr arholwr am glywed pob gair o'ch perfformiad.

Cyfeiliant

Gallwch berfformio eich unawd ar eich pen eich hun yn llwyr, neu gallwch gael cyfeiliant offeryn yn gefn ichi. Efallai y byddwch yn perfformio ar eich pen eich hun os ydych:

➢ Yn chwaraewr allweddellau

➢ Yn ganwr ac yn chwarae'r cyfeiliant eich hun

➢ Yn perfformio darn a fwriadwyd i gael ei berfformio yn ddigyfeiliant (er enghraifft, astudiaeth).

Os oes cyfeiliant i ddarn, gwnewch yn siŵr fod gennych rywun i'w chwarae ichi yn yr arholiad a hefyd i ymarfer gyda chi. Cofiwch nad y pianydd/chwaraewr allweddellau/gitarydd technegol da yw'r cyfeilydd gorau bob amser: mae cyfeilio i ganwr neu offerynnwr yn gofyn am sgil perfformio gwahanol. Rhaid ichi fod yn hyderus y bydd eich cyfeilydd yn eich dilyn ac y bydd yn ychwanegu at eich perfformiad gyda chwarae sensitif. Efallai y penderfynwch fod perfformio gyda chyfeiliant dilyniannol neu amldrac yn fwy priodol i'ch darn.

> Os oes cyfeiliant i'ch darn, mae'n bwysig iawn eich bod yn perfformio gyda'r cyfeiliant hwnnw, neu bydd rhan helaeth o'r darn ar goll.

> Peidiwch â phoeni os oes angen ichi symud y piano neu addasu eich stand – bydd yr arholwr yn deall.

Peidiwch â'i gadael tan y funud olaf i ddweud wrth eich athro fod angen cyfeiliant arnoch! Yn bwysicaf oll, peidiwch â dechrau chwarae nes byddwch chi a'ch cyfeilydd yn gallu gweld eich gilydd.

Ymarfer

Chwaraewch o flaen eich ffrindiau, eich rhieni a'ch perthnasau, a beth am recordio eich hun yn perfformio. Bydd rhoi eich hun o dan y math hwn o bwysau yn eich paratoi ar gyfer yr achlysur go-iawn. Ceisiwch reoli'r gerddoriaeth bob amser; peidiwch â gadael i'r gerddoriaeth eich rheoli chi.

Nodwch y rhannau anoddaf yn y darn a threuliwch amser ychwanegol yn ymarfer y rhain. Ar ôl gwneud rhestr o'r rhannau anodd mewn darn, ceisiwch ganfod beth yn union yw'r broblem:

➢ Efallai mai'r byseddu ar ran neilltuol o anodd ar y piano yw'r broblem
➢ Efallai mai'r mannau anadlu yw'r anhawster os mai canwr ydych
➢ Efallai mai'r nodau uchaf neu isaf ar eich offeryn yw'r broblem
➢ Efallai mai safle'r llaw yw'r anhawster ar offeryn llinynnol.

Ar ôl ichi nodi'r hyn sy'n achosi problemau, gallwch ddechrau gweithio ar atebion iddynt. Dylai unrhyw rannau sy'n anodd yn dechnegol bennu cyflymder y darn drwyddo draw. Byddwch yn ofalus rhag dechrau'n rhy gyflym a gorfod arafu wedyn wrth i bethau fynd yn fwy anodd. Meddyliwch ymlaen bob amser.

Os mai pianydd ydych, gofynnwch i'r athro a gewch ymarfer ar yr union biano/allweddellau a ddefnyddir yn yr ystafell arholi, gan y bydd y pedalau a symudiad y nodau yn wahanol i'r hyn yr ydych wedi arfer ag ef wrth ymarfer gartref.

Perfformiad ensemble

Yn ogystal â'ch unawd, rhaid ichi berfformio fel aelod o ensemble. Fel arfer dylai eich ensemble gynnwys tri neu fwy o chwaraewyr, gyda chyfeiliant neu'n ddigyfeiliant, ond heb arweinydd. Fodd bynnag, mae deuawd yn dal yn dderbyniol, er enghraifft deuawd ffliwt lle mae'r naill ran yr un mor bwysig â'r llall. Gall aelodau eraill eich ensemble fod yn ffrindiau, teulu, athrawon ac ati os ydych yn dymuno.

> Bydd angen i'r arholwr weld copi o'r gerddoriaeth yr ydych yn ei pherfformio, neu nodiadau esboniadol a phatrymau'r cordiau os ydych yn chwarae darn band di-sgôr neu gyfansoddiad o'ch eiddo chi.

Mae llawer o'r sylwadau blaenorol am berfformio ar eich pen eich hun yr un mor berthnasol i berfformio mewn ensemble er bod yna ffactorau ychwanegol i'w hystyried. Caiff y rhan hon o'r arholiad ymarferol hefyd ei marcio allan o 60 gan ddefnyddio'r un dull ag a amlinellwyd ar dudalen 21, ond mae techneg chwarae mewn ensemble yn cael ei chymryd i ystyriaeth hefyd.

Rhaid ichi chwarae rhan unigol arwyddocaol yn eich ensemble, felly ni chewch chwarae'r un rhan â rhywun arall. Caniateir i'r ensemble ddefnyddio traciau cyfeilio sydd wedi'u recordio ymlaen llaw ar yr amod nad yw hyn yn dyblu eich rhan chi.

> Gelwir dau neu fwy o offerynnau yn chwarae'r un rhan yn 'ddyblu'.

Mae tiwnio'n bwysig iawn ar gyfer perfformiad ensemble. Dylech diwnio yn y man ymarfer ac eto yn yr ystafell arholi. Peidiwch â dechrau chwarae nes eich bod yn gwbl fodlon fod pawb mewn tiwn yn berffaith. Ni fyddwch yn colli marciau am gymryd eich amser yma oherwydd mae'r arholwr yn disgwyl eich clywed yn tiwnio'n iawn. Does dim angen rhuthro, yn enwedig gyda bandiau lle mae'n amlwg bod angen mwy o amser a pharatoi i'r holl geblau, plygiau a mwyhaduron gael eu rhoi yn eu lle a'u cysylltu.

Bydd yr arholwr yn disgwyl clywed eich perfformiad ensemble yn fuan ar ôl eich unawd, felly gwnewch yn siŵr fod aelodau eich ensemble yn aros am yr alwad. Mae'n gallu bod yn anodd trefnu hyn oherwydd yr amserlen a threfn pethau mewn ysgol, felly gwnewch yn siŵr fod eich athro yn gwybod pwy sy'n chwarae yn eich ensemble.

Ceisiwch drefnu fod eich cydchwaraewyr yn eich ensemble yn rhan o'r grŵp TGAU fel eich bod yn gallu ymarfer yn ystod amser gwersi. Mae angen i holl aelodau'r ensemble ymarfer eu rhannau unigol **cyn** dod ynghyd fel bod yr amser a dreuliwch gyda'ch gilydd yn amser ymarfer gwerthfawr. Drwy wneud hyn gallwch ganolbwyntio ar gael ymarfer da fel ensemble ac ar gaboli eich perfformiad yn hytrach na chanolbwyntio ar ddysgu chwarae'r darn.

Cofiwch fod yn rhaid i'ch darn chi asio a chydbwyso â gweddill yr ensemble. Rhaid ichi ddangos y gallu i berthnasu i'r perfformwyr eraill o ran elfennau cerddorol. Mae dangos ymwybyddiaeth o gyfraniadau aelodau eraill yr ensemble yn cael ei alw'n empathi. Bydd yr arholwr yn edrych yn ofalus am dystiolaeth o empathi drwy eich perfformiad a'ch cyfathrebu â'r lleill.

Nid ydych yn debygol o gael marciau uchel os byddwch yn perfformio eich rhan chi heb wrando ar aelodau eraill y grŵp na dangos empathi â nhw. Eich ensemble chi ydyw, felly mae angen ichi fod yn feistrolgar a dangos rheolaeth, yn enwedig wrth ddechrau a gorffen y darn.

Os ydych yn defnyddio meicroffonau a mwyaduron, gofynnwch i ffrind wirio'r cydbwysedd ichi. Gwnewch yn siŵr hefyd fod y gerddoriaeth gywir gan bob aelod o'r ensemble, a'u bod yn gwybod amser a dyddiad yr arholiad yn gywir. Mae'n swnio'n elfennol, ond mae rhoi sylw i fanylion yn rhan o'r hyn y mae angen ichi ei ddysgu er mwyn ichi ddod yn gerddor da a dibynadwy.

Viva voce

Math o brawf llafar yw viva voce, ond yma mae'n golygu sgwrs anffurfiol gyda'r arholwr am y darnau yr ydych yn eu chwarae yn yr unawd a'r perfformiad ensemble, a pha un ohonynt sy'n gysylltiedig â Maes Astudiaeth. **Nid yw CBAC yn rhoi unrhyw farciau am y rhan hon o'r arholiad.**

Gall eich viva voce fod cyn neu ar ôl y perfformiad. Mae'n well gan rai disgyblion siarad cyn chwarae gan fod hynny'n help i dawelu'r nerfau. Mae eraill yn dod i'r arholiad a'u meddwl yn llwyr ar berfformio ac mae'n well ganddynt siarad ar y diwedd.

Efallai y gofynnir ichi pam y dewisoch berfformio'r darnau dan sylw. Ceisiwch ganfod cyfnod y cyfansoddiad ymlaen llaw a, lle bo hynny'n berthnasol, pam y cafodd ei gyfansoddi. Gallai'r ffeithiau hyn eich helpu i ddehongli'r gerddoriaeth. Po fwyaf a wyddoch, gorau fydd eich mynegiant a'r ymdeimlad o arddull yn y perfformiad.

Gair i gloi

Hanfod perfformio, uwchlaw pob dim arall, yw mwynhau'r hyn yr ydych yn ei chwarae a chyfleu'r darn i'ch cynulleidfa. Pan ddaw diwrnod yr arholiad, os bydd yr holl waith caled ar eich unawd a'ch perfformiad ensemble wedi ei wneud, yna gallwch chithau fwynhau chwarae'r gerddoriaeth.

Cyfansoddi

Mae'n debyg y byddwch wedi cael cyfle cyn hyn i gyfansoddi mewn grwpiau yn yr ysgol, ond efallai y byddwch yn teimlo bod cyfansoddi darn ar eich pen eich hun yn brofiad cwbl newydd ac ychydig bach yn frawychus – ond, peidiwch â phoeni. Gall hyd yn oed ymgeiswyr sy'n berfformwyr hynod o dda fod braidd yn ofnus wrth feddwl am gyfansoddi ar y dechrau. Mae'n bwysig peidio â meddwl gormod am gyfansoddi ar ei ben ei hun, oherwydd mae llawer o'ch syniadau yn deillio o'r profiadau yr ydych wedi'u cael yn perfformio ac yn gwrando ar waith pobl eraill.

Does dim dirgelwch yn perthyn i gyfansoddi. Y grefft o wybod sut mae creu cerddoriaeth ar gyfer perfformwyr lleisiol ac offerynnol ydyw, ac mae'n rhywbeth y mae modd ei ddysgu a'i ddatblygu gyda phrofiad.

Dylanwadwyd ar Wagner a Brahms gan Beethoven. Dylanwadwyd ar John Lennon a Paul McCartney gan gerddoriaeth Buddy Holly.

Y gofynion a'r asesu

Bydd disgwyl ichi gynhyrchu dau gyfansoddiad neu drefniant cyferbyniol. Gallwch gyflwyno'r rhain fel cerddoriaeth wedi'i nodiannu, neu fel recordiadau, neu yn y naill fformat a'r llall. Ni ddylai amser chwarae'r ddau gyfansoddiad gyda'i gilydd fod yn fwy na dwy i bedair munud.

Byddwch yn dechrau gyda briff (gweler tudalen 28) ar gyfer y naill gyfansoddiad a'r llall a bydd rhaid ichi wneud yn siŵr fod dolen gyswllt rhwng y naill gyfansoddiad a'r llall â Maes Astudiaeth gwahanol. Er enghraifft, gallai un cyfansoddiad fod yn gân ar gyfer cyngerdd ysgol, a fyddai'n cysylltu â Cherddoriaeth ar gyfer Achlysuron Arbennig; gallai'r llall fod yn ddeuawd ffliwt a thelyn yn defnyddio alawon o rigymau Cymraeg, a fyddai'n cysylltu â Cherddoriaeth yng Nghymru. Gyda help eich athro, byddwch yn llenwi ffurflen am eich cyfansoddiadau. Ar y ffurflen hon bydd rhaid ichi egluro'r cysylltiadau rhwng y naill gyfansoddiad a'r llall a'i Faes Astudiaeth, a darparu log neu ddyddiadur yn dangos hynt eich cyfansoddiad, o'ch briff cychwynnol i'r gwaith gorffenedig. Wedyn gall y safonwyr sy'n edrych ar eich cyfansoddiadau weld yn union beth yr oeddech yn bwriadu ei gyflawni, gallant ddilyn y broses a gweld sut yn union yr aethoch ati i'w gyflawni, a gallant weld i ba raddau yr ydych wedi llwyddo i gyflawni eich briff. Gallwch feddwl am y cofnod hwn fel proses debyg i gofnodi hynt car wrth iddo fynd ar hyd y llinell gynhyrchu, o'r cynllun gwreiddiol hyd nes bydd y model gorffenedig yn gyrru allan o'r ffatri.

Bydd eich athro yn rhoi marc allan o 100 ichi am eich cyfansoddiadau a'r nodiadau a wnewch ar y ffurflen. Caiff y naill gyfansoddiad a'r llall ei farcio allan o 40 a bydd y nodiadau atodol yn cael eu marcio allan o 20, gydag uchafswm o 10 am bob darn. Er bod eich athro yn marcio'r gwaith, bydd sampl o gyfansoddiadau a nodiadau o'ch dosbarth yn cael ei anfon at y bwrdd er mwyn safoni'r marciau. Cofiwch, er bod rhyddid ichi wyntyllu syniadau gyda myfyrwyr eraill yn eich dosbarth a rhoi awgrymiadau i'ch gilydd, nid yw cyfansoddiadau grŵp yn dderbyniol, felly rhaid ichi

Meysydd Astudiaeth

1. Cerddoriaeth yng Nghymru
2. Adeiledd Cerddorol
3. Cerddoriaeth ar gyfer Achlysuron Arbennig
4. Cerddoriaeth i'r Llwyfan a'r Sgrin
5. Esblygiad Cerddoriaeth.

Cofiwch nad oes cyfyngiadau o ran y genre, y cyfrwng na'r elfennau a ddefnyddiwch wrth gyfansoddi.

Cynllunio ac amseru

Bydd eich athro'n dweud yr union ddyddiadau wrthych.

allu llofnodi datganiad ar ddiwedd y cwrs i ddweud mai eich gwaith chi yw'r cyfansoddiadau. Os ydych wedi dibynnu'n drwm ar fewnbwn gan eich athro neu o unrhyw ffynhonnell arall, rhaid ichi gydnabod hynny a'i ddatgan.

Bydd disgwyl ichi gyflwyno'r ddau gyfansoddiad oddeutu diwedd Ebrill neu ddechrau Mai yn y flwyddyn arholi, ond gwnewch yn siŵr nad ydych yn gadael popeth tan y funud olaf. Dylech anelu at orffen cyfansoddi tua dechrau Chwefror. Cynlluniwch eich amserlen yn ofalus – gall gwyliau'r Nadolig fod yn adeg dda i gael ysbrydoliaeth – ond cofiwch ganiatáu digon o amser i gaboli eich gwaith a recordio perfformiadau o'r ddau ddarn os ydych am wneud hynny. Cadwch gofnod o hynt y gwaith wrth ichi lunio'r cyfansoddiadau fel eich bod yn gallu ysgrifennu'r nodiadau ar y ffurflen ar ddiwedd y cwrs yn hawdd – dydych chi ddim am ganfod bryd hynny nad ydych yn gallu cofio rhannau o'r broses.

Y briff

Beth yn union a olygir gan friff? Brawddeg fer neu ddatganiad ydyw sy'n amlinellu pwrpas eich darn a'r hyn yr ydych yn bwriadu ei gyflawni yn y cyfansoddiad. Bydd yn egluro hefyd beth yw'r ddolen gyswllt rhwng eich cyfansoddiad ac un o'r Meysydd Astudiaeth. Efallai y byddwch yn teimlo bod gweithio i friff yn cyfyngu arnoch braidd, ond mae llawer o gyfansoddwyr yn canfod bod cael ffocws yn help i ysgogi eu syniadau creadigol. Pe na bai gennych friff o gwbl, gallech eich cael eich hun yn syllu ar sgrin y cyfrifiadur neu'r piano, yn methu gwybod ble yn union i ddechrau, pa arddull i'w defnyddio, na pha leisiau neu offerynnau i gyfansoddi ar eu cyfer.

Meddyliwch am y ffordd y mae pensaer yn amlinellu'r briff ar gyfer tŷ newydd – nid yn unig y mae'n trafod siâp cyffredinol a chynllun yr adeilad ond hefyd y mathau o ddefnyddiau sydd i gael eu defnyddio.

Dewis eich briff

Gallwch ddewis y briff eich hun os dymunwch, ond os ydych yn ansicr bydd eich athro yn helpu. Trafodwch unrhyw syniadau cerddorol sy'n ennyn eich diddordeb ac yn eich cyffroi gyda'ch ffrindiau. Meddyliwch pa fath o gerddoriaeth yr ydych yn ei hoffi mewn gwirionedd, nid y math y mae eich athro yn meddwl y dylech ei hoffi. Ydych chi'n hoffi pop, roc, clasurol, sioeau cerdd, lleisiol, piano neu offerynnol? Mae amrywiaeth mor eang o gerddoriaeth i ddewis o'i blith fel bod gofyn ichi feddwl yn ofalus cyn dechrau cyfansoddi. Pan fyddwch wedi penderfynu o'r diwedd, ceisiwch wrando ar gynifer o enghreifftiau o'r math o gerddoriaeth yr ydych wedi'i ddewis ag a allwch. Ystyriwch sut mae cyfansoddwyr eraill wedi mynd ati i gyfansoddi.

Er bod angen i'r briff roi ffocws i'r cyfansoddi, dylai fod yn weddol gyffredinol a ddim yn rhy fanwl. Os ydych yn rhy haearnaidd, ni bydd gennych lawer o le i newid. Mae'r gallu i ysgrifennu cerddoriaeth sy'n ateb gofynion briff yn rhan hanfodol o swydd cyfansoddwr. Rhaid felly i'ch cyfansoddiad gyflawni'r hyn y mae'r briff yn ei ddweud y bydd yn ei wneud. Dylai eich briff fod yn realistig a rhoi lle ichi i ddefnyddio syniadau llawn dychymyg a glywsoch mewn perfformiad neu ar y cyfryngau.

Isod, rhoddir enghreifftiau o friffiau i ddangos ichi'r math o friff y gallech ei ddewis, a sut maent yn cysylltu â'r Meysydd Astudiaeth:

➢ Ysgrifennu tri amrywiad ar gyfer yr ewffoniwm ar thema *Llwyn Onn*: MA 1 Cerddoriaeth yng Nghymru

- Cyfansoddi deuawd telyn ar gyfer cyngerdd agoriadol Canolfan y Mileniwm yng Nghaerdydd: MA 2 Cerddoriaeth ar gyfer Achlysuron Arbennig
- Ysgrifennu ffanffer ar gyfer achlysur agor bloc cerddoriaeth newydd yr ysgol: MA 2 Cerddoriaeth ar gyfer Achlysuron Arbennig
- Cyfansoddi darn roc offerynnol ar gyfer syntheseiddydd, gitarau ac offer drymiau fel rhagarweiniad i sioe bop ar y teledu: MA 3 Cerddoriaeth i'r Llwyfan a'r Sgrin
- Ysgrifennu darn jazz i sacsoffon alto E♭, piano a bas ar gyfer credydau agoriadol Gŵyl yr Urdd ar y teledu: MA 3 Cerddoriaeth i'r Llwyfan a'r Sgrin
- Cyfansoddi cân bop gan ddefnyddio hen eiriau neu eiriau newydd gyda rhagarweiniad, pennill a chytgan: MA 4 Adeiledd Cerddorol
- Ysgrifennu cân blues (melangan) 12 bar ar gyfer llais a phiano: MA 4 Adeiledd Cerddorol
- Ysgrifennu cyfansoddiad piano ragtime mewn ffurf deiran: MA 4 Adeiledd Cerddorol
- Cyfansoddi miniwét a thrio ar gyfer tri offeryn chwythbren: MA 4 Adeiledd Cerddorol
- Ysgrifennu cyfansoddiad cyfresol ar gyfer y piano wedi'i seilio ar y rhes dôn D A B♭ B E♭ C♯ C E G♯ F F♯ G: MA 5 Esblygiad Cerddoriaeth.

Adeiladu ar eich briff

Ar ôl penderfynu ar eich briff, dylech wrando ar enghreifftiau o'r math hwnnw o gerddoriaeth i'ch ysgogi. Os ydych am ysgrifennu darn piano ragtime gallwch wrando ar y ffordd yr oedd Scott Joplin yn ymdrin â'r genre. Os ydych am gyfansoddi cân roc, gallech wrando ar fand fel y Red Hot Chili Peppers. Os ydych am gyfansoddi miniwét a thrio, edrychwch ar bumawd clarinét Mozart.

Nawr, bydd rhaid ichi benderfynu pa offerynnau, seiniau a lleisiau y bydd eich cyfansoddiad yn eu defnyddio a beth fydd naws, arddull ac adeiledd y darn.

Pa offerynnau sy'n briodol i'ch darn? Ydy'r briff yn pennu rhyw offerynnau neu arddull neilltuol? Ydy'ch Maes Astudiaeth yn awgrymu defnyddio offerynnau neu leisiau arbennig? Wrth gwrs, mae offerynnau megis gitarau rhythm a bas yn addas ar gyfer cerddoriaeth roc a phop, tra bo basau dwbl sy'n cael eu plycio a sacsoffonau yn fwy addas ar gyfer jazz. Meddyliwch am wahanol gyfuniadau o offerynnau. Mae hefyd yn werth ystyried pa offerynnau mae pobl eraill yn eich dosbarth yn eu chwarae, yn ogystal â'ch ffrindiau a'ch teulu – does dim rhaid iddynt fod yn chwaraewyr penigamp! Hyd yn oed os nad ydych am recordio'ch darnau i'w cyflwyno, mae'n bwysig eich bod chi'n clywed yr adrannau'n cael eu chwarae wrth ichi gyfansoddi, a gwybod sut mae'r darn terfynol yn swnio.

Beth fydd arddull gyffredinol eich darn? Ydych chi am iddo fod yn hapus, trist, meddylgar? Ai baled ydyw, neu ymdeithgan, ffanffer neu gân? Beth yw'r adeiledd? Ai thema ac amrywiadau ydyw, neu rondo, cân stroffig, cyfansoddiad di-dor, pennill a chytgan, ffurf sonata, miniwét a thrio? Bydd rhoi adeiledd ffurfiol iddo yn help ichi osgoi un ai ailadrodd yr un syniad drosodd a throsodd, neu

Offeryniaeth

Yn y llawlyfr hwn, mae'r llais yn cyfrif fel offeryn.

Naws, arddull ac adeiledd

Gweler tudalennau 36–40 i gael rhagor o wybodaeth am ffurf ac adeiledd wrth gyfansoddi.

gyflwyno syniadau newydd drwy'r amser heb undod drwyddo draw.

Bwrw iddi

I roi syniadau ichi am rai o'r prosesau o roi cyfansoddiad at ei gilydd, dyma enghraifft o friff a rhai camau y gallech eu cymryd tuag at gynhyrchu darn gorffenedig:

Cyfansoddi walts i ddwy ffliwt a phiano mewn ffurf deiran. Yn gysylltiedig â MA 4 Adeiledd Cerddorol.

Bydd angen ichi gyfiawnhau'r rhesymau pam y dewisoch y cyfuniad offerynnol hwn. Er enghraifft:

> 'Rwyf wedi dewis y cyfuniad offerynnol hwn gan fod fy ffrindiau yn y dosbarth yn chwarae'r ffliwt a minnau'n chwarae'r piano, felly gallwn roi cynnig ar y darn wrth imi ei gyfansoddi. Fe ddywedon nhw eu bod yn hoffi chwarae yng nghywair D. Dydw i ddim yn chwarae'r ffliwt, ond mae fy ffrindiau'n rhoi cyngor imi am nodau uchel ac isel y ffliwt, a'r mathau o gymalau sy'n addas ar gyfer yr offeryn ynghyd â'r nodau anadlu.'

Unwaith y byddwch wedi penderfynu pa offerynnau i'w dewis, mae'n bryd meddwl am elfennau megis adeiledd, cywair, arwydd amser, hyd cymalau, a gwead eich cyfansoddiad. Un o wendidau cyffredin cyfansoddiadau TGAU yw'r diffyg amrywiaeth o ran gwead, sy'n gallu gwneud iddynt ymddangos braidd yn ddi-liw. Yn hytrach na chadw'r un gwead drwy'r cyfansoddiad, mae'n llawer mwy diddorol cyflwyno rhywfaint o amrywiaeth, a bydd hynny'n rhoi mwy o foddhad. Peidiwch â rhoi'r alaw i un offeryn drwy'r darn ar ei hyd; rhannwch hi rhwng y perfformwyr eraill. Mae pawb yn hoffi cael yr alaw o bryd i'w gilydd, a thrwy ei symud gallwch amrywio'r gwead a'r ansawdd. Meddyliwch am y gwahanol effeithiau a gynhyrchir pan fydd yr offerynnau i gyd yn chwarae gyda'i gilydd, pan nad oes ond un neu ddau offeryn yn chwarae yr un pryd, pan geir galwad ac ateb rhwng gwahanol offerynnau, neu pan fydd un offeryn yn chwarae'r alaw tra bo'r lleill yn dal nodau cordiol hir.

Gadewch inni dybio eich bod wedi penderfynu ar y pwyntiau canlynol:

> Bydd y darn mewn ffurf deiran, gydag adeiledd ABA. Mae hyn yn golygu y bydd y rhan gyntaf, adran A, yn y cywair gwreiddiol, bydd yr ail ran, adran B, mewn cywair gwahanol, a bydd y drydedd ran yn dychwelyd i'r cywair gwreiddiol i ailadrodd adran A

> D fwyaf fydd cywair adran A, y cywair y dywedodd eich chwaraewyr ffliwt sy'n addas iddyn nhw, a bydd adran B yn D leiaf er mwyn cyferbynnu ag adran A

> $\frac{3}{4}$ fydd yr arwydd amser gan mai walts ydyw ac mae waltsiau bob amser mewn mesur triphlyg

> Byddwch yn ysgrifennu'r alaw mewn cymalau pedwar bar gyda nodau hirach ym marrau 4 ac 8 gan y bydd hyn yn caniatáu i'r gerddoriaeth 'anadlu'

> Bydd gwead y darn yn amrywio. Weithiau bydd y cerddorion i gyd yn chwarae, ar adegau eraill bydd y ddwy ffliwt yn chwarae ar eu pen eu hunain. Wedyn cânt saib tra bydd y piano'n

---

Mae gwead wedi cael ei gymharu ag amryfal haenau nionyn: meddyliwch amdano fel nifer o rannau neu haenau o sain yn digwydd ar yr un pryd a'r berthynas rhyngddynt a'i gilydd.

'Lliw' y sain yw'r ansawdd.

I gael rhagor o wybodaeth am ffurf deiran, ewch i dudalen 37.

chwarae ar ei ben ei hun, cyn dod ag un ffliwt i mewn gyda'r piano'n ddiweddarach.

Llunio eich cordiau

Efallai y penderfynwch eich bod yn mynd i weithio ar batrwm cordiau'r adran agoriadol i ddechrau a llunio'r alaw wedyn. Mae llawer o bobl yn meddwl bod hyn yn haws na gwneud yr alaw'n gyntaf a cheisio ychwanegu'r harmonïau'n ddiweddarach.

Mae'n bosibl llunio cordiau ar bob nodyn o'r raddfa. Bydd rhai'n gordiau mwyaf ac eraill yn gordiau lleiaf. Y ffordd orau o fynd ati mwy na thebyg yw eistedd wrth y piano a cheisio pennu dilyniant da o gordiau gan ddefnyddio cymysgedd o gordiau mwyaf a lleiaf.

Gadewch inni dybio eich bod yn dewis o blith y cordiau sydd wedi'u dangos ar y dde. Mae bob amser yn syniad da dechrau a gorffen gyda chord I, a phan fydd angen seibiant yn y gerddoriaeth mae cord V yn gallu bod yn ddefnyddiol hefyd.

Ar ôl rhoi cynnig ar y dilyniannau cordiau ar y piano, gadewch inni dybio eich bod yn penderfynu ar y drefn yma:

I / / | I / / | IV / / | V / / | I / / | VI / / | II / V | I / /

Wedyn gallech ailadrodd hyn, gan drawsgyweirio ym mar 12, a dychwelyd wedyn i'r agoriad gwreiddiol, sy'n golygu bod adran A yn 16 bar o hyd.

Bydd cynllun adran A hefyd yn deiran, a bydd yn edrych fel hyn:
X (barrau 1-4), X^1 (barrau 5-8), Y (barrau 9-12), X^1 (barrau 13-16).

Y cam nesaf yw ysgrifennu darn y piano mewn arddull walts gan ddefnyddio'r cordiau uchod. Yma, mae rhifau'r cordiau wedi cael eu cynnwys er mwyn eich helpu. Sylwch ar y patrwm cordiau newydd a ddewiswyd ar gyfer adran Y.

Wrth gwrs, dim ond un ffordd o gyfansoddi yw hon. Gallwch hefyd ddechrau gydag alaw neu ddim ond rhythm a chreu cyfansoddiad o hynny. Gallech wneud yr hyn wnaeth Lionel Bart wrth gyfansoddi *Oliver!*, a chanu'r alawon i mewn i recordydd tâp cyn ychwanegu'r harmonïau'n ddiweddarach.

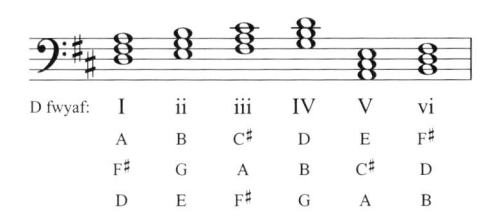

D fwyaf:	I	ii	iii	IV	V	vi
	A	B	C♯	D	E	F♯
	F♯	G	A	B	C♯	D
	D	E	F♯	G	A	B

Cyfansoddi'r alaw

Efallai y byddwch am i'ch walts swnio'n hapus yn adran A. Tra'r ydych yn cyfansoddi eich alaw, rhowch gynnig ar amryw o fotiffau neu gelloedd melodig sydd heb fod yn rhy gymhleth ond sydd yn weddol rhythmig er mwyn rhoi teimlad hapus i'r gerddoriaeth.

AI LLUNGOPI YW'R DUDALEN HON?
Rhowch wybod am y lladrad i *copyright@rhinegold.co.uk*
Ni chaiff neb wybod pwy ydych

Efallai y dyfeisiwch chi alaw debyg i'r un isod. Mae'n symud fesul cam gyda rhythm cwaferi, crosietau a chrosietau dot. Efallai na fyddwch am neidio o amgylch yn ormodol ar y dechrau. Beth am wneud y neidiau yn fwy yn adran Y.

Rhoi'r cwbl at ei gilydd

Nawr, a chithau wedi penderfynu ar batrwm sylfaenol y cordiau a'r alaw, gallwch ddechrau rhoi'r rhain at ei gilydd a phenderfynu pa rannau y bydd y gwahanol offerynnau yn eu cymryd.

Gan weithio fesul bar, gadewch inni dybio eich bod wedi penderfynu eich bod am i ffliwtiau 1 a 2 ddechrau'r alaw mewn unsain tra'r ydych chi'n chwarae'r harmonïau mewn rhythm walts ar y piano. Yna ym marrau 2 a 3, gall ffliwt 2 newid i harmoneiddio mewn trydeddau a chwechedau gyda ffliwt 1. Ym mar 4, gallech roi'r prif ffocws alawol i ffliwt 2 gyda motif cwafer bach bwaog, tra'r ydych chi'n symud i lawr ar y piano gyda'r llaw dde. Ym mar 5, gall ffliwt 1 gael y gell alawol agoriadol, gyda ffliwt 2 yn ymuno â hi mewn harmoni ym mar 6. Yna ym mar 8, pan fydd y gerddoriaeth yn teimlo fel pe bai angen ysbaid arni i gael ei gwynt ati, efallai y byddwch am i'r piano hawlio'r sylw a dangos ei hun drwy chwarae arpeggio esgyn.

Ym marrau 9 a 10, ac eto ym marrau 13 a 14, gallech ddefnyddio galwad ac ateb rhwng ffliwtiau 1 a 2. Does dim rhaid i'r ddwy ffliwt chwarae gyda'i gilydd drwy'r amser a gallwch amrywio'r gwead fel hyn. Gallech ychwanegu diddordeb drwy drawsgyweirio i gywair perthynol ym mar 12. Gadewch inni dybio eich bod yn penderfynu mynd i'r llywydd, A fwyaf, felly rhaid ichi gofio y bydd angen G# arnoch ym mar 11. Bydd angen G♮ arnoch hefyd ar y ffordd yn ôl ym mar 12 er mwyn dod â'r gerddoriaeth yn ôl i D fwyaf ar gyfer pedwar bar terfynol adran A. Bydd eich adran A, barrau 1–16, yn dechrau fel hyn felly:

> Eto, meddyliwch am enghreifftiau o gerddoriaeth gyffelyb yr ydych wedi gwrando arni. Efallai ichi sylwi, wrth wrando ar eich athro yn chwarae rhai o waltsiau Chopin ar y piano, ei fod wedi defnyddio graddfeydd ac arpeggi yn y barrau ymlacio (4, 12), pan fydd y gerddoriaeth yn anadlu. Os ydych yn hoffi'r syniad hwn, beth am fynd ati i weld a allwch gynnwys rhai arpeggi yn eich darn chi.

Beth nesaf?

Gan adeiladu ar yr enghraifft hon, ceisiwch gyfansoddi adran B eich hun. Dyma rai awgrymiadau i'ch helpu:

➤ Mae'n siŵr y byddwch am amrywio'r gwead, felly gallech gael yr alaw ar y piano o bryd i'w gilydd yn adran Y, ond yng nghywair D leiaf fel cyferbyniad

➤ Gallai'r ddwy ffliwt gynnal y piano gydag un nodyn i'r bar efallai ac yna rai nodau cyflymach. Does dim angen i'r ffliwtiau gael yr alaw drwy'r amser ac mae'n siŵr y byddwch chi am gael ei chwarae weithiau ar y piano

➤ Efallai y byddwch yn meddwl y byddai'n dipyn o hwyl cael rhagor o alw ac ateb rhwng yr offerynnau. Os yw'r piano'n chwarae'r alaw am far neu ddau gallai'r ffliwtiau ateb, ac i'r gwrthwyneb. Dyfeisiau a nodweddion cyfansoddi yw'r pethau hyn i gyd sy'n cael eu defnyddio gan gyfansoddwyr i gyflwyno diddordeb newydd a lliw

➤ Gallech ddefnyddio rhai o gelloedd alawol adran A i adeiladu alaw newydd ar gyfer adran B fel a ddisgrifir isod.

Gadewch inni addasu'r motiff o far 15 fel man cychwyn i thema newydd yn D leiaf ar gyfer adran B:

Nawr, ewch ati i ddatblygu'r alaw – awgrymir rhai ffyrdd o wneud hyn isod.

Dilyniant yw pan fo motiff neu gymal yn cael ei ailadrodd *ar unwaith* ar draw uwch neu is gan yr un offeryn. Yma mae'n symud gam i fyny:

> Mae dilyniannau yn ddyfeisiau defnyddiol iawn er mwyn ehangu ar syniad alawol. Mae'r gerddoriaeth agoriadol ar gyfer *Coronation Street* ac *Emmerdale* wedi cael ei llunio o ddilyniannau.

Gwrthdro yw'r broses o droi motiff a'i ben i waered, fel bod pob cyfwng esgyn yn troi'n gyfwng disgyn o'r un maint, ac i'r gwrthwyneb. Felly yn hytrach na 6ed yn disgyn i ail nodyn, byddai'r alaw'n codi i chweched, fel hyn:

Defnyddir gwrthdro yn eithaf aml, fel yn yr enghraifft hon:

Bydd angen ichi ysgrifennu dilyniant cordiau newydd ar gyfer adran B (barrau 17–32) yn debyg i'r ffordd yr aethom ati yn adran A.

Ar ôl mynd drwy'r enghraifft fanwl hon, dylech deimlo'n fwy parod i roi cynnig ar gyfansoddi eich darn eich hun. Edrychwch i weld pa offerynnau sydd gennych yn y dosbarth, a bwriwch iddi.

> Cofiwch, does dim modd i gyfansoddiadau fod yn anghywir. Dim ond bod rhai'n swnio'n well nag eraill.

Peidiwch â bod yn swil – rydych yn siŵr o gael eich siomi o'r ochr orau gyda'r canlyniadau. Felly, ffwrdd â chi.

Gwella eich drafft

Pan fyddwch wedi gorffen drafft cyntaf eich cyfansoddiad, ysgrifennwch y rhannau, neu argraffwch nhw os oes modd ichi ddefnyddio cyfrifiadur a meddalwedd nodiannu cerddoriaeth arno, fel *Sibelius*. Yna dewch ag aelodau'ch ensemble at ei gilydd a chwaraewch drwy'r cyfansoddiad. Efallai y bydd eich ffrindiau'n awgrymu rhai pethau ynglŷn â'r alaw neu'r cyfeiliant, ac efallai y byddwch chi am roi cynnig ar rai pethau wythfed yn uwch neu'n is, neu am newid unrhyw nodau sy'n anodd i'ch ffrindiau eu chwarae, er enghraifft.

Unwaith y byddwch wedi cyrraedd y cam hwn, gallwch ddechrau nodi manylion technegol megis marciau pedal ar gyfer y piano a marciau dynameg fel sy'n briodol. Fyddwch chi'n arafu ar ddiweddebau? Ydych chi'n cael rhyw deimlad fod diffyg symudiad mewn rhai barrau? Efallai eich bod yn teimlo bod angen darn mwy diddorol ar ffliwt 2. Efallai fod ffliwt 1 yn rhy addurnol a diddychymyg. Dyma'r mathau o bethau y mae angen ichi roi sylw iddynt pan ddaw eich cyfansoddiad yn fyw. Cofiwch y gymhariaeth â'r llinell gynhyrchu ceir – oes angen perffeithio'r peiriant ar ôl ei adeiladu?

Ysgrifennu cyfeiliant

Bydd angen gwybodaeth am gordiau a thriadau arnoch er mwyn ichi allu ysgrifennu cyfeiliant da, boed hynny ar gyfer cân neu ddarn fel unawd offerynnol. Mae cyfeiliant yn gwneud mwy na chynnal yr alaw; dylai hefyd ddod â dimensiwn neu haen arall i'r darn. Gall gwead y cyfeiliant amrywio yn ôl natur y cyfansoddiad.

Yn gyntaf, ewch ati i wrando ar enghreifftiau o gyfeiliannau ac ystyriwch sut mae cyfansoddwyr eraill wedi'u llunio. Yn *Candle in the Wind* gan Elton John, a allwch chi glywed sut mae wedi saernïo'r cyfeiliant i gynnwys y canlynol:

CDGA 2 trac 1.

➢ Cordiau ailadrodd

➢ Rhediadau cwaferi a hanner cwaferi sy'n llifo

➢ Cordiau gwasgar

➢ Coethi diwedd cymalau.

Gofynnwch i'ch athro chwarae rhai o ganeuon Schubert ichi ac astudiwch y cyfeiliannau a ysgrifennodd ef. Mae ei gân *Der Erlkönig* (Brenin yr Hud) yn enghraifft ragorol lle mae'r cordiau ailadrodd ar y piano yn cynrychioli pedolau'r ceffyl ar garlam.

Cofiwch fod modd cael seibiau mewn cyfeiliant o bryd i'w gilydd. Does dim rhaid iddo chwarae ar bob curiad o bob bar. Wedi'r cyfan, mae tawelwch yn un elfen o gerddoriaeth.

Nawr gadewch inni edrych ar alaw Gymreig delynegol nodweddiadol mewn amser $\frac{4}{4}$ a gweld pa fathau gwahanol o gyfeiliant y gallem eu defnyddio. Dyma gymal agoriadol yr alaw sydd â'r geiriau 'Unwaith eto yng Nghymru annwyl, Rwyf am dro ar dir fy ngwlad'.

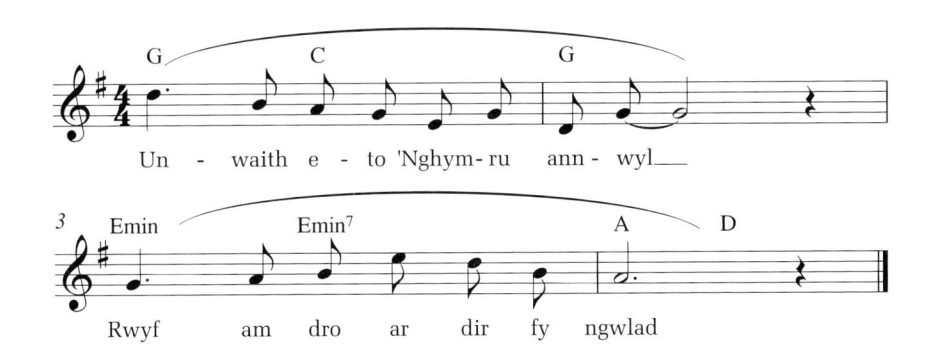

[Sheet music: "Un-waith e-to 'Nghym-ru ann-wyl / Rwyf am dro ar dir fy ngwlad" with chords G, C, G, Emin, Emin7, A, D]

Rhowch gynnig ar y mathau isod o gyfeiliant i weld a oes modd addasu un neu fwy ohonynt i'w defnyddio gyda'ch cyfansoddiad. Does dim rhaid ichi gadw at un math o gyfeiliant: cymysgwch ychydig arnynt i weld sut mae'r darn yn swnio.

Dyma gyfeiliant cordiau syml:

Cofiwch fod modd eu defnyddio hefyd wrth lunio sgôr ar gyfer cyfeiliant cerddorfaol, nid dim ond ar gyfer y piano neu'r allweddellau.

Cordiau

[Sheet music example]

Yn yr enghraifft nesaf mae cordiau'r llaw dde ar y trawsacenion gwannach, sef ail a phedwerydd curiad y bar.

Cordiau â rhythm gwahanol

[Sheet music example]

Dyma pryd mae nodau'r cord yn cael eu chwarae ar y patrwm isel, uchel, canol ac uchel eto, yn hytrach nag ar yr un pryd. Mae'n fwy addurnol na'r cordiau plaen uchod:

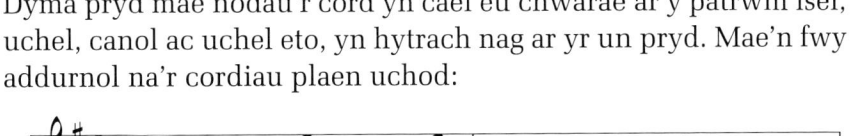

Bas Alberti

[Sheet music example]

Yma, daw nodau'r cord mewn patrwm o dri chwafer gyda dau nodyn yn cael eu chwarae gyda'i gilydd ar ail gwafer y grŵp. Maent yn symud i fyny ac i lawr mewn symudiad siglo.

Cwaferi llaw dde sy'n siglo'n ôl ac ymlaen

[Sheet music example]

Yma caiff nodau'r cord eu hailadrodd, gan roi cynhaliaeth i'r unawdydd heb ddyblygu ei alaw:

Patrymau cwaferi ailadrodd yn y llaw dde

[Sheet music example]

Ffigurau arpeggio yn y ddwy law

Yma caiff nodau'r cordiau eu chwarae un ar ôl y llall, i fyny ac i lawr, yn hytrach nag ar yr un pryd. Meddyliwch am y delyn lle mae nodau cordiau yn aml yn cael eu chwarae ar ôl ei gilydd:

Trawsacennu

Yn yr enghraifft isod mae'r holl gordiau crosiet yn achosi trawsacennu gan eu bod yn digwydd gwafer cyn ail a phedwerydd curiad y bar. Mae'r effaith fywiog hon i'w chlywed mewn llawer o fathau o gerddoriaeth boblogaidd a jazz.

Ffurf ac adeiledd

Mae siâp neu ffurf glir i'r rhan fwyaf o ddarnau da o gerddoriaeth. Yn union fel mae angen i bensaer neu artist cymwys fod â syniad o ffurf neu gynllun drwyddo draw cyn dechrau creu, felly hefyd mae angen i gyfansoddwr ystyried adeiledd a ffurf. Dyma bedwar patrymlun cyfansoddi sydd wedi profi eu gwerth, a allai fod yn ddefnyddiol ichi – maent wedi gwasanaethu cyfansoddwyr yn dda dros y canrifoedd a gellir eu cymhwyso i gyfansoddiadau pop a chlasurol.

Ffurf ddwyran

Mae i ddarn mewn ffurf ddwyran adeiledd dwy ran:

Adran A	Adran B

Mae hon yn gân drist iawn. Mae Dafydd ar ei wely angau ac mae am chwarae ei delyn unwaith eto cyn iddo farw. Gweler tudalen 43.

Dyma enghraifft o gân Gymraeg mewn ffurf ddwyran, *Dafydd y Garreg Wen*.

Mae adran A, sy'n wyth bar o hyd, yn dechrau yng nghywair F leiaf ac yn gorffen yng nghywair A♭ fwyaf, y cywair perthynol mwyaf. Mae adran B, sydd hefyd yn wyth bar o hyd, yn dechrau yng nghywair A♭, y cywair perthynol mwyaf, cyn dychwelyd i F leiaf.

Gellid defnyddio'r alaw hon yn effeithiol mewn trefniant ar gyfer sielo a phiano, er enghraifft. Mae llawer o fotiffau neu gelloedd alawol y gellid eu defnyddio, fel a ddangosir ar dudalen 33. Rhowch gynnig arni i weld beth y gallwch chi ei wneud gyda'r alaw hon.

Ffurf deiran

Mae i ddarn mewn ffurf deiran adeiledd tair rhan:

A	B	A

Mae hon wedi bod yn un o'r ffurfiau cyfansoddi mwyaf poblogaidd ers dros bedair canrif, ac mae'n un o hoff ffurfiau cyfansoddi myfyrwyr TGAU.

Rydych eisoes wedi gweld y ffurf deiran yn cael ei defnyddio yn ein cyfansoddiad ar gyfer dwy ffliwt a phiano ar dudalen 30, felly dylech fod yn gyfarwydd â'r adeiledd erbyn hyn.

Yn y ffurf deiran y mae'r rhan fwyaf o hwiangerddi Cymru. Edrychwch ar ffurf yr hwiangerdd *Suo-gân*:

> Defnyddiodd Grace Williams hwiangerddi yn ei threfniannau cerddorfaol *Fantasia on Welsh Nursery Tunes*, ar *Welsh Classical Favourites* (Marco Polo 8.225048). Gwrandewch ar y ffordd y mae wedi defnyddio'r obo i roi lliw cynnes i'r hwiangerddi. Gallai roi syniadau ichi ar gyfer eich darnau chi. Ewch i dudalennau 55–58 i gael rhagor o wybodaeth am drefniannau Williams.

Thema ac amrywiad

Mae i ddarn mewn ffurf thema ac amrywiad yr adeiledd canlynol:

Thema	Amrywiad 1	Amrywiad 2	Amrywiad 3	Amrywiad 4 ayyb.	Coda (dewisol)

Gan fod pob amrywiad yn dibynnu ar y thema wreiddiol am ddeunydd, gallwch wneud i bob un gyferbynnu â'r lleill mewn ffyrdd gwahanol:

➤ Newid y modd o'r mwyaf i'r lleiaf ac i'r gwrthwyneb
➤ Newid y mesur o, dyweder, amser dyblyg i driphlyg
➤ Amrywio gwerth y nodau
➤ Newid yr harmonïau
➤ Newid y rhythmau, er enghraifft i drawsacennu
➤ Newid yr alaw ond cadw'r harmonïau

Dewiswch gyfuniad o offerynnau a rhowch gynnig ar y ffurf thema ac amrywiad. Rhannwch y thema yma ac acw. Dewch â harmonïau a gweadau newydd i mewn, ac amrywiwch rythmau'r chwaraewyr cynorthwyol. Mae chwaraewyr cerddorfaol yn cael blas mawr ar chwarae rhythmau trawsacennog yn hytrach na chwarae ar y curiad drwy'r amser.

Dyma'r thema o ail symudiad *Pedwarawd Llinynnol* Haydn, 'Yr Ymerawdwr'. Mae yng nghywair G fwyaf. Caiff y thema ei chwarae gan y feiolin gyntaf gyda'r ail feiolin, y fiola a'r sielo yn cynnal yr harmonïau.

Dyma'r amrywiad cyntaf:

Ceir newid rhythm yn y cyfeiliant, sef y feiolin gyntaf erbyn hyn, gyda'r thema'n cael ei chwarae gan yr ail feiolin. Mae'r gwead yn llawer teneuach hefyd.

Yn yr ail amrywiad, y sielo sydd â'r thema, sy'n newid y gwead a'r lliw gyda'r ffocws bellach yng nghyseiniant mwy cyfoethog y bas. Mae rhythm trawsacennog newydd yn ymddangos mewn cyfalaw gan feiolin 1.

Yn y trydydd amrywiad, y fiola sy'n hawlio'r sylw. Mae'r sielo yn dawel am sawl bar ac mae'r feiolinwyr yn chwarae rhythmau trawsacennog. Pan ddaw'r sielo i mewn yn ddiweddarach, mae ganddi ffigurau cwafer cromatig.

Yn y pedwerydd amrywiad, mae feiolin 1 yn ailgydio yn y thema, ond gyda harmonïau gwahanol. Mewn mannau mae'r pedair rhan yn chwarae wythfed yn uwch. Daw coda â'r symudiad i ben yn G fwyaf.

Rondo

Mewn ffurf rondo mae prif adran (A) i'w chlywed am yn ail ag adrannau cyferbyniol mewn patrwm tebyg i hwn:

| A | B | A | C | A | Ch | A |

> Mae'r rondo o *Goncerto Corn Rhif 4* Mozart yn enghraifft dda: CDGA 1 trac 15. Sylwch fel mae'r atganau yn wahanol i'r brif thema.

Fel mae'r enw rondo yn ei awgrymu, mae'r brif thema yn y ffurf hon yn dod **rownd** lawer gwaith. Rhwng yr ailadrodd ar thema A ceir darnau byr a elwir yn atganau: B, C, CH ac ati.

Fel arfer mae'r atganau mewn cyweiriau perthynol megis y llywydd, yr is-lywydd, y cywair perthynol lleiaf neu fwyaf, neu'r feidon.

Technoleg cerddoriaeth

Mae modd defnyddio technoleg cerddoriaeth yn effeithiol yn eich cyfansoddiad mewn llawer o ffyrdd. Ystyriwch y defnyddiau hyn:

> Gan fod yr arholiad gwrando yn debygol o gynnwys cwestiynau sy'n gofyn ichi ddangos dealltwriaeth o effaith TGCh, po fwyaf yr ydych yn ymwneud â thechnoleg, gorau fydd eich dealltwriaeth o'r cwestiynau.

- Cyfansoddi darn ar gyfer perfformwyr byw a thechnoleg cerddoriaeth
- Cyfansoddi darn gan ddefnyddio dilyniannwr. Mae hwn yn gadael ichi ddewis eich seiniau ac mae hefyd yn cydamseru'r cydbwysedd rhwng y gwahanol rannau, sy'n sicrhau bod y rhythmau yn cydsymud yn union
- Recordio traciau a fydd yn ddiweddarach yn cael eu defnyddio ar y cyd â chantorion ac offerynwyr byw
- Adeiladu darn fesul haen drwy broses recordio aml-drac
- Defnyddio technoleg i recordio eich gwaith ar CD neu fini ddisg
- Defnyddio technoleg i greu sgorau wedi'u hargraffu.

Os ydych yn defnyddio dilyniannwr, cofiwch ddiogelu eich gwaith yn rheolaidd a gwnewch gopïau wrth gefn. Mae galw mawr am y cyfrifiaduron yn yr ysgol bob amser, yn enwedig yn yr wythnosau yn arwain at y dyddiad cau er mwyn cyflwyno ffolios.

> Byddwch yn ofalus wrth ddefnyddio technoleg i gyfansoddi ar gyfer perfformwyr byw. Does dim angen i'r cyfrifiadur anadlu a gall gynnal nodau am byth. Bydd hefyd yn chwarae nodau sydd ymhell tu hwnt i amrediad naturiol offerynnau cerddorfaol a'r llais dynol, felly bydd angen ichi fod yn ymwybodol o gyfyngiadau'r offerynnau yr ydych yn eu dewis.

Trefniannau a samplau

Gallwch gynhyrchu trefniant o ddarn sy'n bodoli'n barod yn hytrach na llunio cyfansoddiad gwreiddiol. Efallai fod hyn yn ymddangos fel opsiwn hawdd, ond camargraff yw hynny! Nid yw pedwarawd llinynnol wedi'i ailsgorio ar gyfer pedwarawd chwythbrennau yn drefniant gan nad yw'r nodau gwreiddiol wedi cael eu newid o gwbl. Rhaid ichi fod yn greadigol iawn i drefnu darn.

Bydd y safonwr am ichi amgáu copi o'r gerddoriaeth wreiddiol yr ydych wedi'i defnyddio fel sail i'ch trefniant fel bod modd gweld beth sydd wedi cael ei newid. Mae sawl ffordd o roi eich stamp unigol chi ar gyfansoddiad gwreiddiol rhywun arall. Dyma rai opsiynau i'w hystyried:

- Newid harmonïau'r darn
- Dyfeisio alawon newydd wedi'u seilio ar batrymau'r cordiau gwreiddiol
- Defnyddio darnau/motiffau alawol allan o'r thema wreiddiol
- Creu gweadau mwy trwchus a mwy tenau
- Creu cyfuniadau a lliwiau offerynnol gwahanol
- Creu math newydd o gyfeiliant
- Ychwanegu offerynnau taro a gitarau bas mewn fersiwn roc neu swing newydd
- Creu adeiledd gwahanol
- Gwneud newidiadau i'r cywair/cyweiriau a'r rhythm.

Byddwch yn ofalus wrth ddefnyddio samplau a deunyddiau wedi'u llwytho i lawr oddi ar y Rhyngrwyd. Mae cyfansoddiadau sydd wedi'u llunio'n gyfangwbl o samplau o gerddoriaeth gan bobl eraill yn cael eu trin fel trefniannau. Os seiliwch eich darn ar ddeunydd sydd wedi'i 'fenthyca' dylech ddefnyddio'r deunydd hwn yn greadigol law yn llaw â'ch syniadau cerddorol chi eich hun. Nid yw torri a gludo samplau wrth ei gilydd yn gyfansoddi a, beth bynnag, bydd yn cael ei ddiarddel. Pan fyddwch yn llenwi'r ffurflen am eich cyfansoddiadau, bydd rhaid ichi gydnabod unrhyw ddeunydd yr ydych wedi'i ddefnyddio nad yw'n ddeunydd gwreiddiol o'ch eiddo chi a dweud ymhle y daethoch o hyd iddo.

Gwerthuso eich gwaith

Ar ddiwedd eich cwrs pan fyddwch yn llenwi ffurflen MU2B i'w chyflwyno gyda'ch cyfansoddiadau, fe welwch fod adran olaf y manylion am bob cyfansoddiad yn cael ei galw'n 'hunanwerthuso'. Mae hyn yn golygu bod disgwyl ichi edrych yn ôl dros eich gwaith yn feirniadol ac asesu llwyddiant yr hyn yr ydych wedi'i wneud yn ystod y cwrs dwy flynedd. Dylech ofyn y cwestiynau canlynol i chi eich hun:

➢ Ydw i wedi cyflawni'r hyn a fwriadwyd yn y briff gwreiddiol?
➢ Ydw i wedi newid neu addasu'r briff gwreiddiol mewn unrhyw ffordd?
➢ Pa rannau o'r darn sy'n gweithio'n dda?
➢ Pa rannau nad ydw i'n fodlon â nhw, os oes rhai o gwbl?
➢ Pa broblemau ydw i wedi eu hwynebu, os bu rhai o gwbl?
➢ Allwn i wella'r darn mewn rhyw ffordd?
➢ Oes gen i adeiledd a chydbwysedd da yn y darn?
➢ Ydy'r sgôr/recordiad yn cyfleu natur y darn?
➢ Ydy'r elfennau cerddorol a ddefnyddiwyd yn addas ar gyfer y darn?

Os ydych am gyflwyno sgorau a recordiadau o'ch cyfansoddiadau, gallwch ddweud wrth y safonwr yn yr adran hunanwerthuso pa un o'r ddau yn eich tyb chi sy'n dangos yr hyn yr oeddech yn ei fwriadu orau. Os ydych yn hapus â'r sgôr ond yn siomedig â'r recordiad, bydd y safonwr yn rhoi mwy o sylw i'r sgôr.

Cyflwyniad

Gallwch gyflwyno eich cyfansoddiad fel cerddoriaeth wedi'i nodiannu a/neu fel recordiadau ar fini disg, CD neu dâp. Gyda'r meddalwedd soffistigedig sydd ar gael erbyn hyn, mae'n well gan lawer o ymgeiswyr argraffu'r sgorau'n uniongyrchol o'r cyfrifiadur. Mae'r rhain yn glir iawn ac yn edrych yn broffesiynol, cyhyd â'u bod wedi cael eu fformatio'n dwt a'u golygu fel eu bod yn ddarllenadwy. Os mai dim ond cyflwyno recordiadau, heb sgôr, a wnewch, bydd y safonwr yn disgwyl nodiadau mwy manwl fyth am eich cyfansoddiad.

Mae'r arholwyr yn aml yn cael anhawster i agor ffeiliau cyfansoddiadau a gyflwynir ar ddisgiau hyblyg. Cofiwch nad yw pob fersiwn meddalwedd sydd ar y farchnad gan CBAC. Mae'n llawer saffach llwytho eich gwaith ar CD-ROM yn hytrach na gorfod ailgyflwyno eich gwaith.

> Gair o rybudd: mae safonwyr yn llwyr ymwybodol o'r gwahanol raglenni ysgrifennu caneuon a dilyniannau, megis *Dance eJay*, sydd ar gael erbyn hyn a byddant yn gallu gweld os ydynt wedi cael eu defnyddio. Ychydig iawn o farciau a roddir i unrhyw gyfansoddiad lle nad oes llawer, neu ddim efallai, o waith gwreiddiol.

AI LLUNGOPI YW'R DUDALEN HON?
Rhowch wybod am y lladrad i *copyright@rhinegold.co.uk*
Ni chaiff neb wybod pwy ydych

Cerddoriaeth yng Nghymru

Y delyn

Y delyn yw offeryn cenedlaethol Cymru a, thros y blynyddoedd, mae wedi cyflawni llawer o swyddogaethau – fel offeryn unawdol, fel offeryn ensemble/cerddorfaol, fel cyfeiliant i ganu a chyfeiliant i ddawnsio. Er mai am y delyn bedal gyngerdd fodern y mae'r rhan fwyaf o bobl yn meddwl gyntaf wrth glywed neu ddarllen y gair 'telyn', mae i'r offeryn hanes sy'n ymestyn yn ôl dros sawl mil o flynyddoedd ac mae wedi ymddangos ar sawl ffurf dros y cyfnod hwnnw. Er mai'r delyn deires (gweler tudalen 43) sy'n cael ei chysylltu'n arbennig â Chymru, y delyn gyntaf i gael ei chyflwyno i'r wlad oedd y delyn fach Geltaidd neu'r delyn 'ben-glin' yr arferai cerddorion a thrwbadwriaid teithiol ei chario gyda nhw i fynd i ddiddanu mewn tafarndai ac, yn ddiweddarach, i'w chwarae ar gyfer dawnsio gwerin.

Dros y ddwy ganrif ddiwethaf, cafwyd sawl adfywiad crefyddol yng Nghymru. Yn ystod y diwygiadau hyn, câi telynorion tafarndai eu gwawdio'n aml a daeth y delyn yn destun dirmyg a gelyniaeth. Câi dawnsio a chwarae'r delyn eu hystyried yn bechadurus. Ond parhaodd llawer o bobl i chwarae, mae'n amlwg, oherwydd pan ddaeth Mendelssohn i Gymru ar ei ffordd i Ogof Fingal yn yr Alban, roedd yn cwyno fod telynorion yn ei gadw'n effro'r nos! Mewn cyferbyniad, bu ond y dim i ddawnsio gwerin farw o'r tir.

Daeth cystadlaethau i'r delyn yn boblogaidd iawn yn oes Fictoria ac maent yn dal i gael cefnogaeth dda mewn eisteddfodau a gwyliau cerdd dant. Daeth yn gyffredin i delynorion proffesiynol megis John Thomas o Ben-y-bont ar Ogwr (1826–1913) chwarae ar hyd a lled y byd. Enwyd Thomas yn brif gerddor Cymru yn 1861 ac yn 1872 daeth yn delynor brenhinol i'r Frenhines Fictoria. Ni ddyfarnwyd yr anrhydedd o fod yn delynor brenhinol eto tan 2000 pan benodwyd telynores ifanc Gymraeg ei hiaith, Catrin Finch, yn delynores i Dywysog Cymru.

Y delyn Geltaidd

Ar un adeg, roedd y Celtiaid, pobl a siaradai ieithoedd Celtaidd, i'w gweld ar draws Ewrop i gyd cyn i goncwestau'r Rhufeiniaid eu gwthio allan o'r rhan fwyaf o Ewrop gyfandirol. Yn y cyfnod modern, mae'r ieithoedd Celtaidd yn goroesi yn Iwerddon, Ynysoedd Hebrides ac Ucheldiroedd yr Alban, Cymru a Llydaw, ac maent wedi cael eu hatgyfodi yn Ynys Manaw a Chernyw. Yn yr ardaloedd hyn y mae cerddoriaeth Geltaidd yn dal i bara ac mae'r cysylltiad cerddorol rhyngddynt yn gryf iawn. Mae Cymru, Llydaw ac Iwerddon yn rhannu llawer o elfennau cyffredin yn eu gwisgoedd cenedlaethol, eu dawnsio gwerin a'u hieithoedd, ond mae gan bob rhanbarth ei sain neilltuol ei hun.

Mae'r delyn Geltaidd yn llai na thelynau eraill a chaiff ei dal ar ben-glin y telynor fel arfer. Un rhes o dannau sydd iddi, wedi'u tiwnio i nodau C fwyaf. Rhaid gosod trawiau eraill cyn chwarae drwy symud liferi sy'n gwthio yn erbyn y tannau i'w gwneud yn fyrrach, gan godi'r traw hanner tôn. Er enghraifft, i chwarae yng

---

Cyswllt â'r we

Mae cost telyn bedal yn amrywio o £4,000 i £44,000. Y prif wneuthurwyr telynau yw Salvi (www.salviharps.com) a Lyon and Healy (www.lyonhealy.com).

Gweler tudalennau 44–47 am rôl y delyn mewn cerdd dant.

Ymgydiodd Prydain oes Fictoria yn y diddordeb a welwyd tua diwedd y 18fed ganrif mewn pethau anarferol ac egsotig, megis tartan yn yr Alban a chanu'r delyn yng Nghymru: ewch ati i ganfod gwybodaeth am Augusta Hall, Arglwyddes Llanofer.

Cyswllt â'r we

Ewch i wefan Finch ei hun: www.catrinfinch.com

Gweler tudalennau 50–51 am ragor o wybodaeth am y cysylltiadau rhwng cerddoriaeth werin yr ardaloedd hyn.

Cyfeirir at y delyn Geltaidd hefyd fel y clàrsach, y delyn werin, y delyn lifer, y delyn Aelaidd a'r delyn Wyddelig.

DWYN YW LLUNGOPÏO'R DUDALEN HON
Rhowch wybod i *copyright@rhinegold.co.uk* am achosion o gopïo
Gwarentir cyfrinachedd

nghywair D fwyaf, byddai'n rhaid gosod liferi i ddiwnio nodyn F yn F♯ a nodyn C yn C♯.

Gan ei bod yn defnyddio liferi yn hytrach na phedalau, mae'n haws i'w chwarae a hon yw'r delyn y mae plant yn dysgu ei chanu'n gyntaf yn aml. Fodd bynnag, nid yw mor hawdd newid cywair arni wrth chwarae ac mae hyn yn golygu ei bod yn tueddu i gael ei defnyddio i chwarae cerddoriaeth werin sydd braidd yn undonog. Yn y gorffennol, câi telynau Celtaidd eu llinynnu â thannau gwifren, oedd â sain atseiniol arbennig. Heddiw, fodd bynnag, defnyddir tannau neilon, sy'n gwneud y sain yn fwy meddal a llai brathog.

Y delyn deires

Er bod rhai pobl yn mynnu mai dyfais o Gymru oedd y delyn deires, mae'r dystiolaeth yn dangos mai cynnyrch y Dadeni yn yr Eidal ydoedd. Mae'n debyg i'r delyn deires gael ei dyfeisio gan Eidalwr, Luc Eustache, ar ddiwedd yr 16eg ganrif ac roedd iddi dair rhes o dannau, sef 75 o dannau i gyd. Dim ond un rhes o dannau oedd ar delynau cynharach ac roedd yn rhaid eu tiwnio i un cywair. Dim ond nodau yn y cywair hwnnw yr oedd modd eu chwarae nes i'r delyn gael ei hailddiwnio a rhaid oedd un ai peidio â chwarae hapnodau, neu eu gosod ymlaen llaw gan ddefnyddio liferi. Roedd y model newydd hwn gyda thair rhes yn fwy hyblyg felly, gan fod y nodau cromatig wedi'u cynnwys yn y canol a nodau'r raddfa ddiatonig ar y ddwy res allanol, er bod y tair rhes o dannau yn gwneud hwn yn offeryn anodd iawn i'w chwarae.

Efallai hefyd y dewch ar draws y term *Arpa doppia* sy'n golygu 'telyn ddwbl' – ac yn wir roedd gan rai offerynnau cynnar ddwy res o dannau.

Hyd yn oed yng Nghymru bu bron iawn i'r delyn deires ddiflannu, ond cafodd diddordeb newydd ei ennyn ynddi drwy ymdrechion Nansi Richards (1888–1979) o Ben-y-bont Fawr yn y Canolbarth, yr unig delynores oedd ar ôl â dolen gyswllt â thraddodiad gwerthfawr.

Ymysg telynorion traddodiadol Cymru, roedd yr adeiledd thema ac amrywiadau yn boblogaidd iawn. Gwrandewch ar y telynor o Gymru, Robin Huw Bowen, yn chwarae dau amrywiad ar *Dafydd y Garreg Wen* ar y delyn deires. Dyma'r thema wreiddiol:

CDGA 1 trac 5. Ysgrifennwyd y darn gan y telynor baróc dall John Parry o Riwabon ger Wrecsam.

Sylwch fod sain y delyn deires yn debycach na'r delyn bedal i sain cloch. Y rheswm am hyn yw bod y ddwy res allanol o dannau yn chwarae'r un nodau.

Telyn bedal

Dyfeisiwyd y delyn bedal gan Sebastien Erard o Baris (1752–1831), a sefydlodd system o saith pedal droed fetel a allai godi sain y tannau dôn neu hanner tôn. Cyn pen fawr o dro, roedd y delyn bedal yn fwy poblogaidd na'r delyn deires ar draws Ewrop. Erbyn hyn, caiff ei defnyddio mewn ysgolion a cherddorfeydd ym mhob

Efallai y gwelwch y delyn hon yn cael ei galw'n delyn gyngerdd hefyd.

> Mae Benjamin Britten wedi ysgrifennu cyfres a William Mathias wedi ysgrifennu concerto telyn ar gyfer Osian Ellis, y telynor o ogledd Cymru. Yn ddiweddar, ysgrifennodd y Cymro o gyfansoddwr, Karl Jenkins, goncerto telyn dwbl ar gyfer Elinor Bennett a'i merch-yng-nghyfraith, Catrin Finch.

Cyswllt â'r we

Mae gan Alain Stivell (a newidiodd ei enw yn 1967) ei wefan ei hun ar www.alan-stivell.com.

Ar wefan Henson-Conant ar www.hipharp.com ceir rhagor o wybodaeth am ei harddull berfformio a chysylltiadau mwy cyffredinol ar y delyn.

> Mae'r darn wedi'i enwi ar ôl Andrea Palladio, pensaer o Fenis, y mae ei waith yn ddelfryd o gytgord a threfn.

cwr o'r byd, ac mae wedi cael ei defnyddio'n helaeth gan gyfansoddwyr megis Verdi a Puccini, a chyfansoddwyr symffonig fel Mahler.

Prin fod cynllun y delyn gyngerdd fodern wedi newid ers cyfnod Erard. Mae gan delyn gyngerdd amrediad o 47 tant (dros chwe wythfed) ynghyd â'r mecanwaith arwaith dwbl lle mae gan bob un o'r pedalau dri safle, fel bod modd chwarae unrhyw dant yn naturiol, yn llon neu'n lleddf. Mae gofyn tiwnio'r telynau hyn yn rheolaidd. Mae'r tannau dur mawr yn tueddu i gadw eu traw yn dda, ond mae traw'r tannau coludd llai yn tueddu i ostwng wrth i'r offeryn gael ei symud ac wrth iddo ddod i gysylltiad â thymheredd amrywiol mewn ystafelloedd a neuaddau.

Telyn electronig

Daw'r delyn electronig mewn dau fersiwn. Gall telyn acwstig gael ei mwyhau, gyda phob tant â'i gipyn unigol ei hun. Yn yr achos hwn, mae'r sain ar ôl ei fwyhau yn atgynhyrchiad cywir o ddirgryniadau'r tant. Mae hefyd yn bosibl prynu telyn solet. Nid oes modd chwarae hon heb gysylltiad trydanol oherwydd mae angen pŵer a mwyhad er mwyn iddi gael ei chlywed. Prif wneuthurwyr y telynau hyn yw Lyon and Healey, ac mae'r canwr gwerin o Lydaw, Alain Stivell, yn un o'r prif berfformwyr ar yr offeryn. Mae'n debyg mai telynores electronig jazz orau'r byd yw Deborah Henson-Conant.

Yn ddiweddar, dechreuodd Catrin Finch chwarae telyn drydan, y mae'n ei chario gyda chymorth strap ar draws y gwar. Fe'i defnyddiodd yn ddiweddar i chwarae'r concerto grosso *Palladio* gan Karl Jenkins yn y cyngerdd yng Nghaerdydd i ddathlu ei ben-blwydd yn 60. Defnyddiwyd yr *Allegretto* o'r darn hwn ar gyfer ymgyrch hysbysebu diemyntau fyd-eang, *Shadows*.

Profwch eich hun ar y delyn

1. Sut gwnaeth dyfais Erard helpu i weddnewid y delyn gyngerdd?

   ....

   ....

2. Enwch y ddau gyfansoddwr sydd wedi ysgrifennu ar gyfer y telynor o Gymru, Osian Ellis.

   ....

3. Pa un o'r tair rhes o dannau ar y delyn deires sy'n chwarae'r llonnodau a'r meddalnodau?

   ....

Caneuon Cymreig

Cerdd dant

> Cyfeirir at gerdd dant hefyd fel canu penillion.

Cerdd dant yw'r traddodiad Cymreig unigryw o ganu geiriau i gyfeiliant telyn – fel mae'r term yn ei ddweud, cerddoriaeth y tannau ydyw. Yn draddodiadol, roedd beirdd teithiol yn cyfeilio i'w hunain ar y delyn Geltaidd fach, hawdd i'w chario, wrth ganu. Pan gâi cerdd dant ei pherfformio mewn tai bonedd, tueddai'r beirdd i ganu mewn ffurf draddodiadol ar farddoniaeth a elwir yn *gynghanedd*, sydd â rheolau caeth yn ymwneud â mesur, odl a chyflythreniad.

Yn y math o gerdd dant a ddeilliodd o hyn ceir telynor a chanwr ar wahân (ac weithiau gôr, a sawl telyn), gyda'r telynor yn chwarae alaw benodedig tra bo'r canwr yn canu'n fyrfyfyr mewn harmoni. Mae hon yn dal i fod yn grefft anodd iawn gan fod rhaid i'r canwr geisio cyfleu ystyr y farddoniaeth yn ogystal â harmoneiddio â chyfalaw ar yr un pryd. Yn wreiddiol, cynhelid cystadlaethau lle'r oedd cantorion yn cystadlu yn eu tro yn erbyn ei gilydd gan geisio addasu'n fyrfyfyr. Yr enillydd oedd y sawl allai ganu'r nifer fwyaf o benillion. Heddiw, yn hytrach na chanu'r gyfalaw yn fyrfyfyr, caiff y ddwy elfen eu trefnu gan rywun yn yr hyn a elwir yn *osodiad*. Y geiriau, yr alaw (y delyn) a'r gosodiad (y llais) yw'r tair elfen hanfodol mewn cerdd dant fodern.

> Mae cynghanedd yn fwy soffistigedig na ffurfiau eraill ar farddoniaeth, ond yn haws i'w ganu oherwydd y cyflythreniad sy'n odli.

Yr enw ar yr alaw y mae'r delyn yn ei chwarae yw *cainc* ac mae un ai yn alaw adnabyddus neu'n alaw a ysgrifennwyd ar gyfer achlysur arbennig. Mae'r canwr yn canu cyfalaw mewn harmoni â'r delyn. Er bod yr alaw a'r gyfalaw yn annibynnol ar ei gilydd, rhaid iddynt gyfuno'n berffaith wrth gael eu perfformio gyda'i gilydd. Mae'r farddoniaeth yn bwysig iawn, a gelwir y sawl sy'n gosod y farddoniaeth i'r gerddoriaeth yn *osodwr*. Heddiw, nid dim ond barddoniaeth yn y mesurau caeth sy'n cael ei gosod i gerddoriaeth ond hefyd salmau a chanu rhydd.

Mae rheolau caeth yn llywodraethu'r acenion, y rhythmau a'r diweddebau wrth osod cerdd dant mewn cystadleuaeth. Er enghraifft, ni chaiff y pennill olaf orffen ar y feidon. Rhaid i'r ddiweddeb olaf fod yn ddiweddeb berffaith yn y cywair gwreiddiol, gan roi'r ymdeimlad fod y perfformiad wedi dod i ben.

> Mewn mannau eraill yn y gosodiad, mae gorffen ar y feidon yn gyffredin ac mae wedi'i nodi fel rhan o reolau'r grefft.

Rhaid i acenion alaw'r delyn a'r farddoniaeth gyd-daro, a rhaid i'r llais a'r delyn orffen yr un pryd. Yn wir, y geiriau sy'n pennu adeiledd a siâp y gyfalaw. Rhaid i'r gosodwr gyfrif y prif acenion yn llinellau'r geiriau ac yna gyfrif nifer yr acenion neu'r curiadau cryf yn alaw'r delyn. Dyma fydd yn pennu ymhle yn union mae cyfalaw'r llais yn dechrau.

Gadewch inni edrych, er enghraifft, ar *Fuchedd Garmon* yn cael ei chanu mewn tair rhan gan Gôr Merched Canna o Gaerdydd. Mae'r geiriau gan Saunders Lewis, o'i ddrama *Buchedd Garmon*, yr alaw yw *Seiriol* gan Gwennant Pyrs, ac mae'r gosodiad gan Delyth Medi.

Buchedd Garmon

> CDGA 1 trac 3

Dros y dudalen ceir y pennill cyntaf gyda'r geiriau, y gosodiad ac alaw'r delyn i gyd gyda'i gilydd. Mae Lewis yn cymharu Cymru i winllan sy'n cael ei throsglwyddo i genedlaethau'r dyfodol, y mae'n rhaid ei hamddiffyn rhag goresgynwyr o dramor. Mae'r gosodiad a ddefnyddir yma yn saith bar o hyd tra bo alaw'r delyn, *Seiriol*, yn wyth bar o hyd. Felly er mwyn cael y geiriau a'r alaw i orffen gyda'i gilydd, mae'r lleisiau'n dod i mewn ar ôl bar o alaw'r delyn.

Sylwch fel mae'r gyfalaw gyfoethog, a drefnwyd ar gyfer sopranos 1 a 2, ac altos, yn cyd-fynd mewn harmoni ag alaw'r delyn. O roi alaw'r delyn a'r trefniant homoffonig lleisiol gyda'i gilydd, fe glywch liwiau diddorol iawn a dilyniannau harmonig cyffrous. Dyna yw hanfod cerdd dant.

Cerdd dant fodern

Nid yw pobl draddodiadol yn hoffi'r datblygiadau hyn ac roeddent wedi dychryn pan ddefnyddiwyd syntheseiddwyr a gitâr fas mewn cystadlaethau, ond mae'r rhai blaengar yn croesawu newid a datblygiad yn y genre.

Gweler tudalennau 55–58 am ddefnydd Grace Williams o gerdd dant yn ei chyfansoddi.

Cynhelir gŵyl gerdd dant fawr yng Nghymru yn flynyddol, yn y gogledd a'r de am yn ail. Mae'r ŵyl, a elwir yr Ŵyl Gerdd Dant, yn denu cefnogaeth o bob cwr o Gymru a chaiff ei darlledu yn ei chyfanrwydd ar deledu cenedlaethol.

Mae ffurf wreiddiol cerdd dant wedi symud ymlaen yn ddramatig dros yr 20 mlynedd diwethaf. Erbyn hyn mae rhai pobl yn defnyddio offerynnau cerddorfaol, er enghraifft pedwarawd llinynnol, gyda'r delyn ac mae hyn wedi ysgogi dadl boeth. Mae'r mathau o alawon a ddefnyddid yn wreiddiol ar gyfer y delyn hefyd wedi newid. Mae nodau cromatig i'w clywed yn llawer amlach mewn cerddoriaeth gerdd dant nag oeddent yn y gorffennol ac mae Cymdeithas Cerdd Dant Cymru yn aml yn trefnu cystadlaethau i annog alawon newydd. Mae'r alaw *Seiriol* a ddefnyddiwyd yn *Buchedd Garmon* uchod yn un o'r rhain. Mae cael mwy o nodau cromatig yn rhoi mwy o bosibiliadau na dim ond harmonïau diatonig, ac mae'n golygu bod modd defnyddio mwy o anghyseinedd i roi mynegiant i'r geiriau.

Mae gosodiadau cerdd dant bob amser yn gyfansoddiadau di-dor (h.y. mae pob pennill yn wahanol) tra bo alaw'r delyn yn parhau yn stroffig (h.y. yr un fath ym mhob pennill). Rhaid i'r gosodwr ddehongli pob pennill yn unol ag ystyr y geiriau. Dwyran yw alawon y delyn bob amser, ond mae'n dibynnu ar y farddoniaeth ac ar y gosodwr p'un ai yw'r ffurf yn AABB neu'n ABAB. Mae hyn yn wahanol i alawon emynau, caneuon roc a chaneuon celf stroffig lle ceir ailadrodd yn y penillion a'r cytgan.

Profwch eich hun ar gerdd dant

1. Beth yw ystyr y term 'cerdd dant'?

   ....

2. Rhestrwch dri o'r cynhwysion sy'n ofynnol er mwyn cynhyrchu darn o gerdd dant.

   ....

   ....

   ....

Cân gelf

Darn ar gyfer unawd llais neu biano sydd wedi ei gyfansoddi a'i nodiannu yw'r gân gelf. Nid yw'n ddatganiad ar y pryd. Mae'r cyfansoddwr yn gosod geiriau sy'n bodoli'n barod i gerddoriaeth yn hytrach na chyfansoddi alaw y bydd awdur yn gosod geiriau iddi wedyn.

Cynnyrch yr oes glasurol oedd y gân gelf, ond daeth i amlygrwydd yn ystod rhan gyntaf y 19eg ganrif. Roedd rhamantiaeth yn rhoi amlygrwydd i themâu yn ymwneud â natur a'i grym. Roedd pwyslais hefyd ar angen ac awydd y cyfansoddwr am fynegiant personol. Diwallwyd yr angen hwn drwy gyfrwng cân, a allai adlewyrchu teimladau o gariad, dicter, tristwch, pryder a hapusrwydd. Bu dyfodiad y piano yn help i ddarparu cyfeiliant ar gyfer y gân gelf a oedd nid yn unig yn cynnal yr harmonïau ond yn darparu rhan offerynnol integredig ac annibynnol sydd yn aml cyn bwysiced â llinell y llais. Golygai hyn ei fod yn gallu ychwanegu at ystyr y geiriau yn y gân.

Schubert oedd arloeswr pennaf y cyfeiliant annibynnol 'newydd' hwn, gydag enghreifftiau nodedig megis *Die Forelle* (Y Gleisiad), *Der Erlkönig* (Brenin yr Hud) a *Gretchen am Spinnrade* (Gretchen wrth y Droell Nyddu).

Yn erbyn y cefndir hwn yr ymddangosodd mudiad y gân gelf yng Nghymru yn oes Fictoria, gyda'r pwyslais ar ddrama a gwladgarwch. Yn ystod yr 20fed ganrif, daeth caneuon Cymru yn llai gwladgarol a mwy telynegol, gyda chaneuon cofiadwy gan Morfudd Llwyn Owen, Mansel Thomas, Arwel Hughes, Meirion Williams a Dilys Elwyn Edwards.

Mae'r gân *Ora Pro Nobis* gan Meirion Williams, o Ddyffryn Ardudwy ger Harlech yng ngogledd Cymru, yn enghraifft ragorol o'r gân gelf Gymreig. Mae Williams wedi cyfuno dawn farddonol Eifion Wyn, y bardd o Borthmadog, gyda'i allu ei hun i droi'r emosiwn yn y farddoniaeth yn gerddoriaeth gofiadwy. Yma, ac mewn mannau eraill, mae'r môr a'i wahanol hwyliau wedi gafael yn ei ddychymyg.

Ffurf stroffig wedi'i haddasu sydd i'r gân ac mae'n dilyn patrwm pennill a chytgan. Mae'r penillion, yng nghywair F leiaf ac wedi'u marcio *allegro agitato*, yn rhoi disgrifiad graffig o stormydd ffyrnig Tachwedd, y llifogydd a'r dymestl ar y môr. Mae'r tensiwn, yr ofn a'r pryder yn amlwg yn llinell y llais.

Mae Williams, cyfeilydd medrus, yn defnyddio'r cyfeiliant yn effeithiol i ddehongli'r tensiwn yng ngolygfeydd y storm. Yn y

---

c.1820–1900 oedd yr oes ramantaidd mewn cerddoriaeth Ewropeaidd, er bod cerddoriaeth mewn arddull ramantaidd wedi parhau i gael ei hysgrifennu wedi hynny.

Mae yna gystadleuaeth benodol yn yr Eisteddfod Genedlaethol i ganeuon celf, lle mae gofyn i'r cantorion berfformio unrhyw grŵp o ganeuon gan gyfansoddwyr megis Schubert, Schumann, Mahler a Wolf.

'Lied' yw'r gair Almaeneg am gân. Defnyddir y term am ganeuon a ysgrifennwyd yn yr arddull ramantaidd hon gyda chyfeiliant cynhaliol oedd hefyd yn aml yn annibynnol.

Gweler, er enghraifft, ganeuon R. S. Hughes, Joseph Parry a Williams Davies.

Meirion Williams

CDGA 1 trac 1. Lladin am 'gweddïa trosom' yw *Ora Pro Nobis*. Mae'r ymadrodd wedi ei fenthyca o weddi Babyddol at Fair sydd weithiau'n cael ei galw'n 'seren y môr'.

> Mae palindromig yn cyfeirio at rywbeth sydd yr un fath p'un ai ydych yn ei ddarllen am yn ôl neu am ymlaen: mae ABA yn balindrom.

rhagarweiniad piano dramatig, cyhoeddir y motiff alawol pedwar nodyn mewn dilyniant esgynnol yn y llaw dde ymysg hwrdd o arpeggi haner cwaferi. Pan ddaw'r llais i mewn rydym yn sylwi ar ffigurau arpeggio palindromig yn y cyfeiliant:

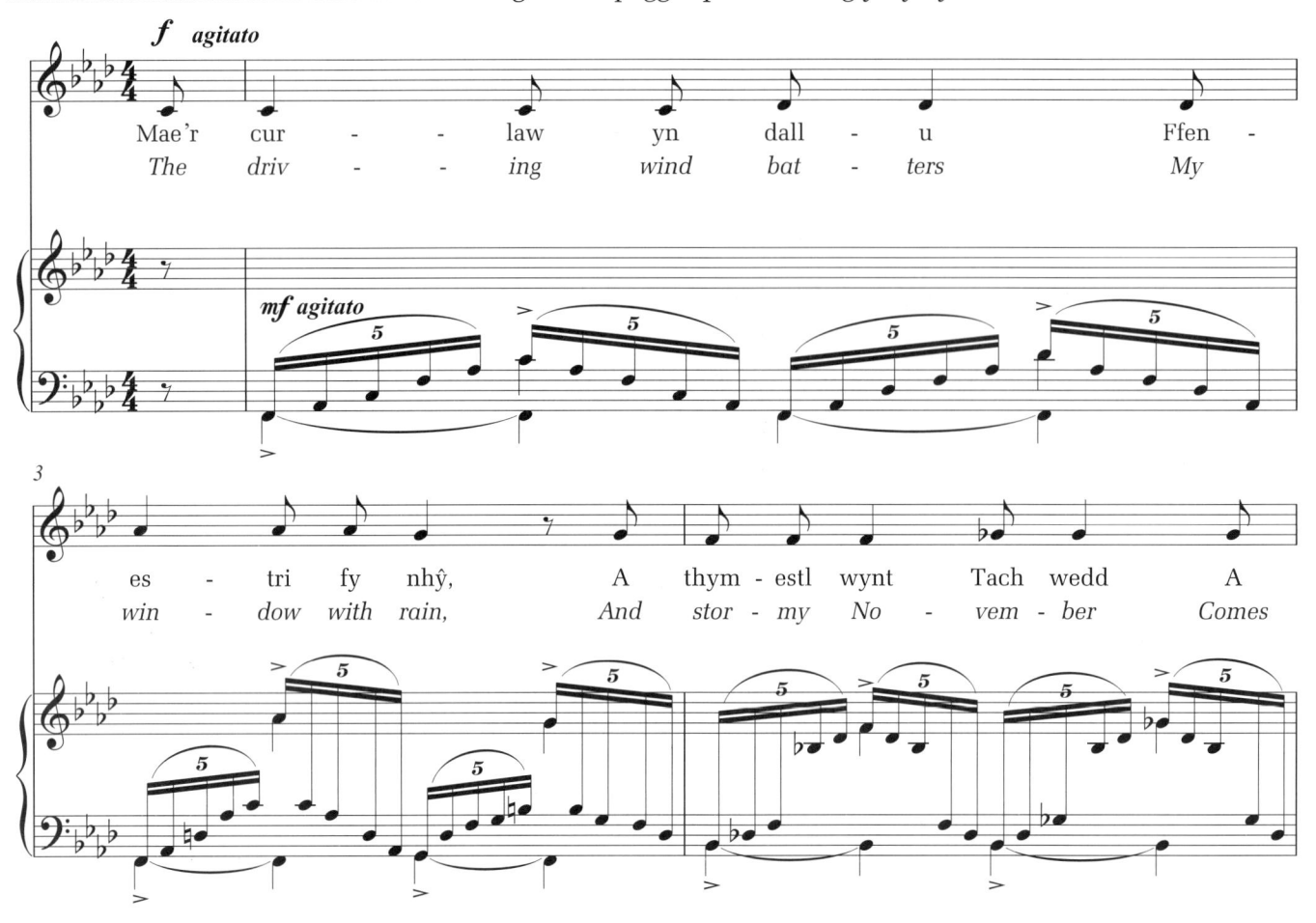

> Lliwio geiriau yw pan fydd y gerddoriaeth yn dynwared testun y geiriau yn fwriadol.

Gallwn weld lliwio geiriau yn y trydydd pennill wrth i'r gylfinir ffoi rhag y dymestl sy'n dynesu. Sylwch fel mae'r harmoni'n newid, yn gyntaf bob dau guriad, yna bob curiad, ac fel mae rhan y llais a'r cyfeiliant yn esgyn:

Ar ôl pob pennill, ceir adrannau marwnadol cyferbyniol sy'n weddïau yn gofyn am ddiogelu'r adar a'r anifeiliaid, yn cofio am yr Arabiaid yn nosweithiau oer y diffeithdir ac am forwyr unig ar drugaredd y moroedd cynddeiriog. Maent wedi eu hysgrifennu yn y modd mwyaf, F fwyaf, a'u marcio *menno mosso* (ychydig yn arafach). Ystyriwch sut mae'r cyferbyniad â'r penillion yn cael ei sicrhau drwy newid modd, tempo, arddull a gwead:

Caneuon Cymreig 49

[Musical notation with lyrics:
meno mosso, *p sostenuto*
Ein Tad, cof - ia'r ad - ar Nad oes idd - ynt gell; Mae'
O God, save the birds When cold gleams the star; Thy]

Sylwch fel mae'r cyfeiliant wedi newid o ran rhythm a gwead, mewn cyferbyniad llym â thensiwn yr adran agoriadol. Ceir symudiad ar i lawr fel graddfa yn y bas. Ymwelir yn gynnil ond effeithiol hefyd â chywair B♭ leiaf ar ddiwedd y weddi, sy'n dod â rhyw bathos i'r gerddoriaeth yn ogystal â lliw harmonig newydd. Mae'r gân yn gorffen gyda gweddi i gofio pawb sydd mewn perygl mewn cychod bach ar y môr ymysg ehangder cefnforoedd y byd. Mae llinell y llais yn dringo fesul cam gan orffen ar feidon y cord F, y tonydd mwyaf.

Profwch eich hun ar y gân gelf

1. Enwch dair o nodweddion rhamantiaeth sy'n ymddangos yn y gân gelf.

   ....
   ....
   ....

2. Sut mae Williams yn llwyddo i gael cyferbyniad rhwng dwy brif adran *Ora Pro Nobis*?

   ....
   ....
   ....

3. Sut mae Williams yn cyfleu symud aflonydd y môr yn y cyfeiliant?

   ....
   ....
   ....

Y gân werin

Fel arfer mae caneuon gwerin traddodiadol yn cael eu hystyried yn waith cyfansoddwyr dienw a'u bod wedi cael eu trosglwyddo ar lafar o un genhedlaeth i'r llall. Ond fe welwch fod yna ganeuon lle mae enw'r cyfansoddwyr yn hysbys ac, wrth gwrs, mae cerddoriaeth werin wedi cael ei nodiannu fwyfwy dros y 100 mlynedd diwethaf. Un o nodweddion caneuon a dawnsfeydd gwerin yw eu bod yn aml yn cadw agweddau o arddulliau cerddorol o ganrifoedd cynharach. Felly, fe ddowch ar draws cerddoriaeth werin sy'n foddol, fel yr oedd y rhan fwyaf o gerddoriaeth Ewropeaidd cyn canol yr 17eg ganrif.

> Roedd traddodiad canu gwerin Hwngari yn holl-bwysig i Bartók a Kodály, a aeth o amgylch yr ardaloedd gwledig yn recordio caneuon traddodiadol ar fath cynnar o ramoffon. Bu Cecil Sharp, Vaughan Williams a Gustav Holst hefyd yn casglu, golygu a defnyddio caneuon gwerin o Loegr.

AI LLUNGOPI YW'R DUDALEN HON?
Rhowch wybod am y lladrad i *copyright@rhinegold.co.uk*
Ni chaiff neb wybod pwy ydych

50 Cerddoriaeth yng Nghymru

Gellir gweld un o'r llawysgrifau cyntaf i gynnwys caneuon gwerin ac alawon i'r delyn o Gymru yn yr Amgueddfa Brydeinig o dan y teitl *Antient British Music* (1742).

Câi caneuon gwerin ac alawon dawns Cymru eu trosglwyddo ar lafar o un genhedlaeth i'r nesaf mewn ffeiriau a thafarndai gan gerddorion teithiol. Dyna pam eu bod yn cael eu trysori gymaint heddiw, gan eu bod yn rhan o dreftadaeth gerddorol Cymru sydd wedi cael ei throsglwyddo ymlaen drwy draddodiad. Yng Nghymru, mae arloeswyr megis J. Lloyd Williams, Meredydd Evans a'i wraig Phyllis Kinney wedi sicrhau bod gennym erbyn hyn stôr fawr o ganeuon traddodiadol yn ymdrin â phynciau megis marwolaeth, cariad, gwaith, dyweddiadau wedi'u torri, a materion cymdeithasol megis rhyfeloedd y degwm yn y gogledd a brwydr y Siartwyr.

Siân James

Mae *Ei di'r deryn du* i'w chlywed ar CD Sain 2145. Mae macaronig yn cyfeirio at bennill sy'n cynnwys cymysgedd o ddwy neu fwy o ieithoedd.

Roedd llawer o ganeuon gwerin cynnar Cymru yn foddol. Mae'r gân werin, *Ei di'r deryn du*, sy'n cael ei chanu gan Siân James yn enghraifft o gân werin 'facaronig', gyda llinellau Cymraeg a Saesneg yn cael eu canu am yn ail. Yn wreiddiol byddai wedi cael ei chanu'n ddigyfeiliant, ond erbyn hyn mae llawer o drefniannau modern megis hwn gyda thelyn a feiolin wedi'u hychwanegu, sy'n rhoi gwead mwy eang. Yma, mae Siân James wedi datblygu'r gân werin yn ei ffordd wreiddiol ei hun:

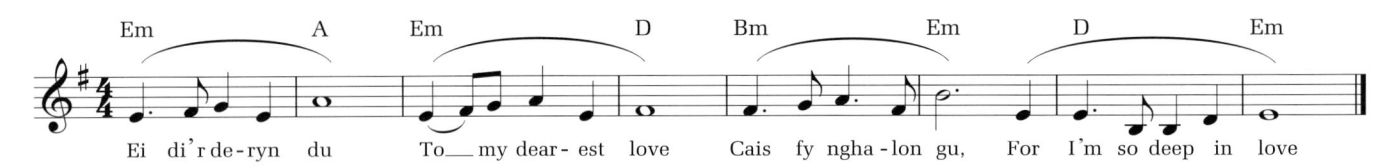

[Notation: Em A Em D Bm Em D Em — Ei di'r de-ryn du To my dear-est love Cais fy ngha-lon gu, For I'm so deep in love]

Mae llawer o gyfansoddwyr o Gymru wedi seilio cyfansoddiadau ar alawon gwerin o Gymru, yn bennaf mewn trefniannau cerddorfaol. Gweler tudalennau 55–63 i gael rhagor o wybodaeth am gerddoriaeth gerddorfaol o Gymru.

Sylwch ar ddilyniant y cordiau: yn hytrach na symud o E leiaf i A leiaf sy'n perthyn yn agos, fel y byddem yn disgwyl, mae'r gerddoriaeth yn symud i A fwyaf. Mae cynnwys y ddau gord mwyaf, A a D, yn y gân yn rhoi rhyw ing iddi gan fod y gantores fel pe bai'n hongian rhwng disgwyliad a gwireddiad wrth feddwl y caiff ei chariad ei ddychwelyd efallai. Mae'n annog yr aderyn i fynd â'r neges at ei chariad. Mae'r ddiweddeb derfynol yn enghraifft dda o ddiweddglo moddol, yn defnyddio'r cordiau Em D Em.

Cerddoriaeth werin heddiw

Yn wir, Cymro, o'r enw David Edward Hughes (1831–1900), ddyfeisiodd y microffon. Ef hefyd ddyfeisiodd y tele-argraffydd ac ef oedd y person cyntaf i drawsyrru a derbyn signalau radio.

Mae dyfodiad mwyhad wedi trawsnewid cerddoriaeth werin Cymru dros gyfnod y degawd diwethaf yn fras. Cyn hynny nid oedd llawer o grwpiau'n defnyddio mandolinau, feiolinau na thelynau Celtaidd gan nad oedd modd eu clywed yn dda iawn, ond erbyn hyn mae pob grŵp bron yn defnyddio mwyhad i chwyddo sain eu hofferynnau. Mae'r genre wedi magu label newydd, 'roc gwerin', a ddatblygodd wrth i fwy o offerynnau roc megis gitarau bas, syntheseiddwyr a drymiau gael eu hychwanegu at yr offerynnau gwerin mwy traddodiadol. Mae'r cyfeiliant offerynnol wedi dod yn fwy amrywiol felly. Ar y dechrau, arferai Dafydd Iwan gyfeilio iddo'i hun ar y gitâr, ond erbyn hyn mae ganddo tua deg o gerddorion yn cyfeilio iddo ar syntheseiddwyr, piano, gitarau rhythm a bas, feiolinau, sieloau ac offer drymiau.

Ysbrydolwyd y grŵp Clannad o'r Iwerddon i archwilio ei wreiddiau Gwyddelig ac, yn Llydaw, mae'r grŵp Gwasarn wedi poblogeiddio traddodiad gwerin Llydaw. Yng Nghymru, mae Mynediad am Ddim wedi llunio trefniannau rhagorol o alawon gwerin Cymru ar gyfer lleisiau dynion.

Fel a nodwyd uchod, mae'r ardaloedd lle mae cerddoriaeth Geltaidd yn dal i gael ei chwarae yn rhannu llawer o nodweddion cyffredin yn eu cerddoriaeth werin ond mae ganddynt i gyd hefyd eu sain neilltuol eu hunain. Mae'r sain Wyddelig yn tueddu i fod yn freuddwydiol a nefolaidd, gyda syntheseiddwyr a thelynau, ond gall hefyd fod braidd yn gras ac egr ar adegau. Mae'r sain Lydewig yn tueddu i fod yn fwy cyfoethog, yn defnyddio pibau Llydewig a gitarau. Mae'r sain Gymreig yn fwy ingol ac yn tueddu i fod yn y modd lleiaf, gyda chyfeiliant llawnach a'r delyn, y feiolin a'r acordion yn hawlio'r lle amlycaf. Mae traddodiad y band dawns gwerin yn gryf iawn yn y rhanbarthau hyn i gyd, ac mae'r bandiau'n rhannu llawer o dir cyffredin, gan ddefnyddio gitarau, telynau, acordiynau a recorderau i roi momentwm rhythmig cryf i'r gerddoriaeth.

Cynhelir gwyliau gwerin cenedlaethol yn flynyddol ym mhob un o'r rhanbarthau hyn. Gŵyl yw Fest Noz Llydaw lle mae artistiaid yn perfformio a grwpiau'n dawnsio. Mae galw anhygoel am artistiaid megis Alain Stivell ac mae pobl yn tyrru i Lorient lle mae grwpiau rhyngwladol yn perfformio eu cerddoriaeth ethnig eu hunain am wythnos gyfan yng nghanol y dref. Yn Iwerddon, cynhelir gwyliau gwerin tebyg yn flynyddol yn Cork a Killarney, gyda chystadlaethau tebyg i'r hyn a geir mewn Eisteddfodau yng Nghymru. Mae enillwyr cystadleuaeth Cân i Gymru bob amser yn cystadlu yn Iwerddon ac maent wedi bod yn llwyddiannus iawn dros y blynyddoedd. Yng Nghymru, yn Nolgellau mae'r ŵyl fwyaf erbyn hyn ac mae cerddorion gwerin o'r holl ranbarthau Celtaidd yn ymgasglu yno bob haf am benwythnos o gerddoriaeth werin. Mae'r ŵyl hon, Y Sesiwn Fawr, yn cael ei darlledu'n fyw ar S4C.

Ers y 1960au, bu Dafydd Iwan yn un o gantorion gwerin mwyaf adnabyddus Cymru. Yr oedd yn un o gydsylfeinwyr prif gwmni recordio Cymru, Sain, yn 1969. Mae ei ganeuon protest wedi dod yn rhan o lên gwerin Cymru. Mae'n ysgrifennu'r gerddoriaeth a'r geiriau ei hun ac mae'n boblogaidd gyda chymunedau Cymreig ym mhob cwr o'r byd.

Diatonig yw cordiau Iwan gan mwyaf ac maent yn perthyn yn agos i'w gilydd. Mae ei ganeuon mwyaf cofiadwy yn y modd lleiaf ac mae ei alawon yn tueddu i symud fesul cam. Yr hyn sydd wrth galon apêl ei ganeuon yw'r testunau y mae'n eu dewis, sy'n ddychanol ac yn bryfoclyd. Yn y cytgan yn arbennig, mae'n tueddu i sefydlu perthynas gerddorol dda gyda'i gynulleidfa.

Dyma enghraifft o gytgan un o ganeuon mwyaf llwyddiannus Dafydd Iwan, *Yma o hyd*:

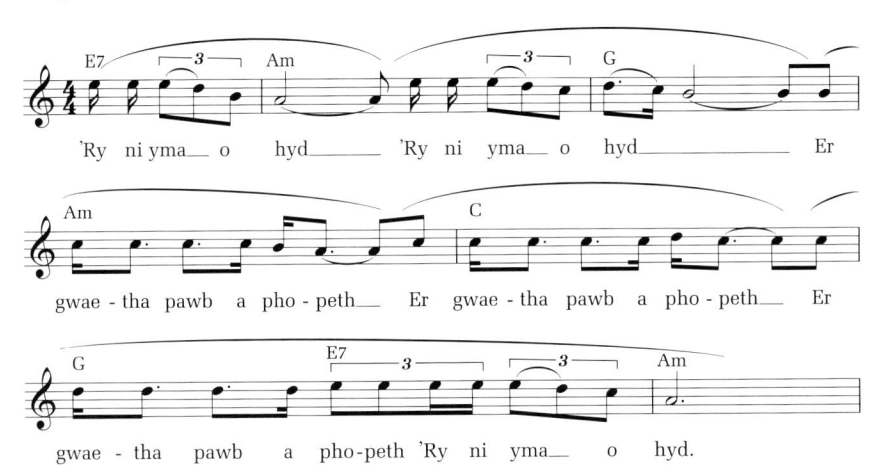

Dafydd Iwan

Cyswllt â'r we

Ymroddodd Dafydd Iwan, sydd wedi cael ei hyfforddi'n bensaer, i ganu, gwleidyddiaeth a lledaenu iaith a diwylliant Cymru, ac mae ganddo ei wefan ei hun ar www.dafyddiwan.com.

Cyfansoddwr caneuon a chanwr hynod gynhyrchiol arall o Gymru yw Meic Stevens o Solfach yn Sir Benfro. O'i ganeuon protest cynnar aeth ymlaen i ysgrifennu caneuon sy'n ymdrin â phynciau personol megis marwolaeth ac ysgariad, ac i grybwyll pob agwedd ar yr emosiynau dynol. Mae ei arddull gwbl unigryw a'i chwarae gitâr medrus wedi sicrhau lle iddo yn hanes cerddoriaeth werin gyfoes Cymru.

Bu Stevens yn byw yn Llydaw am gyfnod ac mae felly wedi datblygu perthynas arbennig â'r lle. Mae'r gân *Douarnenez*, sy'n cael ei hystyried yn aml yn un o'i alawon mwyaf hoffus, wedi ei henwi ar ôl pentref pysgota yn Llydaw rhwng Quimper a Brest.

Meic Stevens

Mae *Douarnenez* ar Sain SCD2345.

Sylwch fel mae'r gân wedi ei llunio o amgylch dau gord yn unig, y tonydd a'r llywydd:

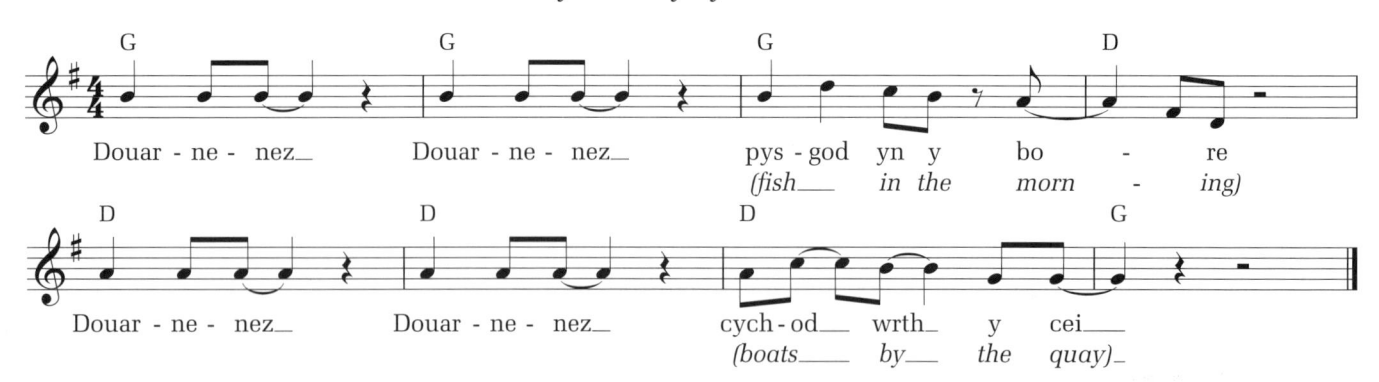

Douar - ne - nez__ Douar - ne - nez__ pys - god yn y bo - re
(fish__ in the morn - ing)

Douar - ne - nez__ Douar - ne - nez__ cych - od__ wrth__ y cei__
(boats__ by__ the quay)__

Grwpiau gwerin o Gymru

Y ddau grŵp gwerin enwocaf o Gymru yw Ar Log a Mynediad am Ddim. Mae Ar Log, sy'n dathlu 30 mlynedd o berfformio yn 2005, yn defnyddio cyfuniad o delynau Celtaidd, gitarau, feiolinau, acordion, pibau ac adran rhythm; mae sain y grŵp a'i arddull unigryw wedi rhoi lle blaenllaw iddo mewn cerddoriaeth werin Geltaidd. Mae'r grŵp wedi rhannu llwyfannau gwyliau gyda The Dubliners ac Alain Stivell. Cynhelir un o brif wyliau gwerin Llydaw yn Lorient ym mis Awst bob blwyddyn, ac mae'n denu grwpiau ac artistiaid o'r holl genhedloedd Celtaidd.

Mae Alain Stivell yn aml yn defnyddio sain y pibau, sy'n rhoi blas Llydewig trawiadol iawn i'r caneuon. Ceir enghraifft dda ar CDGA 1 trac 9.

Migldi Magldi

CDGA 1 trac 2. I weld triniaeth Grace Williams o'r darn hwn, ewch i dudalen 56.

Mae'r gân waith *Migldi Magldi* yn hanu o efail y gof. Mae swn y morthwyl ar yr eingion i'r geiriau *Migldi Magldi* yn nodweddiadol o'r math hwn o gân werin Gymraeg. Mae'r recordiad hwn gan Ar Log hefyd yn cynnwys dawns gyflym a elwir yn rîl ac fe'i chwaraeir ar y feiolin rhwng y penillion, sy'n ychwanegu sain werin gref iawn i'r gân. Rhan helaeth o apêl y grŵp yw'r ffordd y mae wedi llwyddo i gyfuno sain draddodiadol canu gwerin gyda thechnoleg fodern a mwyhad, fel a glywir ar y trac hwn.

Profwch eich hun ar gerddoriaeth werin

1. Beth a olygir gan gân werin facaronig?

   ....

   ....

2. Pa fathau o bynciau fyddai pobl yn canu amdanynt yng nghaneuon gwerin traddodiadol Cymru?

   ....

   ....

3. Enwch yr offerynnau a ddefnyddir gan y grŵp Ar Log.

   ....

   ....

Sîn roc a phop Cymru

Dechreuodd cerddoriaeth bop a roc yn y Gymraeg yn yr 1950au hwyr pan aeth criw o fyfyrwyr ar daith o amgylch Cymru gyda grŵp roc newydd o'r enw Y Blew. Fel y byddid yn disgwyl, cymysg oedd yr ymateb a dim ond un record a ryddhaodd y grŵp; ond roedd yn dynodi dechreuad cyfrwng newydd sydd wedi ffynnu dros yr 50 mlynedd diwethaf gan arwain at sîn cerddoriaeth roc fywiog yng Nghymru.

Roedd yr ymdrechion cynnar i gynhyrchu roc a phop Cymraeg yn ddim ond efelychu a chyfieithu caneuon Americanaidd poblogaidd, gan nad oedd traddodiad yn y genre hwn yng Nghymru. Deuai'r dylanwadau o ganu gwerin, rhythm a blues, sgiffl, Elvis a'r Beatles. Yn raddol, fodd bynnag, esblygodd sain Gymreig newydd drwy arbrofi. Dylanwadwyd yn fawr ar y canwr/cyfansoddwr caneuon Geraint Jarman o Gaerdydd, er enghraifft, gan natur gosmopolitan poblogaeth Caerdydd, a daeth â sigl hamddenol reggae i mewn i gerddoriaeth roc Cymru. Mae *Byth mynd i redeg bant* yn enghraifft wych o hyn.

> Mae *Byth mynd i redeg bant* i'w chlywed ar CD Sain 4064 trac 12.

Wrth i sîn cerddoriaeth boblogaidd Cymru dyfu, felly hefyd y gwnaeth sianelau radio a theledu Cymraeg eu hiaith. Sefydlwyd rhwydwaith o gigs a chyn bo hir roedd cymunedau lleol Cymru yn rocio i seiniau bandiau lleol. Doedd dim angen mwyach i Gymru gyfieithu caneuon Americanaidd. Cynyddodd hyder cyfansoddwyr Cymru a dechreuodd llawer o gyfansoddwyr dawnus ddod i'r amlwg i arloesi gyda'r sain Gymreig newydd. Agorwyd stiwdios recordio a threfnwyd gwyliau cenedlaethol.

> Dechreuodd Radio Cymru ddarlledu yn 1977 a lansiwyd S4C yn 1982.

Yn 1974, cafodd yr opera roc Gymraeg gyntaf, *Nia Ben Aur*, ei hysgrifennu a'i pherfformio. Mae TGCh yn bwysig iawn mewn sioeau cerdd ar lwyfan erbyn hyn. Rhoddir meicroffonau unigol i unawdwyr a bandiau ac yn aml caiff traciau eu recordio ymlaen llaw fel bod yr artistiaid yn meimio'r canu. Y cymysgwr sain sy'n rheoli'r perfformiadau. Yn 2003, aeth *Nia Ben Aur* ar daith drwy Gymru eto ac roedd y gwahaniaeth rhwng y fersiwn hwn a'r perfformiad gwreiddiol yn 1974 yn anhygoel. Roedd ansawdd sain y band a'r unawdwyr wedi gwella'n aruthrol.

> Er bod problemau mwyhau wedi amharu ar y perfformiad cyntaf o *Nia Ben Aur* yn yr Eisteddfod Genedlaethol yng Nghaerfyrddin, dyna oedd dechrau mudiad y theatr gerddorol yng Nghymru, mudiad sy'n fyw heddiw.

Ffrwyth y datblygiadau hyn mewn cerddoriaeth boblogaidd yng Nghymru yw bandiau llwyddiannus megis y Super Furry Animals, y Stereophonics, Big Leaves a'r Manic Street Preachers.

Gwnaed cyfraniad pwysig i sîn gerddoriaeth Cymru gan y band Catatonia, a chwalodd yn 2001 ar ôl recordio sawl albwm llwyddiannus. Mae gan y prif leisydd, Cerys Matthews, sain leisiol cwbl nodedig sydd wedi swyno cynulleidfaoedd nid yn unig yng Nghymru ond ar draws Prydain. Catatonia a Matthews sy'n cael y clod am ddelwedd 'cŵl Cymru' a ddatblygodd yr un pryd ag y sefydlwyd Cynulliad Cenedlaethol Cymru yng Nghaerdydd. Ar y pryd, roedd yna rhyw deimlad braf ym mhob agwedd o fywyd Cymru a bu hynny'n help i ysgubo Catatonia yn ei flaen ar don o gefnogaeth boblogaidd. Penllanw hyn oedd y derbyniad gorfoleddus a roddwyd i Matthews pan ymddangosodd mewn ffrog draig goch yn seremoni agoriadol Cwpan y Byd 1999 yn Stadiwm y Mileniwm yng Nghaerdydd.

Catatonia

> Yn ei gyrfa fel unawdydd, mae Matthews wedi mynd yn ôl at ei gwreiddiau gwerin ar ei halbwm newydd *Cockahoop*, sy'n cynnwys emyn dôn Gymraeg yn cael ei chanu mewn arddull canu gwlad Americanaidd!

Un o grwpiau Cymraeg mwyaf nodedig y 25 mlynedd diwethaf oedd Edward H. Dafis a oedd yn cynnwys cerddorion roc gorau Cymru, dan arweiniad Clive Harpwood a Dewi Pws Morris. Un o'u caneuon mwyaf poblogaidd yw *Pishyn*. Mae'r gân wedi ei hadeiladu ar gyfres o ffigurau ostinato dilyniannol sy'n cael eu hailadrodd:

Edward H. Dafis

> Ffugenw un o aelodau'r band oedd yn ysgrifennu erthyglau ar gyfer y cylchgrawn wythnosol *Y Faner* oedd Edward H. Dafis. Mae *Pishyn* ar CD Sain 8027.

[Musical notation: "Pi-shyn, pi-shyn, I ble rwyt ti'n mynd?"]

Gwrandewch ar y defnydd o raddfa'r blues:

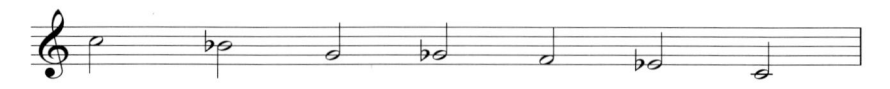

[Musical notation: blues scale]

Caryl Parry Jones

Un o'r cyfansoddwyr caneuon mwyaf dawnus a chynhyrchiol yn y genre hwn yw Caryl Parry Jones. Mae wedi canu gyda llawer o fandiau llwyddiannus ac mae'n cael ei hystyried yn un o gantorion cyfoes mawr Cymru. Mae ei grŵp cyfredol Caryl a'r Band yn dal i deithio Cymru ac ymddangos ar y teledu. Chwaraeai ei grŵp cynharach Bando lawer o'i chyfansoddiadau hi, sydd wedi dod yn glasuron mewn cylchoedd cerddoriaeth Gymraeg. Un o'r enghreifftiau gorau yw *Pan ddaw yfory* lle mae'r cyfeiliant yn cael ei gyfoethogi gyda defnydd deallus o gordiau'r 7fed a gohiriannau:

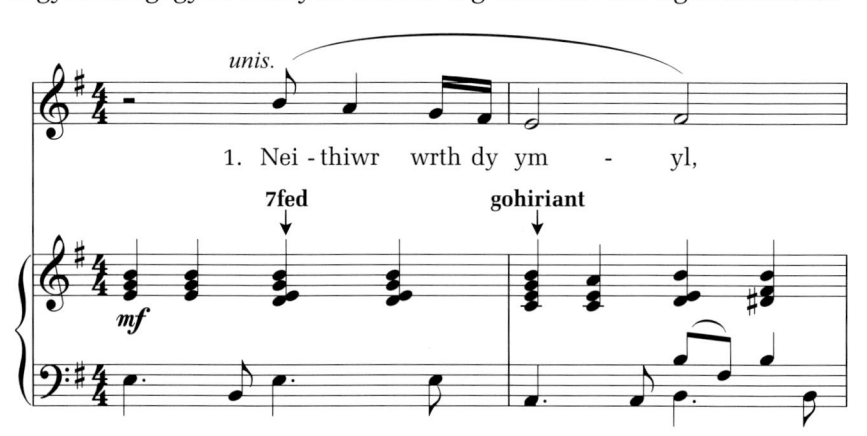

[Musical notation: "1. Nei-thiwr wrth dy ym-yl," with annotations "7fed" and "gohiriant"]

Er mwyn deall twf cerddoriaeth bop a roc Gymraeg, mae'n bwysig cadw mewn cof fod Cymru yn genedl ddwyieithog lle mae'r Gymraeg wedi gorfod brwydro'n barhaus ochr yn ochr â'r Saesneg am ei bodolaeth ym mhob un o gylchoedd bywyd. Mae llawer o fandiau'n perfformio'n Gymraeg ac yn Saesneg. Dyna sy'n wir, er enghraifft, am Catatonia. Yng nghân y grŵp *International Velvet*, sylwch ar y tebygrwydd â'r ffurf ddwyieithog (facaronig) o'r gân werin a genir gan Siân James. Sylwch hefyd fel mae traddodiad moddol alawon gwerin Cymru i'w glywed ar y trac hwn. Mae hon yn enghraifft dda o briodi traddodiad cerddorol hirsefydledig gyda ffurf newydd ar gelfyddyd.

> I wybod mwy am ddefnydd Siân James o'r ffurf facaronig ewch i dudalen 50.

Profwch eich hun ar sîn roc a phop Cymru

1. Pa gysylltiadau sydd rhwng cân Catatonia *International Velvet* ('Every day when I wake up') a thraddodiadau'r gorffennol yng ngherddoriaeth Cymru?

   ....

   ....

2. Pa gyfraniad mae Geraint Jarman wedi'i wneud i gerddoriaeth Cymru?

   ....

   ....

3. Enwch y math o raddfa a ddefnyddiwyd gan Edward H. Dafis ar ddiwedd *Pishyn*.

   ....

Cerddoriaeth gerddorfaol Gymreig

Fel yr ydym wedi gweld, mae canu yn rhywbeth sydd wedi hen ennill ei blwyf yng Nghymru – cyfeirir ati'n aml fel Gwlad y Gân – ac mae'r canu hwnnw'n amrywio o ganu gwerin, cerdd dant a'r gân gelf i gerddoriaeth boblogaidd. Mewn cyferbyniad, datblygiad cymharol ddiweddar fu creu repertoire cerddorfaol Cymreig penodol, a hynny'n mynd law yn llaw â sefydlu cerddorfeydd proffesiynol yng Nghymru. Dechreuodd y mwyaf arwyddocaol o'r rhain, Cerddorfa Genedlaethol Gymreig y BBC, ei hoes yn 1928 fel Cerddorfa Gorsaf Caerdydd, gyda llai nag 20 o offerynwyr. Yn y dyddiau cynnar hynny, roedd y gerddorfa yn darlledu cyngherddau cerddoriaeth glasurol ar BBC Radio Wales a rhoddai gyngherddau byw ledled de Cymru, yn cynnwys rhai amser cinio am ddim i weithwyr dinas Caerdydd. Heddiw mae Cerddorfa Genedlaethol Gymreig y BBC yn gerddorfa symffoni lawn o 88 chwaraewr sy'n rhoi cyngherddau ym mhob rhan o'r byd, mae ganddi restr eang o recordiadau CD ac mae'n darlledu'n rheolaidd ar y teledu a'r radio.

Mae ymddangosiadau rheolaidd cerddorfeydd Cymru ar raglenni teledu a radio megis *Classic Years* (S4C), Proms y BBC a BBC Orchestras (Radio 3) wedi caniatáu i gerddoriaeth gerddorfaol Cymru gael ei chlywed ym mhob rhan o'r byd. Yn aml mae gan sioeau sgwrsio ar y teledu a sioeau dan arweiniad gwahanol gerddorion o Gymru gerddorfa fach o gerddorion sy'n cyfeilio i unawdwyr lleisiol neu offerynnol mewn trefniannau arbennig o alawon clasurol Cymreig. Mae'r ensembles hyn yn gyson yn cynnwys amrywiaeth o offerynnau acwstig ac electronig, er enghraifft, adran linynnol fach, gitâr fas, allweddellau, clarinét a/neu sacsoffon, ac offer drymiau.

Mae agweddau eraill ar ddiwylliant Cymru, megis y traddodiad lleisiol ac offerynnol Cymreig a mytholeg Geltaidd, hefyd wedi dylanwadu ar gyfansoddwyr o Gymru wrth iddynt fynd i'r afael â'r her o gyfansoddi ar gyfer y brif ffrwd gerddorfaol.

Y gân werin a cherdd dant: Grace Williams

Mae Grace Williams (1906–1977) wedi cydnabod y dylanwad enfawr a gafodd cerddoriaeth leisiol ar ei chyfansoddiadau. Yn ei *Fantasia on Welsh Nursery Rhymes*, dewisodd Williams sawl rhigwm a hwiangerdd boblogaidd a'u gwau ynghyd i greu ffantasi deng munud. Ymysg yr offerynnau a ddefnyddiwyd mae llinynnau, telyn, ffliwtiau, oboi, clarinetau, baswnau, cyrn, utgyrn, trombonau, tympanau ac adran daro yn cynnwys drwm ochr, symbalau, tambwrîn, triongl a glockenspiel. Felly caiff lliwiau a delweddau plentyndod eu pwysleisio drwy ddefnyddio offerynnau taro sy'n cael eu chwarae'n aml yn y feithrinfa neu mewn dosbarth babanod.

Cyswllt â'r we

www.bbc.co.uk/wales/now

Fantasia on Welsh Nursery Rhymes

> I mi, mae'n rhaid i gerddoriaeth lifo, oherwydd cefais fy magu yn y traddodiad canu – yn y bôn mae popeth rwyf wedi ei ysgrifennu yn alawol ac yn symud yn ei flaen.

Grace Williams, *Welsh Music/Cerddoriaeth Cymru*, Gaeaf 1976/77.

AI LLUNGOPI YW'R DUDALEN HON?
Rhowch wybod am y lladrad i *copyright@rhinegold.co.uk*
Ni chaiff neb wybod pwy ydych

Fantasia on Welsh Nursery Rhymes, Marco Polo 8225048.

Mae'r delyn yn ychwanegu blas Celtaidd cryf. Rhoddir ei rhythm naturiol a'i lliw penodol i bob cân.

Mae un adran, 'Migldi Magldi', mewn amser $\frac{4}{4}$ pendant ac mewn cywair mwyaf. Llunnir yr alaw mewn cymalau dau far, ond ychwanegir bar $\frac{2}{4}$ cyn y llinell olaf i greu'r ymdeimlad o saib byr a geir pan fydd y gân yn cael ei chanu. Mae'r bar cyntaf wedi'i sgorio ar gyfer chwythbrennau: mae'r ffliwt a'r picolo yn chwarae'r alaw gyda'r glockenspiel yn darparu min ergydiol, tra bo'r oboi a'r clarinetau'n chwarae arpeggi llyfn, a'r baswnau'n chwarae cordiau trawsacennog.

Y llinynnau sy'n hawlio'r sylw yn yr ail far: mae'r feiolinau, y fiolas a'r sieloau i gyd yn chwarae mewn wythfedau gan ddefnyddio pen hoeldro'r bwa i greu sain galed a chânt eu dyblu'r tro hwn gan y tambwrîn. Mae'r basau'n chwarae pizzicato wythfed yn is na'r sieloau.

Mae'r hwiangerdd isod mewn amser $\frac{6}{8}$ hamddenol ac mewn cywair lleiaf. Mae'r alaw'n ddeg bar o hyd, wedi'i rhannu'n 4 + 4 + 2.

Mae'r obo a'r baswn cyntaf yn chwarae'r alaw mewn wythfedau y tro cyntaf, sy'n creu effaith fugeiliol. Ceir cyfeiliant tawel gan nodyn pedal ar yr ail faswn a chordiau ar y feiolinau a'r fiola. Yn y cyfamser mae'r sieloau a'r basau'n chwarae cordiau pizzicato trawsacennog i guriad y triongl.

Welwch chi fod cordiau'r sielo wedi'u marcio 'div'? Edrychwch yn y rhestr termau i weld beth yw ystyr 'divisi'.

Math gwahanol o ganu Cymreig a ysbrydolodd y darn cerddorfaol *Penillion*, sef cerdd dant. Naratif yw canu penillion traddodiadol mewn arddull fyrfyfyr, ac mae Grace Williams yn defnyddio'r nodweddion hyn yn effeithiol iawn yma. Mae'r gwaith wedi ei rannu'n bum pennill, yr alaw wreiddiol a phedwar amrywiad

Penillion

CDGA 1 trac 11. Gweler tudalennau 44–47 am ragor o wybodaeth am gerdd dant.

AI LLUNGOPI YW'R DUDALEN HON?
Rhowch wybod am y lladrad i *copyright@rhinegold.co.uk*
Ni chaiff neb wybod pwy ydych

wedyn. Neilltuir y llinell leisiol i offerynnau chwythbren unigol, tra bo'r gerddorfa lawn yn cyfateb i gyfeiliant y delyn.

Fel yn y *Fantasia*, mae Grace Williams yn rhoi'r alaw gyntaf i'w hoff offeryn, yr utgorn. Mae'r agoriad yn arbennig o atgofus. Mae'r cyfeiliant yn dechrau fel y mae mewn cerdd dant gyda llinellau esmwyth di-dor yn cael eu chwarae gan y llinynnau, a chordiau rhythmig cyflym yn cael eu hailadrodd ar y delyn. Mae'r gerddoriaeth yn anwadalu rhwng y mwyaf a'r lleiaf cyn i'r utgorn ddod i mewn ar drawsacen, fel a wneir mewn cerdd dant draddodiadol. Mae'r siapiau alawol yn efelychu seiniau byrfyfyr gosodiad cerdd dant, gan ddechrau o fewn ystod gul o gyfyngau ac ymledu tuag allan wedyn. Mae'r newidiadau yn y cordiau yn dilyn dilyniannau harmonig nodweddiadol cerdd dant, yn symud o'r tonydd i'r llywydd a cheir rhyw awgrym wedyn o'r is-lywydd, cyn dychwelyd i'r tonydd ar ddiwedd y pennill cyntaf:

F fwyaf – C fwyaf (V) – G^7 – C – F^7 – B♭ (IV) – C – F

Yr hyn sy'n arbennig o effeithiol yw'r ffordd mae Williams yn llwyddo i osgoi gweadau homoffonig statig cyfeiliannau telyn traddodiadol drwy roi patrymau rhythmig gwahanol i'r llinynnau a'r delyn, gan greu gwrthbwynt rhythmig sy'n llifo'n rhwydd.

Tirweddau Celtaidd mewn cerddoriaeth

Golygai ei blynyddoedd yn y Barri fod Williams hefyd yn teimlo tynfa gref at y môr. Dylanwadodd ei rythmau, ei linellau hir tonnog a'i liwiau arni pan oedd yn cyfansoddi'r *Sea Sketches*.

William Mathias

Roedd y cyfansoddwr William Mathias (1934–1992), a aned yn Sir Gaerfyrddin, yn ymwybodol iawn o'i wreiddiau Cymreig. Yn arbennig, câi lawer iawn o ysbrydoliaeth o draddodiad pwysig barddoniaeth Gymraeg yr oesoedd canol. Gwnaeth ddefnydd arbennig o effeithiol o'i allu i greu byd sain neu dirwedd gerddorol neilltuol yn ei goncerto i'r delyn a gyfansoddodd ar gyfer y telynor o Gymru, Osian Ellis, yn 1970.

Archwilir pob agwedd ar yr offeryn yn erbyn cyfeiliant cerddorfaol cytbwys iawn: offerynnau chwythbren a phres unigol, defnydd cywrain o'r tympanau ac offerynnau taro, a selesta i roi lliw. Yn y symudiad cyntaf, sydd wedi'i farcio *moderato*, mae'r delyn yn aml yn cyfeilio i'r gerddorfa. Mae ffigurau arpeggi a chordiau a glissandi symudliw yn creu cefndir hynod o dryloyw wrth i weadau'r delyn gael eu cyfuno â seiniau cerddorfaol anarferol megis y selesta a'r fibraffon. Dilynir y symudiad cyntaf siriol hwn gan symudiad araf, tywyll a phruddglwyfus, a ragflaenir â dyfyniad o'r gerdd *Welsh Landscape* gan R. S. Thomas, a roddir ar ymyl y dudalen.

Lyrita SRCD 325; Celtic Dances CDGA 1 trac 13.

To live in Wales is to be conscious
At dusk of the spilled blood
That went to the making of the wild sky
Dyeing the immaculate rivers
In all its courses.

Mae'r tympanau bygythiol a'r defnydd o gordiau anghyseiniol sy'n disgyn fesul cam yn cyfrannu at yr ymdeimlad o anobaith ac ing, tra bo unawdau'r delyn yn ymlwybro'n ddiamcan yn ôl pob golwg, yn cael eu lliwio gan y fibraffon. Mae'r offerynnau pres yn pwysleisio blas canoloesol y gerddoriaeth gyda 4yddau a 5edau agored anghyseiniol. Mae'r ffliwt yn chwarae nodau addurnol tebyg i aderyn, ac mae'r obo'n 'canu' galarnad drist. Yn ystod y symudiad hwn, mae'r delyn yn defnyddio amryw o dechnegau lliwgar: cnocio ergydiol ar y seinfwrdd, cyseiniau, newid y pedalau ar yr un cord gan greu effaith glissando. Mae hyn i gyd yn cyfrannu at awyrgylch o gyfriniaeth ac ymdeimlad cryf o ymchwilio i orffennol canoloesol.

Mae'r naws yn ymlacio yn y symudiad olaf, *Allegro Vivo*, lle mae'r delyn yn mabwysiadu un o'i rolau mwy traddodiadol, sef cyfeilio i'r 'ddawns'. Mae Mathias yn chwarae efo patrymau rhythmig gan gyfuno syniadau cyferbyniol i greu collage rhythmig cyn dod â'r ddawns i ddiweddglo disglair drwy gyfeirio'n fyr at y gân werin *Dadl Dau*, a chwaraeir gan yr utgorn.

Mae *Celtic Dances* Mathias yn boblogaidd iawn gyda cherddorfeydd ieuenctid. Fe'u cyfansoddwyd yn 1972 i ddathlu 50 mlwyddiant Urdd Gobaith Cymru, ac fe'u perfformiwyd gyntaf gan Gerddorfa Ieuenctid Genedlaethol Cymru. Dyma sut y disgrifiodd y cyfansoddwr ei hun y pedair dawns:

> 'Ar un lefel mae a wnelo'r gwaith hwn â rhai nodweddion a geir yng ngherddoriaeth Cymru, yr Alban, Iwerddon, Cernyw a Llydaw; fodd bynnag, nid yw hyn ond greddfol gan nad oes yr un o'r dawnsfeydd yn defnyddio alawon gwerin sy'n bodoli'n barod yn uniongyrchol ac nid oes cysylltiad rhwng yr un ohonynt â gwlad neu ranbarth penodol. Ar ail lefel a lefel fwy pwysig, mae'r gerddoriaeth wedi'i bwriadu i ysgogi ymdeimlad sydd yn gyffredinol yn gysylltiedig â'r gorffennol mytholegol, er bod y cyfryw syniad yn cael ei fynegi yma yn nhermau ein hoes ni. Defodau a hud, lliwiau gemog, ysbryd chwarae, hiraeth, cynhesrwydd telynegol, ac, uwchlaw popeth, egni rhythmig – dyma'r priodweddau yr ydym yn eu cysylltu â chelf a thraddodiad Celtaidd, ac roeddent yn bresennol fel rhan o'r profiadau a'm hysgogodd i gyfansoddi'r gwaith hwn.
>
> Mae'r pedair dawns yn ffurfio set integredig, gyda cherddoriaeth y rhagarweiniad yn dychwelyd ar ei newydd wedd tua diwedd y bedwaredd ddawns.'

Yn y ddawns gyntaf, mae rhythm yn bwysig iawn gan fod y gerddoriaeth yn newid o $\frac{2}{2}$ i $\frac{5}{4}$ i $\frac{3}{2}$ gyda phatrymau onglog o gwaferi sydd wedi eu torri'n unedau o hydau gwahanol. Mae'r adran daro a'r selesta yn chwarae rhan holl-bwysig drwy'r dawnsfeydd ar eu hyd. Yn yr ail ddawns, er enghraifft, y selesta sydd â'r tiwn – alaw yn y modd doraidd sy'n disgyn fesul cam – gyda chyfeiliant o gordiau 5^{edau} dilynol sy'n pwysleisio'r blas canoloesol y mae Mathias am ei greu. Alaw foddol hwyliog eang yw sylfaen y trydydd symudiad, er mai drwy ddefnyddio 7fedau a 9fedau anghyseiniol (cordiau lle mae A♮ yn cael ei chwarae yn erbyn A♭ ac ati) y sefydlir cyferbyniad. Mae'r ddawns olaf yn gadael i'r tympanau a'r offerynnau taro yrru'r gerddoriaeth ymlaen at ddiweddglo cyffrous gyda'u rhythmau taer.

Mae'r cyfansoddwr Alun Hoddinott (ganed 1929) wedi ysgrifennu sawl cyfansoddiad sydd â blas Cymreig pendant. Gwaith ysgafn,

Alun Hoddinott

pleserus, yw ei *Folk Song Suite*, a gyfansoddwyd yn 1962, gan ddefnyddio deunydd traddodiadol o ganeuon gwerin. Yn yr agoriad, caiff y gân *Croen y Ddafad Felen* ei chyflwyno mewn rhythm trawsacennog, hwyliog, gyda chyfeiliant ysgafn, a defnyddir y delyn ac offerynnau taro yn effeithiol iawn. Wrth i'r darn fynd yn ei flaen, mae Hoddinott yn chwarae o gwmpas gyda'r alaw wreiddiol, gan ei rhannu'n syniadau byrrach, ei throi a'i phen i waered, ei thrin drwy ei hefelychu gyda gwahanol offerynnau yn ateb ei gilydd a rhoi iddi rythm newydd.

CDGA 1 trac 10.

Chwaraeir yr alaw boblogaidd *Croen y Ddafad Felen* i ddechrau gan y chwythbrennau mewn rhythm esmwyth, sionc:

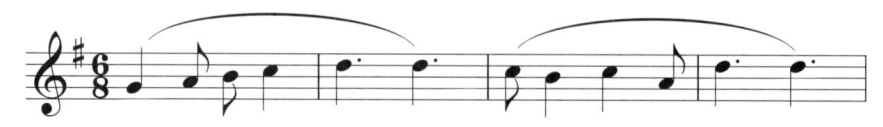

Yn ddiweddarach yn y darn, newidir yr alaw i'r fersiwn a ddangosir yma ar ymyl y dudalen. Cafodd y pum nodyn yn y dyfyniad cyntaf eu cywasgu o ddau far i un bar. Newidiwyd rhythm a thraw'r nodau o'r trydydd bar i greu ail far yr ail ddyfyniad.

Mae'r syniad dau far hwn yn cael ei basio o un offeryn i'r llall wedyn mewn efelychiant agos:

Obo   Basŵn   Utgorn

Ffliwt

Pan ddaw'n dro'r ffliwt, caiff agoriad y syniad dau far hwn ei wrthdroi, fel a ddangosir yma.

Ymysg gweithiau eraill Hoddinott mae pedair set o *Welsh Dances*, (tair ar gyfer cerddorfa symffoni, ac un ar gyfer band pres a cherddorfa linynnol), *Welsh Airs and Dances for Symphonic Wind Band*, *Rhapsody on Welsh Airs* a *Quodlibet on Welsh Nursery Tunes*.

Gair Lladin yw *quodlibet* yn golygu 'pa beth bynnag yr ydych yn ei ddymuno' ac mae'n cyfeirio at gyfansoddiad cerddorol lle cyfunir sawl alaw gyfarwydd ar yr un pryd o ran hwyl. Ceir recordiad o'r darn hwn ar Nimbws NI 5466.

Mae'r saith cyfansoddiad hyn yn ysgafn eu natur, ac mae Hoddinott yn defnyddio cerddorfeydd mawr, gan greu palet eang o liwiau cerddorol. Mae'r trefniant cerddorfaol ar gyfer *Welsh Dances Suite 3* (Op. 123) yn cynnwys tair ffliwt a phicolo, dau obo a cor anglais, dau glarinét a chlarinét bas, dau faswn a basŵn-dwbl, pedwar corn, tri utgorn, tri thrombôn, tiwba, telyn, adran daro fawr a llinynnau. Wrth ddisgrifio *Welsh Dances* Op. 64, a gyfansoddwyd yn 1969 ar gyfer arwisgiad Tywysog Cymru, galwodd Alun Hoddinott nhw yn 'gerddoriaeth ddiddanu hollol syml', gan ddweud 'does ynddynt ddim dyfyniadau gwirioneddol o alawon gwerin; yn hytrach, mae'r alawon a'r rhythmau yn deillio o batrymau hanfodol cerddoriaeth werin Cymru – alawon tebyg i faledau, jigiau sy'n chwyrlïo, a rheini'n soniarus, yn llawn dychymyg ac yn hynod o ddeniadol'.

Alun Hoddinott gan Basil Deane (Gwasg Prifysgol Cymru 1978).

Siwrnai ysbrydol drwy Gymru

John Metcalf

I'r cyfansoddwr a aned yn Abertawe, John Metcalf (ganed 1946), mae cerddoriaeth wrth galon bywyd Cymru a rhaid i'r cyfansoddwr chwarae rhan fyw mewn cymdeithas. Mae Metcalf wedi ymweld â llawer o brosiectau ysgol a chymuned ledled Cymru, yn helpu ac yn rhoi cyngor i gyfansoddwyr ifanc, ac yn dangos iddynt mai hanfod cyfansoddi cerddoriaeth yw rhannu meddyliau a syniadau. Mae darn Metcalf *Mapping Wales*, a gyfansoddwyd ar gyfer unawd telyn ac ensemble llinynnol yn 2000–01, yn datgelu dealltwriaeth ysbrydol ddofn o'r hyn y mae bod yn Gymro yn ei olygu, gydag ymdeimlad o bwrpas a hunangynhaliaeth. Daeth yr ysbrydoliaeth wreiddiol i'r darn hwn o ffynhonnell anarferol: aeth yr arlunydd Catrin Webster ar siwrnai drwy Gymru ar droed, beic a chludiant cyhoeddus, gan greu cyfres o luniadau haniaethol wrth iddi deithio. Ymatebodd Metcalf i'r syniad hwn o siwrnai artistig ac aeth ati i greu siwrnai mewn cerddoriaeth lle mae syniadau a theimladau yn ymwneud â bywyd Cymru yn cael eu dwyn ynghyd. Felly ni cheir cyfeiriadau uniongyrchol at ganeuon na dawnsfeydd gwerin, ond mae'r darn yn datblygu'n raddol gyda'r pwyslais yn gadarn ar linellau llyfn telynegol traddodiad canu Cymru.

> Mae recordiad o *Mapping Wales* i fod i gael ei ryddhau gan Nimbus yng ngwanwyn 2005.

Ar ôl y rhagarweiniad, cyflwynir y prif syniadau alawol mewn deialog rhwng y llinynnau a'r delyn:

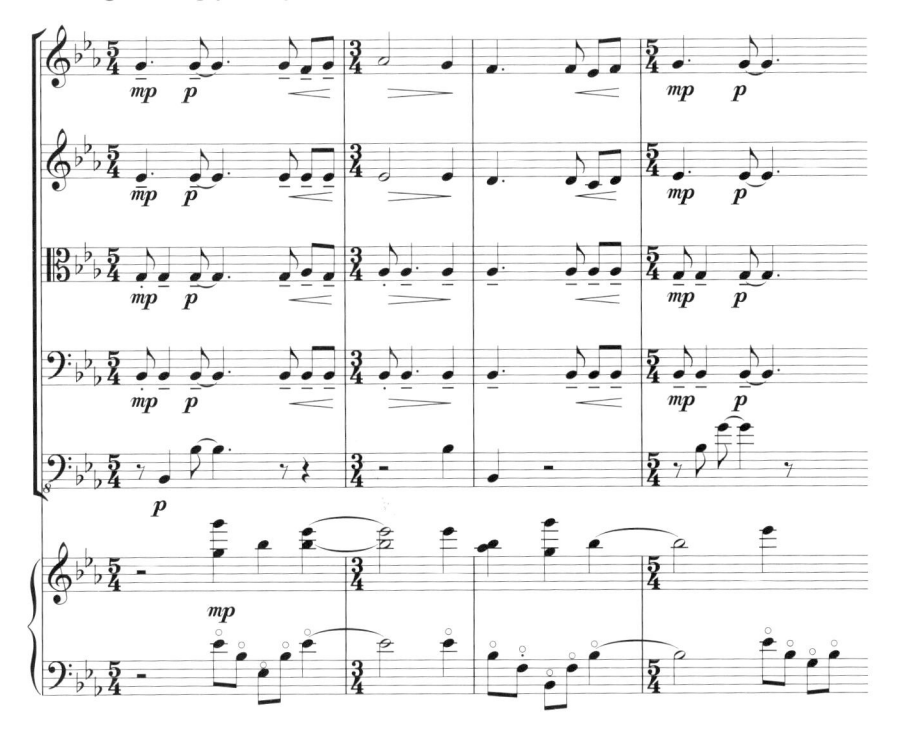

> Mae'r '8' bach o dan cleff y bas yn rhan y bas dwbl yn dynodi bod basau yn chwarae wythfed yn is na'r hyn sydd wedi'i ysgrifennu.

Wedyn ceir cyfres o amrywiadau lle mae cyferbyniadau tempo a rhythm, a llawer o symud gwrthbwyntiol sy'n mynd â'r gwrandäwr ar siwrnai gyfareddol o hwyliau a delweddau.

Diatonig yw'r ysgrifennu ar gyfer y delyn er mwyn adleisio seiniau'r delyn gynnar, tra bo rhannau'r llinynnau yn gynnes ac alawol.

Mae Karl Jenkins wedi creu iaith gerddorol y gellir ei disgrifio fel iaith ryngwladol, gan ei bod yn adlewyrchu amrywiaeth o ddylanwadau ac arddulliau: clasurol, o'i ddyddiau yn y brifysgol a'r coleg; jazz, o'i ddyddiau'n chwarae obo jazz a sacsoffon yn ddiweddarach ym mand Ronnie Scott; roc clasurol a minimaliaeth fel aelod o'r band Soft Machine; ac, yn fwy diweddar, dylanwadwyd arno gan effaith TGCh fel cyfansoddwr ar gyfer hysbysebion a'r teledu.

Karl Jenkins

> Disgrifiodd cylchgrawn *Classic FM* Jenkins fel cyfansoddwr nad yw'n 'cydnabod ffiniau – cerddorol, masnachol, daearyddol na diwylliannol ...mae ei ffordd ef o feddwl a chyfansoddi yn un sydd mewn cytgord llwyr â'r oes sydd ohoni'.
>
> *Adiemus* IV CDVE 952.

Mae ysgrifennu cerddorfaol Jenkins yn fwyaf adnabyddus drwy brosiect hynod lwyddiannus *Adiemus*. Yn *Adiemus IV*, 'The Eternal Knot', mae Jenkins yn creu cyfres o 'luniau cerddorol', sy'n ysgogi delweddau o fythau a chwedlau hynafol yn gysylltiedig â llwythau Celtaidd gogledd Ewrop. Cyfeiriad symbolaidd at ddibendrawdod Duw a'i greadigaethau oedd y ' cwlwm tragwyddol'. Aeth Jenkins ati i adlewyrchu'r ymdeimlad hwn o amrywiaeth diddiwedd yn y gerddoriaeth.

Mae'r sgorio yn anarferol, yn rhoi adran linynnol glasurol (feiolinau, fiolau, sieloau, basau) ynghyd gydag adran daro fawr fel sylfaen i'r gerddorfa. Mae'r llinynnau'n darparu sail harmonig, ddiatonig ar y cyfan ac yn symud yn araf, gan ddefnyddio cordiau 7fedau jazzaidd a chordiau'r 6ed atodol. Mae'r offerynnau taro yn cadw curiad cyson yn y darnau mwyaf bywiog. Yn ychwanegol at hyn, mae amryw o offerynnau – clasurol, poblogaidd ac ethnig – yn perfformio llinellau fel unawdwyr, yn dibynnu ar deimlad a naws y darn. Yn *The Wooing of Étain*, er enghraifft, mae unawdau galarus tra blodeuog yn cael eu chwarae gan fagbibau Uilleann Gwyddelig, gitâr acwstig a recorder. Yn *Salm o 'Dewi Sant'* mae'r delyn yn amlygu'r naws Gymreig. Yn *Saint Declan's Drone* gwaith yr acordion, y pibau a'r delyn ydyw.

CDGA 1 trac 12.

Ategir y cyfuniadau eang eu cwmpas o offerynnau drwy ychwanegu lleisiau mewn ffyrdd newydd a chyffrous. Mae'r gantores Miriam Stockley wedi creu arddull canu newydd, yn cyfuno arddull Geltaidd gyda llafarganu Affricanaidd/Dwyreiniol. Os gwrandewch arni'n canu ar albwm *The Eternal Knot*, er enghraifft, fe sylwch nad yw'r geiriau'n gwneud synnwyr – ddim yn y Gymraeg, y Saesneg nac mewn unrhyw iaith arall! Y rheswm yw bod Jenkins wedi penderfynu creu iaith 'ryngwladol' ar gyfer cyfres *Adiemus* lle mae'n arbrofi gyda chyfuniadau newydd o gytseiniaid. Ysgrifennir y testun yn ffonetig a chaiff y geiriau eu trin fel seiniau offerynnol. Mae'r seiniau lleisiol hefyd yn offerynnol eu hansawdd, yn cael eu taflu'n syml heb fawr o vibrato a gan amrywio'r ymosodiad. Mae symudiadau megis *Palace of the Crystal Bridge* yn defnyddio llinellau lleisiol mewn gwead homoffonig, weithiau'n dawel a llyfn, yna'n gryf, pendant a miniog.

Mae cerddoriaeth Karl Jenkins yn dangos inni ffordd hollgynhwysol, lawn dychymyg o ysgrifennu ar gyfer y gerddorfa, sy'n cyfuno seiniau gorllewinol a dwyreiniol, sy'n dod ag offerynnau ethnig a chlasurol ynghyd, ac yn canfod ysbrydoliaeth o feddyliau a syniadau hynafol a chyfoes. Megis gyda'r cyfansoddwyr eraill a drafodwyd uchod, mae gwreiddiau ei ddawn gerddorol yn gorwedd yn ddwfn yn niwylliant Cymru.

Yn yr 21ain ganrif, mae cerddoriaeth gerddorfaol yng Nghymru yn ffynnu ar bob lefel, o feithrin doniau ifanc mewn cerddorfeydd ysgolion, cerddorfeydd ieuenctid rhanbarthol a Cherddorfa Ieuenctid Genedlaethol Cymru, i gerddorfeydd siambr proffesiynol megis Sinffonia Cymru, Cerddorfa Siambr Cymru, Cerddorfa Cwmni Opera Cenedlaethol Cymru sy'n gerddorfa fwy a Cherddorfa Genedlaethol Gymreig y BBC.

Profwch eich hun ar gerddoriaeth gerddorfaol Cymru

1. Sut mae Grace Williams yn datgelu ei gwreiddiau Cymreig yn ei cherddoriaeth gerddorfaol?

   ....

   ....

2. Beth yw ystyr y gair 'penillion'?

   ....

3. Sut mae Grace Williams yn trosglwyddo traddodiad canu cerdd dant i gyd-destun cerddorfaol? Rhowch ddwy enghraifft o *Penillion*.

   ....

   ....

4. Enwch dair techneg wahanol ar y delyn a ddefnyddir gan William Mathias yn ei goncerto i'r delyn.

   ....

   ....

   ....

5. Sut mae Mathias yn sicrhau cyferbyniad rhythmig yn ei *Celtic Dances*? Rhowch ddwy enghraifft.

   ....

   ....

6. Enwch ddwy dechneg gyfansoddi a ddefnyddiwyd gan Alun Hoddinott yn ei *Folk Song Suite*.

   ....

   ....

7. Mae i *Adiemus*, gan Karl Jenkins, flas Celtaidd cryf. Rhowch dair enghraifft i ddangos sut mae'n cyflawni hyn, gan gyfeirio at ffurf ac offeryniaeth.

   ....

   ....

   ....

Prawf gwrando

Gwrandewch ar ddarn o'r gân werin *Migldi Magldi* yn cael ei ganu gan y grŵp Ar Log ar CDGA 1 trac 2.

(a) Tanlinellwch yr ateb cywir i bob un o'r cwestiynau isod:

    (i) Sut byddech chi'n disgrifio dynameg y darn?

        pianissimo   piano   forte   fortissimo

    (ii) Pa fath o lais gwryw sy'n canu?

        tenor   bariton   bas

    (iii) Sut byddech chi'n disgrifio cyweiredd y darn?

        mwyaf   lleiaf   moddol   digywair

    (iv) Sut byddech chi'n disgrifio tempo'r darn?

        cyflym   cymedrol   araf

    (v) Pa offeryn taro glywch chi ar y dechrau?

        glockenspiel   seiloffon   eingion   triongl

    (vi) Pa un o'r canlynol sy'n disgrifio ffurf yr alaw?

        ABBA   ABAC   AABC   AABA

    (vii) Pa un o'r dawnsfeydd isod sy'n disgrifio'r unawd offerynnol rhwng y penillion orau?

        miniwét   walts   rîl   tango

(b) Enwch unrhyw dri offeryn sy'n chwarae yn y grŵp cyfeilio.

    (i) ....

    (ii) ....

    (iii) ....

(c) Enwch yr offeryn taro unawdol a glywir yn unawd offerynnol y feiolin rhwng y penillion.

    ....

DWYN YW LLUNGOPÏO'R DUDALEN HON
Rhowch wybod i *copyright@rhinegold.co.uk* am achosion o gopïo
Gwarentir cyfrinachedd

Adeiledd Cerddorol

Ffurf yn y traddodiad clasurol gorllewinol

Pan fyddwn yn siarad am ffurf mewn perthynas ag unrhyw ddarn o gerddoriaeth, yr hyn yr ydym yn ei wneud mewn gwirionedd yw dadansoddi sut mae'r darn hwnnw o gerddoriaeth wedi cael ei roi at ei gilydd. Heb y math hwn o drefniadaeth yr hyn a gaem fyddai cawdel o seiniau sy'n gwneud dim synnwyr. Byddai'n debyg i draethawd lle mae'r geiriau i gyd yn gymysg a heb ddim atalnodau.

Mae ysgrifennu cerddoriaeth yn dipyn o gamp. Gall pob un ohonom gofio gofyn cwestiynau fel 'Ble rydw i'n dechrau?', 'Sut mae cario ymlaen?', 'Sut galla i orffen fy narn?' Mae ysbrydoliaeth yn gallu bod yn ffrind anwadal weithiau: pan fydd ei gwir angen arnoch, dydy hi ddim yno; ond pan gewch chi syniad gwirioneddol dda, yn aml does dim allweddellau, dyfais recordio na phapur erwydd wrth law ichi allu ei gofnodi. Arferai Ludwig van Beethoven (1770–1827) ysgrifennu ei syniadau mewn nodiaduron cyn eistedd i lawr i gyfansoddi campweithiau ei sonatau piano a symffonïau. Teithiodd y cyfansoddwr Hwngaraidd Bela Bartók (1881–1945) ei wlad frodorol yn recordio pobl yn canu eu caneuon gwerin rhanbarthol; fe'u rhoddwyd ar ddisgiau gramoffon ac weithiau defnyddiai hwy fel deunydd thematig mewn rhai o'i gyfansoddiadau.

Brics a morter cerddoriaeth

Cyn inni edrych ar ffurf darn o gerddoriaeth yn ei gyfanrwydd ac archwilio gwahanol enghreifftiau o adeileddau cerddorol, gadewch inni edrych ar y blociau adeiladu llai sy'n hanfodol i bob cyfansoddiad cerddorol: yr alaw, harmoni a rhythm. Pan ddaw'r elfennau hyn ynghyd, maent yn creu rhywbeth sy'n cael ei alw'n gymal neu frawddeg – dyma hedyn cerddorol y gall rhywbeth mwy dyfu ohono.

Yn aml, mae syniad alawol da yn deillio o rywbeth digon syml. Mae *Cân Llawenydd* Beethoven, o'i Symffoni Rhif 9, yn deillio'n bennaf o batrymau sy'n symud fesul cam a seiliwyd ar bum nodyn cyntaf graddfa D fwyaf:

Cân Llawenydd

Cân Llawenydd yw anthem yr Undeb Ewropeaidd.

66 Adeiledd Cerddorol

> Mae'r term diweddeb yn cyfeirio at ddau gord a geir ar ddiwedd cymal. Os mai'r llywydd wedi'i ddilyn gan y tonydd yw'r ddau gord, fe'i galwn yn ddiweddeb berffaith gan ei bod yn dangos bod rhywbeth wedi gorffen, tra bo diweddeb amherffaith yn dangos bod rhywbeth anorffenedig yn dal i barhau.

Mae'r cymal cyntaf yn bedwar bar o hyd. Ar ddiwedd y cymal hwn mae Beethoven yn defnyddio'r ddau gord pwysicaf, y tonydd (I), wedi'i ddilyn gan y llywydd (V), sy'n rhoi diweddeb amherffaith. Mae'r rhythm yn weddol syml, gan roi cryfder urddasol i'r gerdd. Rydym wedi galw'r cymal hwn yn A gan mai ef sy'n dod gyntaf.

Mae'r tri bar nesaf yr un fath ag A, ond mae'r pedwerydd bar fymryn yn wahanol: lle'r oedd y cymal cyntaf yn gorffen ar E ac ar gord y llywydd, mae'r cymal hwn yn gorffen yn bendant yn ôl yn D fwyaf ar y tonydd drwy gyfrwng diweddeb berffaith. Mae hyn mor debyg i'r cymal cyntaf nes ein bod wedi ei alw'n A^1 i ddangos ei fod fwy neu lai yr un fath ag A.

Mae'r trydydd cymal yn dal i symud fesul cam ond mae'r nodau'n wahanol. Felly rydym wedi defnyddio llythyren newydd i labelu'r cymal hwn, llythyren B.

> Gellir dadansoddi llawer o ddarnau byr o gerddoriaeth fel hyn. Adeiledd AABA sydd i alaw thema *EastEnders*, er enghraifft.

Mae'r pedwar bar olaf yn ailddatgan y tonydd, D fwyaf, ac maent bron yr un fath yn union â'r ail gymal, felly rydym yn ôl gyda'r llythyren A^1. Drwyddo draw, mae gennym adran 16 bar o gerddoriaeth wedi'i rhannu'n bedwar cymal yn y ffurf AA^1BA^1.

Fformat AABA sydd i'r alaw draddodiadol *Llwyn Onn*.

Yn adran A, mae'r alaw wedi'i seilio ar naid ar ôl naid – cordiau gwasgar/arpeggi. Mae'r chwe nodyn cyntaf yn ffurfio cord tonydd G fwyaf. Mae adran B yn symud fesul cam ac yn defnyddio techneg a elwir yn **ddilyniant** – mae'r tri phâr cyntaf o farrau cyflawn yn union yr un fath o ran siâp alawol ond mae pob pâr yn dechrau gam yn is na'r un blaenorol.

Ceir tair adran gyferbyniol yn y gân werin Gymraeg *Bugeilio'r Gwenith Gwyn*, A, B ac C, wedi'u trefnu mewn ffurf ABCB. Mae'r gân ddigri *Oes Gafr Eto* mewn adeiledd AB syml lle mae adran A yn bedwar bar o hyd ond mae adran B (sy'n disgrifio'r geifr o wahanol liwiau) yn bum bar o hyd.

Mae pedair llinell yn yr hwiangerdd *Three Blind Mice* ar y ffurf AA^1BB^1. Wrth ei chanu, byddwch yn sylwi mai dilyniant o'r llinell gyntaf, ddau gam yn uwch i fyny, yw'r ail linell ('See how they run'), felly A^1. Anaml y caiff y gân hon ei chanu gan un person ar ei ben ei hun, fodd bynnag. Fel arfer, mae rhywun yn dechrau, yna mae person arall yn ymuno, yna un arall ac un arall. Gyda phedwar llais, dyma sut byddai'r ddau bennill yn edrych (mae pennill 2 wedi ei dywyllu):

Llais 1	A	A¹	B	B¹	A	A¹	B	B¹		
Llais 2		A	A¹	B	B¹	A	A¹	B	B¹	
Llais 3			A	A¹	B	B¹	A	A¹	B	B¹
Llais 4				A	A¹	B	B¹	A	A¹	B	B¹

Rydym yn galw hyn yn dôn gron, ond mewn termau clasurol mae'n ganon, lle mae'r lleisiau'n efelychu ei gilydd yn union.

Rhythm a dawns

Mae'r darnau a drafodwyd uchod yn gymharol fyr. Nawr gadewch inni symud ymlaen i edrych ar sut mae cerddoriaeth sy'n seiliedig ar batrymau dawns yn cael ei llunio.

Wrth gyfansoddi cerddoriaeth dawns, tempo a rhythm sy'n pennu llif a chyfeiriad y gerddoriaeth. Rhaid i'r rhythm fod yn gryf a chyson. Meddyliwch, er enghraifft, am y curiad drwm cryf sy'n nodweddu cerddoriaeth disgo.

Cyfansoddodd y cyfansoddwr baróc J. S. Bach (1685–1750) sawl casgliad o ddawnsfeydd a elwir yn gyfresi. Mae'r dawnsfeydd yn amrywio'n fawr o ran naws, o'r gigue fywiog mewn amser cyfansawdd i'r sarabande araf mewn amser syml.

Nid oedd y darnau hyn wedi eu bwriadu i bobl ddawnsio iddynt, ond maent yn adlewyrchu nodweddion rhythmig y gwahanol ddawnsfeydd ffurfiol y seiliwyd nhw arnynt.

Gadewch inni edrych ar y gavotte o bumed gyfres Ffrengig Bach i'r harpsicord fel enghraifft. Dawns ysgafn mewn amser 2/2 yw gavotte ac mae ei chymalau'n dechrau ar ail guriad y bar yn hytrach na'r cyntaf. Mae iddi ddwy brif adran: mae'r adran gyntaf yn dechrau yng nghywair y tonydd ac yn gorffen drwy drawsgyweirio, neu newid cywair, i'r llywydd drwy gyfrwng diweddeb berffaith.

Ffurf ddwyran

Mae'r ail adran yn dechrau yng nghywair y llywydd a maes o law mae'r gerddoriaeth yn dychwelyd i'r tonydd ar gyfer y ddiweddeb derfynol. Mae'r ail adran ddwywaith hyd yr adran gyntaf. Mae hyn yn caniatáu i'r cyfansoddwr archwilio cyweiriau eraill sy'n perthyn yn agos i'r tonydd, megis y cywair perthynol lleiaf a'r is-lywydd (IV).

Os rhown lythyren yn enw ar bob adran, cawn batrwm AB. Os ailadroddir pob adran, fel a wneir yn gyffredin mewn llawer o ddawnsfeydd, cawn strwythur AABB. Dywedir bod y math hwn o ddawns mewn ffurf ddwyran (sy'n golygu dwy ran).

Mae'r rhan fwyaf o ddawnsfeydd baróc mewn ffurf ddwyran, er eu bod yn gallu amrywio'n fawr o ran tempo, arwydd amser a gwead. Ysgrifennir y gigue fywiog mewn arddull wrthbwyntiol lle mae tri llinyn cerddorol gwahanol, fel tri llais, yn dod i mewn un ar ôl y llall dri bar ar wahân. Gan fod y llinynnau hyn yn dilyn yr un siâp cerddorol yn union bron rydym yn cyfeirio at hyn fel gwead ffiwgaidd tair rhan gan ei fod wedi'i gyfansoddi mewn arddull ffiwg. Tra bo gavotte mewn 2/2 ac yn cael ei berfformio ar gyflymder cymedrol, mae'r gigue hon mewn amser cyfansawdd cyflym. Dyma ddetholiad o Gigue Bach:

Molto vivace ♪ = 138

Naxos 8550317.

Ailadroddiad ac amrywiad

Mae'r teitl *Gymnopédie* yn cyfeirio at ymarferion dawns yr arferai athletwyr yr Hen Roeg eu perfformio. Naxos 8556781.

Cyfansoddodd Handel (1685–1759) rai adrannau ffiwgaidd trawiadol iawn yn ei weithiau i gorau cymysg. Gwrandewch ar y corws 'Cans i nyni fe aned mab' a'r corws 'Amen' terfynol o'i *Messiah*. Yn 'Cans i nyni fe aned mab', allwch chi glywed yr efelychiant rhwng y lleisiau a'r gerddorfa, ac yn y corws 'Amen' ceisiwch ddarganfod pa ran leisiol sy'n dechrau'r ffiwg – soprano, alto, tenor neu'r bas.

Mae ailadrodd ac amrywio syniadau yn dechnegau tyngedfennol y mae'n rhaid cynnal cydbwysedd gofalus rhyngddynt wrth gyfansoddi. Mae gormod o ailadrodd yn ddiflas, tra bo gormod o amrywiadau yn drysu'r gwrandäwr. Mae'r cyfansoddwr Ffrengig Eric Satie (1866–1925) yn arddangos y cydbwysedd hwn yn grefftus iawn yn ei *Gymnopédie* cyntaf i'r piano, a gyfansoddwyd yn 1888 gydag adeiledd ABAB.

Mae'r llaw chwith yn chwarae rhagarweiniad pedwar bar. Mae'r harmoni wedi ei seilio ar syniad dau far sy'n siglo'n ôl ac ymlaen o'r is-lywydd i donydd D fwyaf, gyda nodyn y seithfed wedi ei ychwanegu at y naill gord a'r llall.

Ailadroddir y patrwm dau far hwn wyth gwaith dros 16 o farrau gan sefydlu patrwm ostinato, lle mae'r alaw'n troelli'n hamddenol uwchben mewn crosietau llyfn, pob cymal yn dechrau ar ail guriad y bar ac yn gorffen gyda nodyn hir.

Mae'r llaw chwith, wedyn, yn darparu acenion tyner sy'n cynnal alaw'r llaw dde, gan roi ymdeimlad o ryddid i'r gerddoriaeth. Mae adran A yn para 21 bar (rhagarweiniad pedwar bar ynghyd ag 17 bar o alaw gyda chyfeiliant); mae adran B yn para 18 bar, gan ddechrau yn A leiaf a dychwelyd yn raddol i'r tonydd. Wedyn caiff y naill adran a'r llall eu hailadrodd. Yna, mae diwedd adran B yn aros yn bendant yn y modd lleiaf, gyda diweddeb yn D leiaf, ac yn adlewyrchu'r nod mynegiant *lent et douloureux* ('araf a gofidus/dolurus') a roddwyd ar ddechrau'r darn gan Satie.

Ffurf deiran

Mae'r syniad o ddawns wedi'i chyfansoddi o ddwy adran gyferbyniol, A a B, yn gweithio'n dda iawn, ond does dim rhaid gorffen f'yna. Beth am glywed yr adran A agoriadol eto i greu adeiledd teiran. Gelwir yr adeiledd ABA hwn yn ffurf deiran. Mae'r drydedd ran, A, un ai'n ailadroddiad cywir (a elwir hefyd yn ailddangosiad) o'r rhan gyntaf (A), neu'n ailadroddiad gyda mân newidiadau (A^1). Trefnir yr ail ran fel cyferbyniad.

Miniwét a thrio

Roedd y miniwét, dawns ffurfiol mewn amser triphlyg, yn hynod boblogaidd yn Ewrop yn y 18fed ganrif. Caiff ei baru'n aml ag ail finiwét cyferbyniol a elwir yn drio. Ar ddiwedd y trio mae'r miniwét cyntaf yn dychwelyd i gwblhau'r darn. Gellir sicrhau cyferbyniad rhwng y miniwét a'r trio drwy ddefnyddio gwahanol gyweiriau, themâu a gweadau. Roedd Haydn (1732–1809) a Mozart (1756–1791) yn aml yn cynnwys miniwét a thrio fel trydydd symudiad eu symffonïau.

Cyfansoddodd Haydn fwy na 100 o symffonïau i gyd, felly chewch chi ddim anhawster i ddod o hyd i enghraifft dda o finiwét a thrio!

Cyfansoddodd y cyfansoddwr Ffrengig Maurice Ravel (1875–1937) gyfres chwe symudiad o ddarnau gyda theitlau baróc – preliwd, ffiwg, forlane, rigaudon, menuet a tocata – i'r piano, ac ailysgrifennodd rifau un, tri, pedwar a phump ar gyfer cerddorfa lawn.

Ffrangeg am miniwét yw menuet. Mae cyfres Ravel, *Le Tombeau de Couperin*, ar gael ar Decca 4335152.

Mae'r rigaudon a'r menuet ill dau mewn ffurf deiran. Mae adrannau A y rigaudon yn feiddgar a thrwm gydag ymdeimlad dau yn y bar cryf, tra bo'r menuet yn sboncio yn ei flaen mewn tempo $\frac{3}{4}$ mwy urddasol. Yn y naill adran B a'r llall, mae Ravel yn dewis cywair lleiaf y tonydd, gyda'r menuet yn troi'n musette, dawns brudd a thywyll lle mae'r pwyslais yn symud i ail guriad y bar. Yn y rigaudon, mae'r offerynnau isaf yn mabwysiadu patrwm cwaferi sy'n para drwy'r adran gyfan, gan greu ostinato rhythmig.

Daeth Ravel yn enwog iawn am ei ddefnydd crefftus o dechneg ostinato yn y *Boléro* enwog lle mae'r drwm gwifrau yn tapio rhythm y ddawns Sbaenaidd 'boléro' drwy'r darn ar ei hyd. Naxos 8556673.

Yn nhrydydd symudiad ei Symffoni Rhif 3, o'r enw *Eroica*, penderfynodd Beethoven fod y math o finiwét a ddefnyddiai ei athro, Haydn, yn ei symffonïau yn rhy ysgafn a newidiodd ef am scherzo ar ffurf deiran, symudiad cyflym iawn mewn amser $\frac{3}{4}$.

Naxos 8550407.

Mae ei adran B yn dal i gael ei galw'n drio ac, fel y byddech yn ei ddisgwyl, mae adran A yn dychwelyd i ddod â'r symudiad i ben. Mae cord cerddorfaol llawn yn gwneud iddo swnio fel pe bai'r darn wedi gorffen ond yna, ar unwaith, mae'r tympanau'n dechrau curo pedal llywydd y tonydd yn ddistaw a daw'r offerynnau i mewn, a'r sŵn yn cynyddu nes i'r cordiau terfynol grymus ddweud wrthym yn gwbl glir fod y perfformiad ar ben! Felly mae'r ffurf yn troi'n ABA + coda.

Mae'r cyferbyniad rhwng y scherzo a'r trio yn gyffrous iawn: yn y scherzo, mae'r llinynnau a'r chwythbrennau yn chwarae'n gyflym, gan sibrwd, ac yn dal y *pianissimo* am 92 bar, wedyn daw'r gerddorfa lawn i mewn ar *fortissimo*. Mae'r trio, mewn cyferbyniad, wedi ei sgorio'n ysgafn ar gyfer tri chorn naturiol.

Ffurf rondo

CDGA 1 trac 15.

Defnyddiai Wolfgang Amadeus Mozart ffurfiau rondo (megis ABACABA) yn aml ar gyfer symudiadau olaf ei weithiau hirach, megis ei *Goncerto Rhif 4 i'r Corn*.

Fel yr eglurwyd ar dudalennau 39–40, cyfeirir at adran A fel y byrdwn a gelwir yr adrannau cyferbyniol, B ac C, yn atganau. Eto mae pob adran yn cyferbynnu, yn enwedig o ran y cyweiriau. Mae adran A yn cadw'n agos at y tonydd, tra bo adran B yn symud tuag at y llywydd ond yn dychwelyd i'r tonydd ar gyfer datganiad arall o A. Mae adran C yn symud ar unwaith i'r cywair lleiaf perthynol ac oddi yno i'r is-lywydd a chyweiriau cysylltiol eraill. Mae adran A yn dychwelyd yn y tonydd, yna mae adran B yn dychwelyd ond y tro hwn mae'n aros yn agos at y tonydd wrth i'r darn dynnu tua'i derfyn gyda'r adran A olaf a'r coda.

Thema ac amrywiad

Rydym eisoes wedi edrych ar ailadrodd gydag amrywiadau a ffurf deiran (gweler tudalennau 68–69) o ran gwneud mân newidiadau i'r un cymal neu adran o ddarn. Mae adran A^1, er enghraifft, ychydig yn wahanol i adran A. Nawr gallwn droi ein sylw at y ffordd y mae modd creu darn cyfan allan o thema sydd wedyn yn mynd drwy sawl trawsffurfiad mewn set o symudiadau amrywiol gwahanol.

Essential SBK62743.

Yn ei bumed gyfres o ddawnsfeydd, cynhwysodd George Friderick Handel *Air and Five Variations*, sydd wedi cael y llysenw *The Harmonious Blacksmith*. Symudiad byr mewn ffurf ddwyran yw'r *Air*, ac mae'n symud yn syml mewn cwaferi gan mwyaf. Roedd Handel yn harpsicordydd rhagorol ac yn dipyn o berfformiwr. Roedd yn canu'r harpsicord mewn cyngherddau yn aml ac roedd wrth ei fodd yn gwneud sioe o'i dechneg a'i ddawn, felly wrth gyfansoddi gwnaeth bob amrywiad yn ei dro yn fwy a mwy anodd i'w chwarae!

Roedd y cywair gwreiddiol hanner tôn yn is, yn E fwyaf.

Dyma agoriad y thema:

Nawr edrychwch ar yr amrywiadau i weld fel mae Handel wedi gwneud pob un yn fwy a mwy cymhleth.

Amrywiad 1 Mae'r thema wedi'i llenwi â hanner cwaferi am yn ail â nodau'r alaw:

Amrywiad 2 Yma, y llaw chwith sydd â'r hanner cwaferi:

Amrywiad 3 Mae'r nodau wedi'u byrhau i dripledi o hanner cwaferi, h.y. tri nodyn y cwafer:

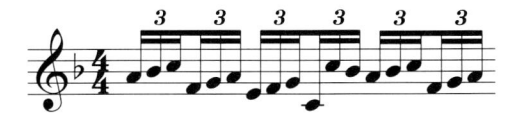

Amrywiad 4 Mae'r llaw chwith nawr yn chwarae'r tripledi hanner cwaferi:

Amrywiad 5 Mae'r llaw dde yn paratoi ar gyfer y darn blodeuog terfynol gyda graddfeydd yn rhaeadru mewn chwarter cwaferi (h.y. pedwar nodyn y cwafer) yn y llaw dde:

Mae hyn yn creu ymdeimlad cyffredinol o angerdd a chyffro cynyddol.

Fel Handel, roedd Mozart yn chwaraewr allweddellau dawnus, er mai'r fortepiano oedd ei offeryn ef (fersiwn cynharach o'r piano modern). Ysgrifennodd 27 concerto i'r piano, a pherfformiodd y rhan fwyaf ohonynt ei hunan. Mae ei *Goncerto Piano Rhif 24 yn C leiaf* yn un o'i rai mwyaf dramatig. Ysgrifennodd y symudiad olaf ar ffurf thema ac amrywiadau.

Mae Mozart yn dechrau gyda thema syml mewn crosietau, y tro hwn yng nghywair lleddf C leiaf. Fodd bynnag, fel Handel, gyda phob amrywiad mae'n cyflwyno nodau cyflymach: cwaferi, hanner cwaferi, a chwaferi tripled anodd (i'r llaw chwith). Drwy newid cyweiriau, gweadau gwrthbwyntiol ac ychwanegu llawer o nodau ychwanegol at yr alaw wreiddiol, mae'r gerddoriaeth yn cynyddu o ran angerdd nes i'r gerddorfa stopio'n sydyn ar gord hir. Yn y fan hon yn y sgôr ceir saib hir a daliant. Beth yw ystyr hyn? Mae'n golygu bod Mozart, ar ôl iddo gyrraedd y fan hon yn y gerddoriaeth, yn hoffi chwarae **cadenza** byrfyfyr. Roedd yr hyn a chwaraeai yn cael ei seilio'n fras ar y deunydd cerddorol yr oedd eisoes wedi'i glywed yn y symudiad ond roedd yn rhydd i gymryd ei amser, anghofio am y gerddorfa am ychydig funudau a mwynhau ei hun tra'n gwneud sioe o'i ddawn fel chwaraewr allweddellau. Yn anffodus, nid yw fersiwn Mozart o'r cadenza ar gyfer y symudiad hwn gennym, felly rhaid i bianyddion ein hoes ni un ai lunio eu cadenza eu hunain, neu ddefnyddio un a ysgrifennwyd gan rywun arall. Mae'r cadenza yn gorffen gyda thril hir, sy'n arwydd i'r gerddorfa fod yr adran derfynol ar fin dechrau.

Cyfansoddodd Benjamin Britten (1913–1976) ei ddarn cerddorfaol *A Young Person's Guide to the Orchestra* ar ffurf thema ac amrywiad. Daw'r thema o rondo a ysgrifennwyd yn 1695 gan Henry Purcell (1659–1695) sydd ag adeiledd rondo ABACA. Gwrandewch ar y gwaith hwn i weld sut mae Britten yn cyflwyno'r offerynnau fesul adran cyn bwrw i mewn i ffiwg fywiog lle mae pob

---

Gwaith i offeryn unawdol a cherddorfa yw concerto. Yn gyffredinol, roedd tri symudiad yng nghoncerti Mozart.

Decca Legends 468491.

Mae cyfansoddwyr mwy diweddar wedi cofnodi eu cadenze, ond maent yn tueddu i fod yn anhygoel o anodd i'w chwarae. Ymysg yr enghreifftiau enwog mae'r cadenze yn symudiadau cyntaf *Concerto Piano Rhif 1* Tchaikovsky a'i goncerto i'r feiolin. Mae Beethoven, cyfansoddwr nad yw'n dangos fawr o gydymdeimlad tuag at yr unawdydd, yn rhoi cadenza reit ar ddechrau ei Goncerto *Ymerawdwr* i'r piano.

Classics for Pleasure 568-5772.

offeryn unigol yn dod i mewn un ar ôl y llall, i gyd yn chwarae'r un thema.

Mae llawer o setiau o amrywiadau yn gorffen gydag adran ffiwgaidd. Mae gweadau gwrthbwyntiol yn ffordd dda o ddod â cherddoriaeth i uchafbwynt a diweddglo cyffrous.

Mae enghraifft enwog arall o ffurf amrywiad i'w chlywed ym mhedwerydd symudiad Pumawd Franz Schubert, *Die Forelle* (Y Gleisiad), i'r feiolin, y fiola, y sielo, y bas dwbl a'r piano. Cymrodd Schubert y thema o'i gân ei hun, *Die Forelle*.

Caiff y thema ei phasio o un offeryn i'r llall wrth i naws gyffredinol y gwaith newid o un amrywiad i'r llall.

> Dyma rai enghreifftiau eraill: *Variations and Fugue* Beethoven ar thema o'r Symffoni *Eroica* y cyfeiriwyd ati uchod, a'i amrywiadau ar yr alaw *Rule, Brittannia*; amrywiadau Johannes Brahms ar thema gan Haydn ar gyfer cerddorfa.

Thema	Chwaraeir y thema, yn D fwyaf, gan yr offerynnau llinynnol yn unig.
Amrywiad 1	Mae'r piano'n chwarae'r thema gyda chyfeiliant llinynnol.
Amrywiad 2	Mae'r feiolin yn chwarae fersiwn blodeuog o'r thema.
Amrywiad 3	Mae'r piano'n chwarae fersiwn meistrolgar o'r thema sy'n cynnwys chwarter cwaferi di-dor.
Amrywiad 4	Amrywiad dramatig mewn cywair lleiaf i'r offerynnau i gyd.
Amrywiad 5	Amrywiad tawel lle mae'r llinynnau a'r piano'n cael sgwrs gerddorol.

Profwch eich hun ar adeiledd clasurol gorllewinol

1. Beth yw diweddeb berffaith? Ble byddech chi'n disgwyl canfod diweddeb berffaith mewn dawns faróc?

   ....

   ....

   ....

2. Enwch ddau beth sy'n debyg a dau beth sy'n wahanol rhwng y gavotte a'r gigue.

   ....

   ....

   ....

   ....

3. Pwy ysgrifennodd y thema a ddefnyddiwyd gan Benjamin Britten yn *A Young Person's Guide to the Orchestra*?

   ....

Cyfansoddi

1. Dewiswch gân werin fel *Migldi Magldi* neu *Lisa Lân* a cheisiwch weithio allan beth yw ei hadeiledd mewn enwau llythrennau, fel a wnaethom uchod gyda *Three Blind Mice*. Nawr cyfansoddwch alaw fer gan ddefnyddio'r adeiledd hwn.

2. Rhowch gynnig ar gyfansoddi eich fersiwn eich hun o *Gymnopédie*. Cofiwch ei gadw'n syml a dylai symud yn araf. Dewiswch rai harmonïau anarferol ac alaw sy'n llifo'n rhwydd.

3. Nawr ceisiwch gyfansoddi tri amrywiad ar alaw *Pen-blwydd Hapus* neu alaw syml arall yr ydych yn ei hoffi. Dyma rai awgrymiadau ar sut i greu amrywiaeth a diddordeb yn yr amrywiadau:

   ➢ Ychwanegwch nodau at yr alaw wreiddiol i'w gwneud yn fwy blodeuog

   ➢ Symleiddiwch yr alaw i'w hesgyrn sychion

   ➢ Newidiwch y cordiau/cyfeiliant, gan gyflwyno harmonïau newydd

   ➢ Cadwch yr harmonïau gwreiddiol a chrëwch alaw newydd

   ➢ Amrywiwch y cyflymder

   ➢ Amrywiwch y mesur, o syml i gyfansawdd

   ➢ Rhowch gymeriad rhythmig cryf i bob amrywiad drwy ddefnyddio syniad byr, megis cyfeiliant arpeggio, ffigur tebyg i ymdeithgan neu grŵp tripledi

   ➢ Amrywiwch y gosodiad offerynnol (megis ym Mhumawd *Die Forelle* Schubert).

Ffurf mewn cerddoriaeth leisiol

Mae gosod geiriau i gerddoriaeth yn golygu llawer o feddwl a pharatoi. Yn gyntaf, rhaid ichi ddewis geiriau i'w gosod. Gallant fod yn gerdd sydd â mesur rhythmig cryf neu'n ddarn o farddoniaeth rydd. Gallech dreulio oriau lawer yn mynd drwy gasgliadau o gerddi cyn dod ar draws un sy'n taro tant i chi. Yn aml, gall dweud geiriau'r gerdd ysgogi syniad alawol neu rythmig ym meddwl y cyfansoddwr.

> Wrth gwrs, gall y geiriau a'r gerddoriaeth gael eu cyfansoddi gyda'i gilydd. Weithiau bydd cyfansoddwr yn anfon cerddoriaeth at ysgrifennwr geiriau er mwyn iddo ef neu hi ysgrifennu geiriau i gyd-fynd â'r gerddoriaeth.

Mae'r hanes sut yr ysgrifennodd Paul McCartney a John Lennon y gân *Eleanor Rigby* yn 1966 yn dangos fel y gall sawl syniad ddod ynghyd drwy ddamwain bron i greu cân lwyddiannus. Roedd McCartney wedi bod yn chwarae wrth y piano gyda rhythm enw gwneud. Tua'r un adeg roedd wedi gweld siop ym Mryste o'r enw Rigby's. Daeth enw ffrind a oedd yn actores, Eleanor Bron, i'w feddwl ac felly y ganed Eleanor Rigby, y ddynes oedd yn glanhau'r eglwys. O'r fan honno, bu'n cydweithio â Lennon yn cyfansoddi'r gân. Roedd McCartney am i'r gân gael cyfeiliant clasurol ei arddull. Roedd wedi bod yn gwrando ar goncerti llinynnol y cyfansoddwr baróc Vivaldi tua'r un adeg a phenderfynodd ddefnyddio wythawd llinynnol i gyfeilio'r gân.

> Recordiwyd yr wyth chwaraewr gyda'r microffonau'n agos iawn at y llinynnau i greu sain sych, gras wrth iddynt ddyrnu'r rhythm monoton. Mae hyn ar ei fwyaf effeithiol pan fydd y sieloau yn dyblu'r alaw wrth i'r Tad Mackenzie sychu'r baw oddi ar ei ddwylo.

Ffurf stroffig

Caiff cerddi eu trefnu'n benillion neu'n 'stroffeau' yn aml. Os oes yr un nifer o linellau ym mhob stroffe, pedair neu wyth er enghraifft, mae modd gosod y math yma o gerdd i gerddoriaeth yn hwylus iawn drwy roi'r un gerddoriaeth i bob stroffe. Mae hynny'n rhoi cân mewn ffurf **stroffig**.

Schubert

Ysgrifennodd Franz Schubert (1797–1828) dros 600 o ganeuon yn ei oes fer. Yn ei gylch caneuon *Die schöne Müllerin* (Y Melinydd Llon) mae'r gân gyntaf, *Das Wandern* (Y Mudo) mewn ffurf stroffig.

74 Adeiledd Cerddorol

> Grŵp o ganeuon sy'n dilyn thema neu'n adrodd stori yw cylch caneuon.

Mae pum pennill yn y gân, ac mae'r melinydd yn dweud mor hoff yw o grwydro, ac nad yw byth yn aros gartref. Rhagflaenir pob pennill gan ragarweiniad piano byr, sy'n cyflwyno'r ffigurau onglog ar ffurf cordiau gwasgar sy'n parhau drwy'r gân ar ei hyd fel ostinato rhythmig, gan awgrymu symudiad olwyn y felin yn troi.

Ym mhennill 1, mae'r canwr yn disgrifio mor hoff yw o gerdded. Mae'r alaw'n debyg i'r cyfeiliant o ran ffurf – yn symud fesul neidiau. Gallwch ddychmygu y byddai pedwar pennill arall o'r un gerddoriaeth yn union yn gallu bod braidd yn undonog. Byddai canwr a chyfeilydd profiadol yn mynd ati i ddehongli pob pennill fymryn yn wahanol, yn dibynnu ar natur y geiriau. Ym mhennill 2, mae angen ynganiad a chyfeiliant ysgafn ar gyfer y nant glir, ddisglair sy'n llifo dan y felin. Ym mhennill 3, rhoddir llawer o bwyslais ar olwynion y felin sy'n troi, y ffigurau hynny ar ffurf cordiau gwasgar. Ym mhennill 4, mae angen i'r llais a'r piano swnio'n drwm a blinedig i gyfleu cerrig trwm y felin. Yn y pennill olaf, mae'n dweud gymaint y mae'n mwynhau crwydro'r wlad ond mewn ffordd fwy meddylgar nag ym mhennill 1.

> Mae fersiynau o'r gân hon yn bodoli ar gyfer mwy nag un math o lais.

Mae llawer o enghreifftiau o ganeuon stroffig yn y repertoire caneuon. Mae'n hawdd adnabod ffurf stroffig – gwrandewch am bennill yn cael ei ailadrodd, neu edrychwch ar y gerddoriaeth i weld a yw geiriau pob pennill wedi cael eu pentyrru o dan gerddoriaeth y canwr.

Cyfansoddiad di-dor

Wrth gyfansoddi cerddoriaeth ar gyfer cerdd sydd â naratif cryf, er enghraifft stori sy'n hoelio'r sylw lle mae angen cerddoriaeth wahanol drwy'r gân gyfan, dywedir bod y gân yn gyfansoddiad di-dor. Yng nghân ddramatig Schubert *Der Erlkönig* (Brenin yr Hud), mae'r syniad o un ehangder mawr o gerddoriaeth yn cael ei gyfleu o'r dechrau:

> Castle Classics 4452942.

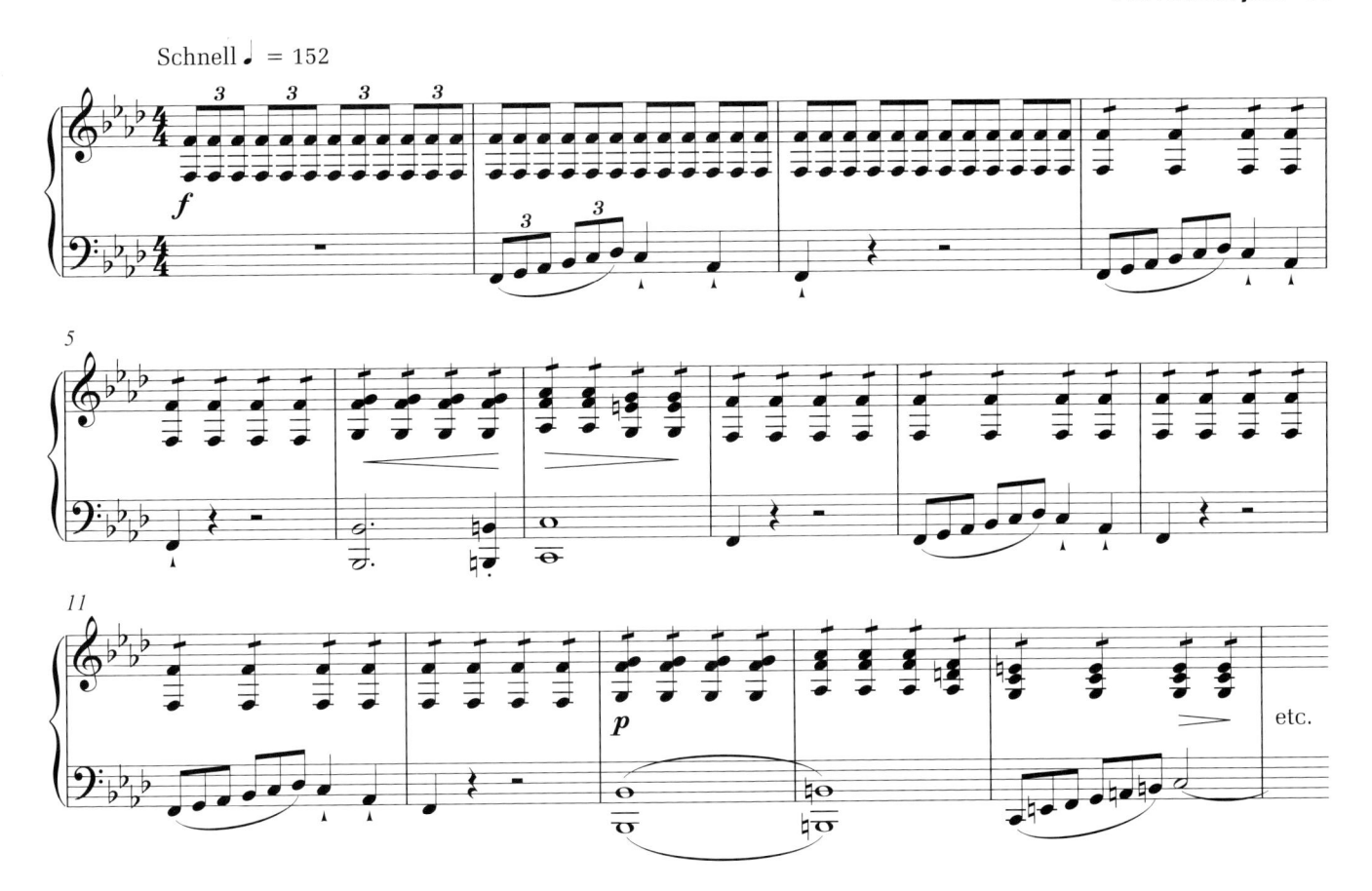

Mae'r wythfedau a'r cordiau didrugaredd yn taranu mynd, tra bo'r canwr yn adrodd hanes brawychus siwrnai wyllt tad a phlentyn ar gefn ceffyl drwy'r goedwig yn y nos. Yr hyn sydd ar feddwl y tad yw mynd â'i blentyn, sy'n sâl iawn, adref, ond mae'r plentyn yn ymwybodol fod yr Erlkönig, ysbryd marwol, yn eu dilyn. Mae'r plentyn yn ceisio rhybuddio'r tad, gan nad yw ef yn gallu clywed yr Erlkönig. Wrth i'r siwrnai barhau, mae'r panig a'r arswyd yn cynyddu nes i dripledi'r piano stopio'n sydyn ac mae'r tad yn sylweddoli bod y plentyn wedi marw. Mae'r gân yn gorffen gyda diweddeb berffaith rymus. Gwrandewch ar y recordiad a wnaed gan Bryn Terfel a sylwch fel mae'n canu llinellau'r Erlkönig bron fel pe bae'n sibrwd yng nghlust y plentyn – sbwci iawn!

Profwch eich hun ar gerddoriaeth leisiol

1. O ble cafodd Paul McCartney'r syniad o ddefnyddio wythawd llinynnol ar gyfer *Eleanor Rigby*?

   ....

2. Sut mae cân stroffig yn wahanol i gyfansoddiad di-dor?

   ....

Ffurf mewn jazz

All that jazz! Dyna deitl cân yn y sioe gerdd *Chicago*, a welwyd gyntaf ar Broadway yn 1975, ond mae gwreiddiau jazz yn mynd ymhellach lawer yn ôl na hynny. Credir mai o New Orleans, dinas yn ne'r UD, y daeth ffurf gynharaf jazz ar ddechrau'r 20fed ganrif.

Beth arweiniodd at greu'r math cwbl unigryw hwn o gerddoriaeth?

Hanes jazz yn fyr

Yn ystod y 18fed a'r 19eg ganrif, cludwyd miloedd o bobl dduon o Affrica i America i weithio ar blanhigfeydd cotwm yn y de. Yr unig bethau y gallent eu cludo gyda hwy oedd atgofion am eu mamwlad a'u diwylliant, y rhythmau, y gerddoriaeth a'r dawnsfeydd y buont unwaith yn eu chwarae a'u mwynhau yn eu bywyd bob dydd. Roedd i'r caneuon a ganent ar y planhigfeydd, a elwir yn 'ganeuon gwaith', deimlad rhythmig cryf felly, gan eu helpu'n aml yn eu tasgau ailadroddus diflas, megis torri coed, torri cerrig, defnyddio bwyell neu ordd. Byddai'r fwyell yn disgyn ar y curiadau cryf, gan osod y curiad ar gyfer y gân. Efallai y byddai arweinydd yn canu alaw megis 'Take this hammer' a byddai gweddill y grŵp yn ateb wedyn gyda rhywbeth tebyg i 'Take it to the captain'. Gelwir y math hwn o dechneg yn **alwad ac ateb**. Gyda'r fwyell, yr ordd neu guro dwylo yn gosod y curiadau cryf, gallai'r arweinydd greu rhythmau trawsacennog.

> Defnyddir llawer iawn ar y dechneg galwad ac ateb mewn hyfforddiant milwrol. Efallai eich bod wedi gweld milwyr yn ymarfer eu driliau mewn ffilmiau, pan fydd rhingyll y driliau yn canu'r alwad a'r platŵn yn ateb.

Roedd perchnogion y planhigfeydd yn fodlon iawn i'r caethweision duon ymddiddori yn y grefydd Gristnogol. I'r caethweision, arweiniodd y cyfle hwn i fwynhau cerddoriaeth a symud drwy addoli efengylaidd at y gân ysbrydol, a gallwn ei chlywed heddiw yng nghanu'r enaid ac yn y repertoire gospel.

Pa gerddoriaeth arall oedd yn cael ei chwarae yn America a ddylanwadodd ar jazz? Erbyn diwedd y 19eg ganrif, roedd gan lawer o gartrefi cyfforddus eu byd biano. Arferai pobl ymgasglu o amgylch y piano a chanu caneuon a baledi traddodiadol. Roedd pobl o lawer o wledydd gwahanol wedi ymgartrefu yn America, felly gallai'r caneuon hyn ddod o Ffrainc, Iwerddon, Sbaen ac ati. Daeth offerynnau megis y banjo, y feiolin a'r harmoniwm (organ gyrs) yn boblogaidd. Roedd cerddoriaeth bandiau pres yn boblogaidd iawn a châi llawer o bobl y cyfle i chwarae.

Cyswllt â'r we

www.sassafrasrestaurant.com/IMAGES/events_images/jazz.jpg

www.si.edu/ajazzh/images/orch.jpg

http://reveillewithbeverly.com/images/duke_on_the_a_train.jpg

www.gwu.edu/~jazz/images2/Ellington1.jpg

Ragtime

Un gair sy'n codi dro ar ôl tro pan fyddwn yn trafod arddulliau jazz yw **trawsacennu**, lle mae'r nodau sydd ag acen arnynt yn digwydd rhwng y prif guriadau. Trawsacennu yn y llaw dde, yn erbyn llinell fas gadarn, heb drawsacennu ynddi, yw sylfaen yr arddull piano a elwir yn ragtime. Sut datblygodd yr arddull drawsacennog hon? Wel, yn y man mwyaf annhebygol y gallech ei ddychmygu.

Ar ôl i'r caethweision duon gael eu rhyddhau o gaethwasiaeth yn yr 1860au, roedd dod o hyd i waith yn anodd. Ond i'r rheini oedd yn chwarae'r piano, roedd gwaith yn chwarae yn y puteindy lleol yn opsiwn. Mae'n ymddangos bod ragtime wedi datblygu wrth i'r pianyddion hyn addasu ymdeithganau poblogaidd i'w perfformio ar bianos honci-tonc er mwyn difyrru'r cleientiaid.

Yr enw yr ydym yn ei gysylltu fwyaf â ragtime heddiw yw Scott Joplin (1868–1917), cyfansoddwr *The Entertainer* (a ysgrifennwyd yn 1902 ac a ymddangosodd yn y ffilm *The Sting* yn 1973) a *Maple Leaf Rag*. Yn *Maple Leaf Rag*, mae'r trawsacennu rhythmig drwy gordiau gwasgar a glywir yn y llaw dde yn deillio o dechnegau banjo a ddysgodd Joplin oddi wrth ei fam, oedd hefyd yn chwarae. Yma, mae'r trawsacennu yn golygu is-rannu unedau wyth curiad yn 3+3+2 i greu trawsrythmau yn erbyn rhan reolaidd y llaw chwith sy'n chwarae unedau 2+2+2+2 parhaus.

Ragtime wedi'i refio: stride

Roedd angen techneg bur dda ar bianyddion i chwarae ragtime, a chyn hir roeddent yn ceisio ymestyn y terfynau ymhellach drwy arbrofi gyda harmonïau newydd, mwy diddorol, megis addurno'r alawon gyda nodau meddalnod y 3ydd a'r 7fed, a rhoi rhagor o nodau yng nghordiau'r llaw chwith a chyflymu pethau'n gyffredinol. Arweiniodd siâp y patrymau llaw chwith hyn yn brasgamu i fyny ac i lawr, yn seinio nodau'r bas am yn ail â chordiau trawsacennog, at arddull a elwir yr ysgol stride. Bydd recordiad y pianydd Art Tatum o *Tiger Rag* o 1940 yn eich gadael allan o wynt. Ar ôl rhagarweiniad araf lle mae'n chwarae cadwyn o gordiau, i ffwrdd ag ef, ei ddwylo'n hedfan i bob cyfeiriad!

> Gwrandewch am 3ydd y blues yn *Maple Leaf Rag* o eiddo Joplin.
>
> Soho SOHOCD011.

Bod dan y felan

Mae pawb wedi cael y 'felan' – y dyddiau hynny pan fydd popeth yn mynd o chwith ac mae bywyd braidd yn galed.

Dychmygwch bob diwrnod ar y planhigfeydd hynny, yn gweithio oriau maith yn y gwres tanbaid. Doedd dim llawer i ganu amdano, fe fyddech yn meddwl, ond dyna wnaeth y caethweision, a dyna darddiad y term 'singing the blues'.

> Mae teitlau megis *Weeping Willow Blues* a *Jail House Blues* yn cyfleu darlun o drallod.

Mae cymeriad ac ansawdd tôn arddull leisiol Affricanaidd yn wahanol iawn i ganu clasurol gorllewinol a gall, yn wir, swnio ychydig allan o diwn yn aml. Y rheswm am hyn yw bod gan gerddoriaeth y blues (melangan) ei graddfa gerddorol ei hun, sy'n cynnwys 'blue notes' neu nodau'r blues. Mae graddfa'r blues yn raddfa sy'n cynnwys 3ydd a 7fed y blues (meddalnodau), ynghyd â 5ed cywasgedig (wedi'i ostwng) hefyd weithiau. Gall ddigwydd mewn gwahanol ffurfiau, a dau o'r ffurfiau mwyaf cyffredin yw C–E♭–F–G–B♭ (a elwir hefyd y raddfa bentatonig leiaf) a C–E♭–F–G♭–G♮–B♭ (gweler ar y *dde*).

Bydd cerddorion blues yn aml yn rhoi mwy fyth o fynegiant i'r nodau hyn drwy eu **plygu** (newid mymryn ar y traw tra bo'r nodyn yn cael ei ddal) a thrwy lithro rhwng nodau (techneg a elwir yn **portamento**).

Gwrandewch ar Bessie Smith, oedd yn cael ei hadnabod fel Ymerodres y Blues yn yr 1920au, yn canu *Back Water Blues*. Sylwch fel mae hi'n defnyddio portamento.

> Bessie Smith IGOCD 2008

Mae'r geiriau y mae'n eu canu fel a ganlyn:

> When it rains five days and the sky turns dark at night
> When it rains five days and the sky turns dark at night
> Then trouble's takin' place in the lowlands at night.

Caiff y llinell gyntaf ei hailadrodd ac mae'r drydedd yn odli â hi (neu, yn yr enghraifft hon, mae'n ailadrodd gair yr odl), gan greu pennill tair llinell. Mae'r alaw'n dilyn y geiriau'n agos ac mae'r rhythm yn ystwyth iawn, bron iawn yn flinedig. Mae cyfeiliant y piano wedi ei seilio ar gyfres o gordiau syml. Dewisai'r Americanwyr Affricanaidd y cordiau clasurol gorllewinol a weddai orau i'w halawon melancolaidd. Mae'r cordiau hyn yn ffurfio patrwm arbennig a elwir yn felangan 12 bar, un cord y bar:

Bar	1	2	3	4	5	6	7	8	9	10	11	12
Cord	I	I	I	I	IV	IV	I	I	V	IV	I	I

Mae llawer o amrywiadau cynnil i'r patrwm hwn (yn cynnwys ychwanegu 7fed at rai o'r cordiau neu at bob un ohonynt), ond mae'r patrwm sylfaenol wedi bod yn sail i ddarnau blues a phop di-rif yn ystod yr 20fed ganrif.

Mae'n bwysig cofio nad oedd dim o'r gerddoriaeth hon, tan ddegawd cyntaf yr 20fed ganrif, yn cael ei chofnodi ar bapur. Roedd pob cerddor yn dibynnu ar ei gof ac roedd y rhan fwyaf o ddarnau blues yn cael eu chwarae'n fyrfyfyr. Ym 1912, dechreuodd W.C. Handy gofnodi ei gyfansoddiadau blues am y tro cyntaf. Recordiwyd yr enwocaf o'r rhain, *The St Louis Blues*, gan Bessie Smith gyda Louis Armstrong ar yr utgorn a Fred Longshaw ar yr harmoniwm. Dyma'r darn blues cyntaf i gael ei recordio oedd yn cynnwys 'brêc jazz' (unawd fyrfyfyr) lle mae Armstrong yn chwarae'r brêc. Sylwch fel mae'r llais a'r utgorn yn plethu i'w gilydd.

Naxos 8.120691

Blues wedi'u refio: Bwgi-wgi

Yn y bwgi-wgi, caiff patrwm cordiau'r blues 12 bar ei addasu ar gyfer y piano ar dempo cyflym, gan ddefnyddio ffigurau ailadroddus a rhythmau dot egnïol yn y llaw chwith er mwyn cadw'r harmonïau syml i symud. Mae *Honky Tonk Train Blues* gan Meade Lux Lewis yn enghraifft wych o hyn. Mae'r darn cyflym hwn yn disgrifio siwrnai ar drên, gyda'r llaw chwith yn cynnal rhythm y trên wrth iddo ddyrnu yn ei flaen tra bo'r llaw dde yn chwarae patrymau byr a ailadroddir sy'n awgrymu seirenau trenau a seiniau chwiban, nes bod y darn maes o law yn cyfleu sŵn y trên yn arafu. Gelwir y patrymau hyn sy'n cael eu hailadrodd yn riffiau. Yn y darn hwn mae'r riffiau'n newid gyda phob datganiad o fewn y blues 12 bar. Gwrandewch am y rhythm cwbl gadarn yn y llaw chwith tra bo'r llaw dde'n rhydd i wneud fel y mynna.

Classics 750582873829.

Swing

Daeth y duedd i swingio'r rhythm yn nodwedd bwysig o jazz. Mae hyn yn cynnwys dwy dechneg: creu effaith siglo drwy chwarae nodau hir a nodau byr am yn ail, a chwarae nodau neu gordiau acennog yn union cyn y prif guriadau. Gellir clywed y syniadau hyn yn glir yng nghaneuon clasurol band Duke Ellington *It don't mean a thing if it ain't got that swing* (1932) a *Take the A train* (1941).

Bluebird 09026 63863-2.

Mae *Take the A train* wedi ei hysgrifennu mewn ffurf 32 bar syml, yn cynnwys pedair adran wyth bar. Mae adrannau 1, 2 a 4 yn defnyddio'r un thema, tra bo adran 3 yn cynnwys deunydd gwahanol. Ar ôl rhagarweiniad y piano, sylwch ar riffiau cofiadwy'r utgorn sy'n gyfeiliant i'r alaw ar y sacsoffon. Yn yr ail set 32 bar, y trwmpedwr yw'r unawdydd. Mae'r drydedd set yn cyflwyno patrymau o gordiau ar sacsoffonau.

Yn *It don't mean a thing if it ain't got that swing*, gwrandewch fel y mae'r offerynnau unigol yn dangos eu cymeriad a'u lliw unigol yn eu hunawdau byrfyfyr. Er enghraifft, sylwch ar y chwaraewr bas yn taro'r llinynnau'n drawsacennog yn yr agoriad; y lleisydd yn swingio yn erbyn y curiad drwy'r amser; yr utgorn yn seinio gan ddefnyddio mudyddion, yn plygu'r seiniau a chreu rhai nodau cras, trwynol a grutiog i greu lliw'r felan; y sacs ar yr arpeggi, yn gwasgu cynifer â phosibl o nodau i mewn i'r amser sydd ar gael; a'r gantores yn defnyddio techneg sgat. Mae'r diwedd yn neilltuol o wreiddiol yn y ffordd y caniateir i'r sain ddatseinio a chilio'n raddol.

Canu geiriau neu sillafau dwli yn fyrfyfyr yw sgat.

Cyfansoddi

Ceisiwch ysgrifennu alaw blues yn C gan ddefnyddio graddfa'r blues a'r adeiledd cordiau blues 12 bar – maent i'w gweld ill dau ar dudalen 77. Gall y cordiau ddechrau fel triadau sylfaenol – tonydd, trydydd a phumed – yna efallai y gallech ychwanegu 7fed i roi mwy o deimlad blues. Gwnewch eich alaw yn 24 bar o hyd a cheisiwch ddefnyddio patrwm riff.

Profwch eich hun ar jazz

1. Mewn caneuon gwaith a gâi eu canu ar blanhigfeydd, sut oedd curiad y gân yn cael ei greu?

   ....

2. Sut mae graddfa'r blues yn wahanol i raddfa draddodiadol C fwyaf?

   ....

   ....

3. Beth yw portamento?

   ....

Dyfodiad roc

Erbyn yr 1940au hwyr, roedd cerddoriaeth blues mewn dinasoedd ar draws yr UDA wedi newid llawer iawn. Roedd yr arddull blues trefol newydd yn fwy cras, yn defnyddio llinellau lleisiol mwy rhydd a grwpiau mwy o gerddorion. Daeth gitarau trydan a drymiau yn rhan o gyfansoddiad band, a gyda datblygiad y transistor yn yr 1950au, daeth mwyhaduron yn fwy grymus ac roeddent yn amharu llai ar y sain. Câi meicroffon ei osod ar bob offeryn a rhaid oedd troi'r lefelau sain yn uwch ac yn uwch wrth i'r chwaraewyr gystadlu yn erbyn ei gilydd.

Yn y cyfamser, roedd canu gwlad wedi datblygu o gerddoriaeth werin draddodiadol taleithiau de-ddwyrain America, Tennessee yn arbennig. Yn aml, defnyddiai gyfuniadau o gitâr, feiolin a llais i berfformio baledi a cherddoriaeth dawns. Yng nghanol yr 20fed ganrif, cafodd canu gwlad fwy o gydnabyddiaeth fasnachol fel canu gwledig y bobl dlawd wyn, oedd yn cyfateb i'r blues, gyda'i bwyslais ar broblemau perthynas, tlodi a gwaith. Mewn cyferbyniad, cerddoriaeth drefol, Americanaidd-Affricanaidd ar y dechrau, oedd 'rhythm 'n' blues', cerddoriaeth a ddaeth yn boblogaidd yn y blynyddoedd ar ôl yr ail ryfel byd. Fel arfer câi ei pherfformio gan ganwr gydag ensemble offerynnol bach, a oedd bron bob amser yn cynnwys gitarau ac offerynnau taro, gan bwysleisio'r ail a'r pedwerydd curiad mewn bar $\frac{4}{4}$.

Daeth roc a rôl i'r amlwg yng nghanol yr 1950au gyda Bill Haley and the Comets, ac Elvis Presley, fel cymysgedd rhwng 'rhythm 'n' blues' a chanu gwlad. Ymysg yr enghreifftiau mae'r anfarwol *Rock Around the Clock* gan Haley a *Jailhouse Rock* gan Elvis.

Mae *Rock Around the Clock* ar Marble Arch MACD231; a *Jailhouse Rock* ar RCA 07863 676122.

Yn yr 1960au, roc Prydain oedd ar flaen y gad gyda'r Beatles a'r Rolling Stones. Roedd yr olaf yn enwog am eu curiadau drwm taer, y lleisiau emosiynol, cras ac, wrth gwrs, y gitarau wedi'u mwyhau'n helaeth. Mae cân y Rolling Stones, *Satisfaction*, yn enghraifft nodweddiadol.

Decca 8823072.

Roedd y Beatles yn manteisio ar sawl arddull wahanol. Cyfunodd roc a rôl a 'rhythm 'n' blues' gyda cherddoriaeth werin a cherddoriaeth glasurol, gan ddefnyddio ffurfiau clasurol megis ABA (e.e. *Yesterday*) a phennill a chytgan.

Cerddoriaeth glasurol a jazz/roc yn cyfuno

Ar ddechrau'r 21ain ganrif mae cerddoriaeth o bob math o fewn cyrraedd inni, o ganu gwerin a chaneuon pop cyfoes o Gymru ar Radio Cymru neu Radio 1, i ganeuon pop clasurol ar Melody FM; jazz traddodiadol a modern ar Jazz FM; cerddoriaeth draddodiadol o Affrica ar *Late Junction* ar Radio 3; cerddoriaeth esmwyth ar y glust a phop a roc o ddegawdau cynharach ar Radio 2; a cherddoriaeth glasurol ar Radio 3 a Classic FM.

Heddiw, mae'n hawdd i gyfansoddwyr wrando ar amrywiaeth o arddulliau a gadael i'r seiniau a'r lliwiau hyn ddylanwadu arnynt yn eu cyfansoddiadau hwythau. Does dim rhaid cyfyngu hyn i gyfansoddwyr clasurol yn dylanwadu ar gyfansoddwyr clasurol eraill. Mae arddulliau sy'n pontio ffiniau gan gyfuno'r clasurol a jazz, clasurol a roc, a jazz a roc, wedi cynhyrchu darnau o gerddoriaeth sy'n hynod o wreiddiol ac anarferol.

Gadewch inni archwilio rhai o'r partneriaethau hyn a sut maent wedi datblygu dros y 100 mlynedd diwethaf.

Clasuron 20fed ganrif â blas jazz arnynt

Mae *Golliwog's Cakewalk* ar Naxos 8555800.

Effeithiodd jazz yn fawr ar gyfansoddwyr clasurol pan ddechreuont ei glywed ddechrau'r 20fed ganrif. Yn Arddangosfa'r Byd ym Mharis y clywodd y cyfansoddwr o Ffrainc, Claude Debussy (1862–1918), arddull ragtime Scott Joplin gyntaf yn 1900 a defnyddiodd syniad ragtime yn ei ddarn i'r piano, *Golliwog's Cakewalk*.

Baróc â blas jazz arno

Loussier Bach Arrangements: Telarc CD83411.

Yn yr 1960au, sylwodd pianydd o Ffrainc ar y potensial i roi blas jazz ar gerddoriaeth glasurol. Cafodd ei ddenu'n arbennig at gerddoriaeth J. S. Bach, gyda'i rhythmau cymhleth a'i gweadau gwrthbwyntiol. Gwrandewch ar y *Concerto Eidalaidd* (unawd ar gyfer harpsicord yn wreiddiol) i weld sut mae Loussier yn chwarae gyda fersiwn gwreiddiol Bach, gan wneud y rhythm yn debycach i rythm jazz ac amrywio'r ddynameg yn barhaus. Ymysg y trefniannau eraill mae *Tocata a Ffiwg yn D leiaf* Bach, *Pedwar Tymor* Vivaldi a gweithiau gan Debussy, Satie a Ravel, yn cynnwys trefniant ffynclyd o *Boléro*.

Beatles baróc!

Naxos 8990050.

A throi pethau ar eu pennau, beth am drefniannau o gerddoriaeth gan y Beatles mewn arddull faróc? Dyna'n union a wnaeth y trefnydd a'r perfformiwr Peter Breiner, gan drefnu sawl cân ar gyfer ensemble llinynnol. Cafodd y rhain eu cyfansoddi'n arbennig i gael eu perfformio mewn cyngerdd, a'r syniad oedd dod â dwy arddull gyferbyniol ynghyd a'u cyflwyno i gynulleidfa eang ar hyd a lled y byd. Mae *She loves you* wedi'i threfnu yn arddull concerto grosso baróc, gydag adrannau unawdol a tutti am yn ail. Darperir y llinellau bas cryf sy'n cael eu hailadrodd gan y sieloau a'r basau tra bo'r llinynnau uchaf yn chwarae darnau cyflym, sy'n defnyddio llawer o syniadau dilyniannol. Tua munud i mewn i'r darn mae arddull drawsacennog jazz yn dechrau ymddangos ac mae'r gerddoriaeth yn mynd yn fwy a mwy ffynclyd gyda'r patrymau 2+2+2+2 rheolaidd yn newid i 3+3+2 ragtime. Sylwch fel mae bron i'r unawd sielo â rhedeg i ffwrdd wrth chwarae'n fyrfyfyr mewn un man. Mae *Honey Pie* a *Michelle* ill dwy wedi'u trefnu mewn ffurf ffiwgaidd. Gwrandewch ar y ddwy gân a cheisiwch weithio allan ym mha drefn mae'r offerynnau'n dod i mewn.

Cadwch eich llygaid yn agored am hen record o'r enw *The Beatles Baroque Songbook*: mae'r uwchdenor sy'n canu *Help!* yn werth ei glywed!

Baróc ynteu roc!

Mae cerddoriaeth faróc a jazz fel pe baent yn mynd yn dda gyda'i gilydd. Mae'r egni rhythmig yn y ddwy arddull yn ogystal â'r ymdeimlad o brysurdeb yn yr ysgrifennu yn gwneud i'r gwrandäwr deimlo'n fywus. Mae cerddoriaeth roc hefyd yn ffynnu ar egni a churiad cryf, felly nid yw'n syndod fod trefnyddion wedi chwilio am gyfleoedd i addasu campweithiau baróc i arddull gyfoes boblogaidd. Mae recordiad Côr a Band Ieuenctid De Morgannwg o'r *Messiah* gan Handel yn cyflwyno'r gerddoriaeth hon mewn ffordd newydd a phoblogaidd. Mae'r adran rythm sy'n cyfeilio'r corws, 'Cans i nyni fe aned mab', yn cadw'r curiad yn gyson drwyddo draw. Mae'r canu'n anghlasurol ei natur, gyda'r unawdwyr i gyd yn defnyddio llais y frest gan mwyaf mewn arddull theatr gerddorol gydag arlliw o'r blues.

> CDGA 1 trac 24.

Yn 1977, penderfynodd Andrew Lloyd Webber ysgrifennu set o amrywiadau ar gyfer ei frawd, y sielydd Julian Lloyd Webber. Er ei fod am i'r sielo gael y brif ran yn y darn, daeth A. Lloyd Webber ag amrywiaeth eang o offerynnau i mewn i rannu rhannau'r unawd a'r cyfeiliant. Y canlyniad yw darn anghyffredin iawn o gerddoriaeth gyda dylanwadau o gefndiroedd clasurol, jazz a roc.

Andrew Lloyd Webber

Cymrodd Andrew Lloyd Webber ei thema ar gyfer yr amrywiadau hyn o *Caprice Rhif 24 i feiolin* gan y feiolinydd penigamp o'r 19eg ganrif, Paganini. Roedd y Caprice hwn wedi cael ei ddefnyddio'n destun ar gyfer amrywiadau gan nifer o gyfansoddwyr eraill, Brahms a Rachmaninov yn eu plith.

Mae fersiwn Lloyd Webber yn cynnwys 23 amrywiad i gyd. Mae'r offerynnau'n cynnwys sielo, ffliwt, sacsoffon, gitarau acwstig a thrydan (gitâr flaen, rhythm a bas), piano, allweddellau, syntheseiddwyr, fibraffonau, drymiau ac offerynnau taro.

> Gymaint oedd gallu technegol Paganini fel bod pobl oedd wedi ei glywed yn chwarae yn credu ei fod wedi gwerthu ei enaid i'r diafol yn gyfnewid am y dechneg anhygoel hon. Mae recordiad o'i gerddoriaeth i'w gael ar MCA 008811939625. I glywed y Caprice mewn darnau eraill, gweler y set o amrywiadau ar gyfer y piano gan Brahms (Naxos 8550350) ac amrywiadau ar gyfer y piano a cherddorfa gan Rachmaninov (Naxos 8550117).

Ar ôl rhagarweiniad araf ar syntheseiddydd ac allweddellau sydd ag ymdeimlad oes newydd iddo, chwaraeir y thema ar y sielo i gyfeiliant curiad drwm roc cryf.

Daw'r gitâr i mewn ar gyfer yr amrywiad cyntaf yn chwarae riffiau trawsacennog yn y cefndir. Yn yr ail amrywiad, mae'r sielo'n cyfuno arddulliau clasurol a jazz.

Mae'r pumed a'r chweched amrywiad yn rhoi syniad da o mor amrywiol y gall y seiniau fod yn y darn hwn. Yn y pumed, mae'r ffliwt yn chwarae alaw delynegol mewn A fwyaf addfwyn (a ddefnyddiwyd eto gan Lloyd Webber yn *Unexpected Song*, a fu'n llwyddiant annisgwyl) mewn arddull baled i gyfeiliant gitarau acwstig, trydan a bas. Mae'r gerddoriaeth yn trawsgyweirio i gywair mwy hwyliog, D fwyaf, ac mae'r sielo'n ymgymryd â'r alaw, tra chwaraeir cyfalaw fer, uchel ei thraw, ar y syntheseiddydd.

Mewn cyferbyniad llwyr, mae'r chweched amrywiad yn dechrau gydag allweddellau a gitâr acwstig. Sylwch fel mae sain niwlog y syntheseiddydd yn cael ei chreu drwy chwarae gyda chyseiniau uchaf y nodau sy'n cael eu chwarae, gan greu sain 'grom'. Mae'r seithfed amrywiad yn dechrau gydag ostinato cyflym a chwaraeir gan y piano. Mae curiad drwm cyflym yn gyrru'r darn yn ei flaen. Ceir llawer o drawsrythmau a chordiau anghyseiniol cras, ac ychwanegwyd llawer o ddatseinedd at riffiau'r gitâr unawdol. Efallai y bydd yn eich atgoffa o'r gerddoriaeth sy'n cyd-fynd â helfeydd ceir mewn ffilmiau heddlu Americanaidd – gwrandewch am yr effaith strymio cyflym ar y gitâr, tebyg i hofrennydd yn hofran uwchben – addas iawn i *Starsky and Hutch*!

Ymysg y nodweddion eraill mae unawd sacsoffon secsi, hamddenol yn y nawfed amrywiad, gydag awgrym o gân Stevie Wonder *Sir Duke* yn llinell ostinato'r bas yn yr 16eg amrywiad. Caiff cymeriad dwys y sielo ei ddangos yn effeithiol yn yr alarnad yn y 18fed amrywiad, lle mae'n chwarae mewn deuawd gyda'r gitâr flaen, a chwaraeir cyfeiliant arpeggi clasurol ar y piano. Yn yr amrywiad olaf, y 23ain, mae gan y sielo adran debyg i cadenza, yn defnyddio technegau meistrolgar, er bod y clasurol a jazz a roc yn cyfuno eto gyda'r rhythmau trawsacennog a'r curiad di-baid ar y drwm.

> Universal MCLD 19396. Dylech sylwi bod gwahanol fersiynau gyda gwahanol offeryniaethau yn bodoli.

Rick Wakeman

Portread doniol, tafod yn y foch, o fywyd y cyfansoddwr a'r pianydd penigamp Franz Liszt, ei anturiaethau carwriaethol a'i ymddygiad drygionus yn gyffredinol oedd ffilm Ken Russell yn 1975, *The Real Lisztomania*! Clasurol yw'r sail gerddorol ar gyfer sgôr Rick Wakeman, yn defnyddio deunydd o gyfansoddiadau Liszt ei hun. Cenir y trac *Love's Dreams*, a oedd yn unawd piano enwog yn wreiddiol, mewn arddull roc rhydd gan y canwr roc Roger Daltrey, i gyfeiliant cerddorfa glasurol gyda rhannau o'r fersiwn piano gwreiddiol. Ar draciau eraill megis *The Ride of Thor*, fe glywn *Ride of the Valkyries* gan Richard Wagner (mab-yng-nghyfraith Liszt) yn cael ei chwarae mewn arddull roc gyflym, galed.

> Voiceprint VPTCCD1.

Trefniannau masnachol

Yn yr 21ain ganrif, mae cerddoriaeth glasurol wedi cael ei threfnu a'i haddasu i gael ei defnyddio mewn hysbysebion, megis y defnydd o'r 'Flower Duet' o opera Delibes *Lakmé* yn hysbysebion British Airways. Mae'r ymdeimlad o hedfan i ffwrdd i baradwys yn cael ei adlewyrchu yn y dehongliad addfwyn; mae'r ymylon caled i gyd wedi cael eu dileu ac mae'r seiniau cefndir, megis tonnau'n torri ar y lan, yn help i greu'r amgylchedd di-straen hwn.

Addasodd Karl Jenkins symudiad cyntaf ei waith i gerddorfa linynnol *Palladio* fel cyfeiliant i'r hysbyseb 'A Diamond is Forever'. Mae'r darn wedi ei fodelu ar symudiad concerto grosso yn arddull Vivaldi, ond does dim dianc rhag y teimlad fod a wnelo'r rhythmau trawsacennog yn y llinynnau uchaf yn erbyn llinell ddyrnu'r bas rywbeth â byd jazz.

> SK 62276.

Cyfnewid seiniau llinynnol acwstig am rai wedi'i syntheseiddio a wna addasiad William Orbit o *Adagio for Strings* Samuel Barber (1910–1981). Mae'r fersiwn hwn yn canolbwyntio ar sicrhau sain wastad drwyddi draw, heb nemor ddim newidiadau yn y ddynameg na'r pyls. Mae'r canlyniad yn creu gweadau llyfn sy'n datblygu, sy'n dawel ac sy'n cael eu cynnal. Cymharwch y ddau fersiwn o Adagio Barber i weld pa un yw'r gorau gennych chi.

> Barber: Naxos 8557411.
> Orbit: WEA247CD.

Mae *Pavane* y cyfansoddwr Ffrengig Gabriel Fauré (1845–1924) wedi cael ei drefnu droeon. Trefnodd y cyfansoddwr ei hun ef fel unawd biano, ar gyfer nifer o offerynnau gyda chyfeiliant piano, ac i gerddorfa. Mae trefniant Ty Unwin yn 2001 ar gyfer unawd sacsoffon a chantores operatig yn effeithiol iawn. Chwaraeir riffiau rhythmig byr yn y cefndir gan linell y bas ac adran rythm tra bo'r llinynnau'n cynnal nodau hir.

> Sony STVCD159.

Sister Act II

Mae'r enghraifft olaf o gyfuno cerddoriaeth glasurol/jazz/roc yn gosod *Cân Llawenydd* Beethoven o Symffoni Rhif 9 mewn trefniant 'soul' (canu'r enaid), a ysgrifennwyd yn arbennig ar gyfer uchafbwynt y ffilm *Sister Act II*. Mae'r stori wedi ei lleoli ar arfordir gorllewinol America ac mae crefydd, gangsters a diwylliant y stryd i gyd yn rhan o'r plot, sy'n symud ar garlam. Yn yr olygfa hon, daw dwy ysgol yn erbyn ei gilydd mewn cystadleuaeth canu corawl – un ohonynt yn drefnus a'r plant yn ufudd, y llall dipyn yn fwy brith ei chymeriadau. Mae'r ysgol gyntaf yn canu trefniant homoffonig o *Gân Llawenydd*, mewn harmoni pedwar llais (soprano, alto, tenor, bas), gyda chyfeiliant organ. Mae'r cyfan yn swnio'n sydêt iawn!

Mae'r côr arall, dan arweiniad y cymeriad sy'n cael ei actio gan Whoopi Goldberg, yn canu fersiwn sy'n dod ag elfennau o 'rhythm 'n' blues' a cherddoriaeth gospel ynghyd. Mae'r unawd agoriadol yn 'blues gospel' clasurol. Mae alaw wreiddiol *Cân Llawenydd* wedi ei haddurno ac mae cordiau 7fedau a 9fedau jasaidd wedi cael eu hychwanegu at yr harmonïau gwreiddiol ar y piano. Pan ddaw'r adran rythm i mewn cawn lawer o haenau gwahanol: côr gospel yn canu harmoni tri llais clos yn arddull y blues, riffiau utgorn trawsacennog a dyrchafol mewn dwy i dair rhan, ynghyd â chwarae byrfyfyr gwyllt gan y pianydd. Yn y trydydd pennill mae'r rapwyr yn meddiannu'r llwyfan. Sylwch ar y syniadau galwad ac ateb byr sy'n cael eu taflu'n ôl ac ymlaen rhwng y rapwyr a'r côr gospel. Yn yr adran olaf mae'r côr yn canu'r pennill tra bo canwr yn canu'n fyrfyfyr mewn arddull sgat; yna mae pawb yn dechrau canu a chwarae'n fyrfyfyr, gan drosglwyddo syniadau o un i'r llall. Mae'r ymdeimlad o hyblygrwydd eithafol yn cael ei ddal ynghyd gan guriad y drwm sydd i'w glywed drwy'r amser.

> Hollywood/Universal 1615622.

> Pa un a yw hyn yn fyrfyfyr mewn gwirionedd neu wedi cael ei ymarfer yn ofalus, mae'n anodd barnu: gwrandewch a lluniwch eich barn eich hun.

Profwch eich hun ar gyfuno jazz, roc a cherddoriaeth glasurol

1. Gwrandewch ar *Golliwog's Cakewalk* a nodwch ddwy nodwedd sy'n perthyn i ragtime.

   ....
   ....

2. Cymharwch y fersiwn o'r *Messiah* gan Handel ar CDGA 1 trac 24 gyda pherfformiad yn arddull y cyfnod. Enwch dri gwahaniaeth, wedi'u seilio ar wead, offeryniaeth a rhythm.

   ....
   ....

3. Am ba fath o gerddoriaeth mae Jacques Loussier yn enwog?

   ....

4. Gwrandewch ar y tri fersiwn o *Gân Llawenydd* gan Beethoven.

   (a) Sut maen nhw'n wahanol o ran gwead ac offeryniaeth?

   ....
   ....
   ....

   (b) Pa dechnegau lleisiol sy'n cael eu defnyddio?

   ....
   ....
   ....

Cerddoriaeth ar gyfer Achlysuron Arbennig

Mae gwrando ar gerddoriaeth yn aml yn brofiad gwefreiddiol a gall felly fod yn achlysur arbennig ynddo'i hun. Mae hyn yn neilltuol o wir os ydym yn gwrando ar ddarn o gerddoriaeth am y tro cyntaf. Mae ein disgwyliadau a'n cyffro yn cael eu tanio ymhellach gan gwestiynau megis: Fydd y gân arbennig hon yn gwneud imi fod eisiau dawnsio i'r rhythm? Fydda i am forio canu gyda'r gerddoriaeth? Fydda i'n teimlo'n hapus neu'n drist? Fydda i'n gwenu a chwerthin? Fydd y teimladau hynny yn fy symud at ddagrau?

Efallai y bydd y teimladau hyn yn eich ysbrydoli i godi gitâr, neu fynd at y piano, i weithio allan beth sy'n digwydd yn gerddorol a beth sy'n gwneud i'r gerddoriaeth ennyn emosiynau neilltuol. Dim ond cam byr sydd gennych i'w gymryd o'r fan hon hyd at gyfansoddi eich cerddoriaeth eich hun. Yn y pen draw, mae a wnelo hyn â'r ffordd yr ydych yn ymateb i ddarn neilltuol, gyda'i briodweddau, nodweddion a'i siâp ei hun. Fodd bynnag, gallai ysbrydoliaeth ddod o ffynonellau eraill. Gofynnir yn aml i gyfansoddwyr ysgrifennu cerddoriaeth ar gyfer achlysur arbennig, er enghraifft seremoni agoriadol y Gemau Olympaidd. Mae rhai mathau o leoliadau yn galw am gerddoriaeth mewn arddull arbennig, er enghraifft y casgliadau niferus o emynau a gyfansoddwyd ac a genir mewn capeli ar hyd a lled Cymru.

Drwy gydol hanes, mae cyfansoddwyr wedi ennill eu bara menyn drwy ymateb i gomisiynau am waith newydd. Bu rhai o'r comisiynau hyn o'r pwys pennaf yn hanes a datblygiad cyfansoddi cerddorol, e.e. cyfansoddwyd un o'r operâu cyntaf, *Euridice* gan Jacopo Peri, ar gyfer priodas Henri IV o Ffrainc a Marie de' Medici a chafodd ei pherfformio ym Mhalas Pitti yn Fflorens ar 6 Hydref 1600.

Genedigaethau, priodasau a marwolaethau

Pen-blwyddi

Rydym i gyd wedi gwrando ar *Pen-blwydd Hapus i Ti* yn cael ei chanu yn rhan o'r drefn arferol ar ein pen-blwydd. Byddai'n anodd dod o hyd i unrhyw un sy'n byw ar Ynysoedd Prydain nad yw'n gwybod y geiriau a'r alaw i'r gân ddathlu hon. Beth sy'n ei gwneud mor gofiadwy a pham mae wedi bod mor hawdd ei throsglwyddo o genhedlaeth i genhedlaeth?

Yn gyntaf, mae'r geiriau yn amlwg yn syml iawn. Mae geiriau llinellau 1, 2 a 4 yn union yr un fath ac mae hyd yn oed y drydedd linell holl-bwysig, sy'n datgelu enw'r sawl sy'n cael ei ben-blwydd, yn dilyn yr un patrwm.

Yr elfen hon o ailadrodd yw asgwrn cefn yr alaw hefyd, fel a welwn gyferbyn; mae pob llinell yn dechrau ar anacrwsis – rhythm dot diacen ar 'Pen-blwydd' – wedi'i ddilyn gan far o dri chrosiet. Fodd bynnag, o edrych ymhellach, fe welwch fod yna newidiadau bach, cynnil sy'n rhoi ffurf i'r gân ac nad ailadrodd pur a geir ynddi:

Arts Music 472762.

Mae perfformiad Marilyn Monroe o *Happy Birthday* mewn parti pen-blwydd i'r Arlywydd John F. Kennedy yn chwedlonol erbyn hyn. Mae'n fwriadol yn cynnwys sŵn ei hanadl yn ei chanu i'w gwneud yn amlwg ei bod yn fflyrtio gydag ef.

Mildred J Hill (1859-1916)

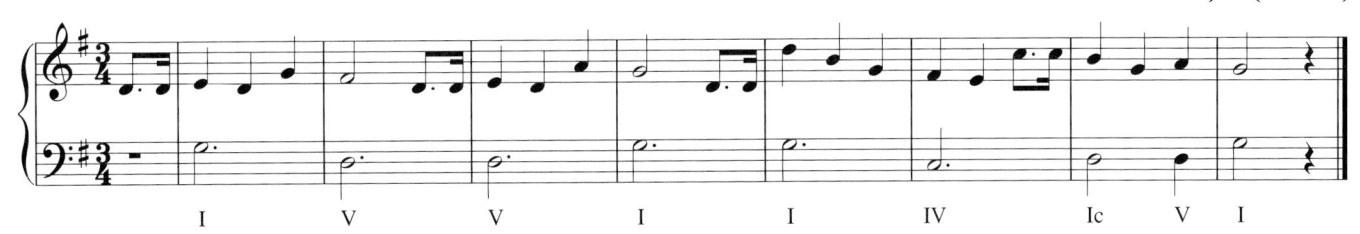

I   V   V   I   I   IV   Ic   V   I

Mae'r mesur triphlyg syml yn rhoi rhyw ansawdd tebyg i ddawns i symudiad y gerddoriaeth. Mae siâp melodig llinell 1 yn dechrau ar **anacrwsis**, gan godi gyda naid o 4ydd perffaith a gorffen ar ddiweddeb amherffaith. Mae llinell 2 yn dechrau yr un fath, ond mae'r naid ar i fyny wedi'i newid i 5ed ac mae'n gorffen gyda diweddeb berffaith. Adlewyrchir pwysigrwydd llinell 3 yn y ffordd y mae'r alaw'n neidio wythfed cyfan ac yna'n disgyn yn ôl drwy driad y tonydd, gyda'r cymal yn gorffen ar gord yr is-lywydd i greu ymdeimlad o ddisgwylgarwch. Mae alaw llinell 4 yn dechrau ar nodyn yr is-lywydd, ac yn disgyn i'r tonydd 4ydd islaw iddo, gan gydbwyso'r cymal cyntaf oedd yn esgyn 4ydd.

Mae'r elfennau o ailadrodd yn y gerddoriaeth, sy'n adlewyrchu'r geiriau, ynghyd â'r addasiadau melodig a harmonig bach, yn rhoi synnwyr o gyfeiriad a phwrpas i'r gân. Mae nodweddion o'r fath wedi bod yn sail i lawer o ganeuon poblogaidd, yn rhai seciwlar a sanctaidd.

Daeth y gân *Happy Birthday Sweet Sixteen* gan y canwr-gyfansoddwr Neil Sedaka yn 1961 yn boblogaidd iawn, gyda'i thempi cyflym a'r harmonïau sy'n symud yn chwim drwy sawl cywair. Mae'r bas dwbl yn pwysleisio'r curiadau cryf, tra bo'r 'ride cymbal' yn taro'r curiadau diacen.

Mae cân y canwr soul Stevie Wonder, *Happy Birthday*, a gyfansoddwyd yn yr 1980au cynnar fel teyrnged i'r ymgyrchwr dros iawnderau dynol Martin Luther King, yn enghraifft ragorol o sut mae ysgrifennu cân ddathlu.

Ceir teimlad dau yn y bar cryf yn y rhagarweiniad offerynnol wyth bar, gyda'r harmoni'n newid bob dau far. Yr harmoni hwn wedyn yw sail pennill 1 lle mae Wonder yn canu am yr angen i ddathlu bywyd Luther King. Wrth inni symud tuag at y gytgan, hanerir y curiad harmonig, yna hanerir ef eto, gan gynyddu'r egni gam wrth gam. Cenir y gytgan i'r geiriau 'Happy birthday to you' ac mae'n aros ar gord y tonydd ar ei hyd. Dilynir hyn gyda phennill a chytgan arall. Yna, i osgoi gormod o ailadrodd, cawn adran newydd mewn cywair lleiaf a elwir yr wythbar canol lle mae Wonder yn gofyn, 'Why has there never been a holiday when peace is celebrated throughout the world?'. Yna ceir trydydd pennill, ac mae'r cywair yn newid ar ei ddiwedd, gan symud popeth i fyny hanner tôn ar gyfer y gytgan olaf. Yn yr adran olaf, cenir y geiriau 'Happy Birthday' i'r pedwar harmoni a glywir yn y penillion, pob sillaf o 'Happy Birthday' yn para un bar. Dros hyn, clywir Stevie Wonder yn siarad am Martin Luther King. Mae'r gân hon yn enghraifft nodedig o ffurf pennill a chytgan.

Yn 1982, penderfynodd y cyfansoddwr o Brydain, John Tavener (ganed 1944) ysgrifennu darn corawl byr i ddathlu trydydd pen-blwydd ei nai. Dewisodd gerdd ddau bennill gan y bardd a'r

Caneuon pen-blwydd poblogaidd

Gallwch glywed y gân hon ar *The Very Best of Neil Sedaka*, Universal 5646452.

Stevie Wonder: The Definitive Collection UMTV 9814464.

John Tavener

John Tavener: A Portrait, Naxos 85581523.

arlunydd o'r 18fed ganrif, William Blake, sy'n dwyn y teitl *The Lamb* a'i gosod i gôr pedwar llais – treblau, altos, tenoriaid a baswyr. Daw'r gerdd o gasgliad a elwir yn *Songs of Innocence and Experience* a gwblhawyd yn 1794. Mae Blake yn defnyddio'r oen fel symbol o ddiniweidrwydd, sy'n awgrymu byd plentyn ifanc, yn llawn twf a datblygiad newydd. Mae'r gerdd wedi ei hysgrifennu yn arddull baled stryd neu hwiangerdd gyfoes ar y pryd:

> Little Lamb who made thee?
> Dost thou know who made thee?
> Gave thee life and bid thee feed.
> By the stream and o'er the mead.

Adlewyrchir symlrwydd y geiriau yn y gerddoriaeth, sydd i gyd yn deillio o'r cymal agoriadol. Er enghraifft, gwrthdro rhan y sopranos ym mar 1 yw rhan yr altos ym mar 2:

Mae Tavener yn sicrhau amrywiaeth gyda gwahanol weadau, yn cynnwys darn mewn wythfedau noeth. Mewn cymalau eraill gwelir yr alaw agoriadol yn cael ei harmoneiddio mewn pedwar llais gan ddefnyddio cordiau 7fed a gohiriannau.

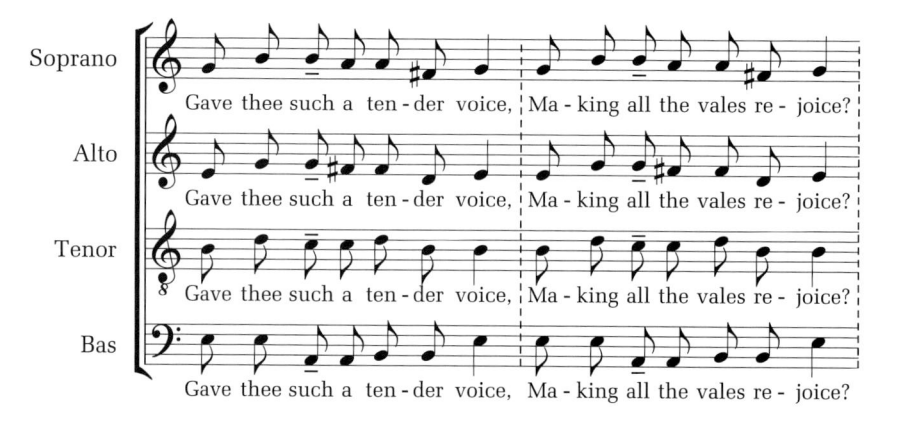

Sylwch hefyd fel mae'r rhythm yn cael ei estyn yn llinell olaf pob pennill.

Henry Purcell

Ar un adeg roedd pen-blwyddi brenhinol yn ffynhonnell gyfoethog o gerddoriaeth newydd. Byddai brenhinoedd a breninesau yn comisiynu gweithiau gyda'r bwriad o fawrhau eu statws eu hunain; byddai beirdd a chyfansoddwyr yn ymateb gyda chanmoliaeth a gweniaith mewn geiriau a cherddoriaeth. Fel cyfansoddwr llys i Siarl II, Iago II, a Gwilym a Mari, câi Henry Purcell (1659–1695) ei gadw'n eithriadol o brysur! Roedd cerddi cyfarch pen-blwydd yn hynod boblogaidd yn Lloegr ddiwedd yr 17eg ganrif, a chyfansoddodd Purcell chwech ar gyfer y Frenhines Mari. Pan fyddai Purcell yn gosod y cerddi cyfarch hyn i gerddoriaeth, byddai'n defnyddio ei holl ddychymyg a'i sgiliau er mwyn creu cerddoriaeth ddigon mawreddog ei natur.

Cerdd delynegol wedi ei hysgrifennu ar gyfer seremoni arbennig megis coroni neu ben-blwydd yw cerdd gyfarch neu 'ode' yn Saesneg.

Mae'r olaf o'r cerddi cyfarch hyn i'r Frenhines Mari, a gyfansoddwyd yn 1694, *Come Ye Sons of Art*, yn waith ar raddfa fawr i unawdwyr, côr a cherddorfa. Mae'n agor gyda rhagarweiniad neu agorawd offerynnol, wedyn ceir unawdau i'r soprano a'r bas, deuawd i ddau uwchdenor, a chorysau wedi eu sgorio ar gyfer sopranos, tenoriaid, altos a baswyr. Mae Purcell yn defnyddio ensemble offerynnol mawr yn cynnwys llinynnau, chwythbrennau (recorderau ac oboi), utgyrn, tympanau ac offerynnau llinynnol lle mae'r tannau'n cael eu tynnu megis yr harpsicord a'r liwt.

Mae'r ddeuawd *Sound the Trumpet*, a ysgrifennwyd ar gyfer dau uwchdenor, yn dangos Purcell ar ei fwyaf gwreiddiol. Mae'r rhagarweiniad offerynnol dau far yn cyflwyno patrwm sy'n symud yn gyflym yn llinell y bas, sy'n rhoi teimlad egnïol cryf i'r gerddoriaeth. Grwndfas yw hwn – rhan fas sy'n cael ei hailadrodd dro ar ôl tro fel sylfaen i'r darn cyfan.

Daw'r ddau lais i mewn un ar ôl y llall, gyda'r un syniad melodig yn gwau o'u cwmpas drydydd ar wahân fel dau utgorn. Mae un llais yn canu cymal yna mae'r llall yn ateb mewn efelychiant; mae Purcell yn defnyddio addurniadau megis triliau a mordentau i liwio'r gerddoriaeth. Mae nodau clwm a rhythmau trawsacennog yn ychwanegu at yr ysgafnder a'r hwyl a fyddai wedi gwneud hon yn rhodd ben-blwydd i'w mwynhau'n fawr.

Dychmygwch ddeffro ar eich pen-blwydd a gweld 13 o gerddorion wedi ymgasglu ar y grisiau yn eich tŷ yn chwarae darn sydd newydd gael ei gyfansoddi yn arbennig ar eich cyfer. Dyna ddigwyddodd i wraig Wagner Ddydd Nadolig 1870. Ar y pryd roedd Richard Wagner yn gweithio ar y mân newidiadau olaf i'w gampwaith operatig diweddaraf *Siegfried*. Penderfynodd y byddai'n ysgrifennu darn un symudiad ar gyfer cerddorfa siambr, wedi'i seilio ar beth o'r deunydd cerddorol yr oedd wedi ei ddefnyddio yng ngolygfa olaf yr opera. Fe'i hysgrifennwyd i ddathlu pen-blwydd eu hunig fab, oedd hefyd wedi'i alw'n Siegfried, a gosododd y gerddoriaeth mewn arddull bugeilgerdd. Roedd hynny'n briodol iawn gan fod y cwpl yn byw mewn hapusrwydd dedwydd mewn fila ar lan Llyn Lucerne yn y Swistir.

Cafodd ffrwyth ei waith ei alw'n *Siegfried Idyll*, wedi'i sgorio ar gyfer pumawd llinynnol, pum offeryn chwythbren a thri offeryn pres. Sut mae Wagner yn creu'r ymdeimlad o heddwch a llonyddwch? Mae'r barrau agoriadol, gan yr offerynnau llinynnol, yn gynnes a thelynegol gyda themâu sy'n llifo symud fesul cam wrth i'r siâp newid yn raddol. Sylwch ar yr ymateb yn rhan y sieloau a'r basau tua munud i mewn i'r darn.

Mae'r rhythm yn esmwyth iawn ac yn symud o ddwbledau i driledi'n hawdd. Ceir llawer o ailadrodd syniadau melodig a harmonig gyda newidiadau cromatig ysgafn yma ac acw. Gwrandewch ar y ffordd mae'r offerynnau chwythbren yn cael eu cyflwyno un ar ôl y llall gyda motiffau byr sy'n awgrymu tirwedd wledig yn ymagor o'ch blaen – y ffliwt yn gyntaf, wedyn yr obo, y clarinét ac yna y cwbl i gyd gyda'i gilydd wrth i'r gerddoriaeth adeiladu tuag at yr uchafbwynt emosiynol cyntaf. Defnyddir yr offerynnau pres am eu gallu mynegiannol a'u tôn gynnes yn hytrach na'u heffeithiau cryf rhwysgfawr.

> Llais dyn mewn oed sy'n swnio fel soprano yw uwchdenor.

> *Purcell: Complete Odes and Welcome Songs* cyfrol 3, Hyperion CDA66412.

Richard Wagner

> Cerdd sy'n disgrifio golygfa fugeiliol heddychlon yw bugeilgerdd.

> *Siegfried Idyll*, CFP 5749502.

> **AI LLUNGOPI YW'R DUDALEN HON?**
> Rhowch wybod am y lladrad i *copyright@rhinegold.co.uk*
> Ni chaiff neb wybod pwy ydych

Priodasau

Wrth inni feddwl am y gerddoriaeth a chwaraeir mewn priodasau, mae dau ddarn yn sefyll allan fel ffefrynnau arbennig: caiff un ei glywed wrth i'r briodasferch ddod i mewn, a'r llall wrth i'r pâr priod ymadael. Y ddau ddarn yw *Here comes the Bride* a'r *Ymdeithgan Briodasol*. Mae'r cyntaf, a gyfansoddwyd yn 1846, yn rhan o'r gerddoriaeth ar gyfer 'Elsa's Bridal Procession' wrth i Elsa briodi Lohengrin, Marchog y Greal Sanctaidd, yn opera Wagner *Lohengrin*. Mae'r *Ymdeithgan Briodasol*, a gyfansoddwyd yn 1842, yn rhan o'r gerddoriaeth achlysurol a gyfansoddwyd gan Felix Mendelssohn (1809–1847) i gyd-fynd â seremoni'r briodas yn nrama Shakespeare *A Midsummer Night's Dream*.

Os cymharwn adrannau agoriadol y ddau ddarn, fe welwn fod iddynt nodweddion sy'n gweddu'n ddelfrydol i'r achlysur. Mae ymdeithgan briodasol Wagner yn ddefodol ei natur – gyda rhythm cadarn mewn amser $\frac{4}{4}$, sy'n addas i orymdaith araf, urddasol, ac ymdeimlad cryf o harmoni tonydd/llywydd gyda gwead cordiol homoffonig. Mae hefyd yn swnio'n optimistaidd, gyda phatrwm o neidiau'n esgyn ac yn cael eu hailadrodd.

Mae ymdeithgan briodasol Mendelssohn yn agor gyda rhagarweiniad tebyg i ffanffer, gyda ffigurau tripledi cyflym wedi eu hadeiladu ar batrymau cordiau gwasgar mewn cywair mwyaf. Mae'r tensiwn yn cynyddu ac, wrth i'r ymdeithgan ei hun ymddangos, mae Mendelssohn yn dechrau gydag awgrym o harmoni mewn cywair lleiaf cyn i'r gerddoriaeth symud yn ôl tuag at y tonydd mwyaf. Mae'r tempo'n gyflymach nag ymdeithgan Wagner, gydag ymdeimlad o ddau yn hytrach na phedwar curiad i'r bar – does dim rhaid i bob ymdeithgan fod yn araf a phwrpasol.

> Gwrandewch hefyd ar *Arrival of the Queen of Sheba*, Handel (Naxos 8557124) a'r tocata o *Symffoni Rhif 5 i'r Organ* gan Charles-Marie Widor (Naxos 8550790).

Marwolaethau

Mae marwolaeth unigolyn yn brofiad ingol iawn a rhaid wrth gerddoriaeth sy'n addas o ran ei natur i fynd law yn llaw â gwasanaethau arbennig neu ddathliadau i goffáu achlysuron o'r fath.

Purcell

> *Essential Purcell*, Hyperion KING2.

Mae'r alarnad i soprano ac ensemble llinynnol 'When I am laid in Earth' o opera Purcell *Dido and Aeneas* yn mynegi dioddefaint yn y ffordd fwyaf farwnadol. Mae llinell y bas wedi ei llunio o rwndfas pum bar sy'n disgyn yn gromatig ac yn gorffen gyda diweddeb berffaith. Fe'i hailadroddir drwy'r darn ar ei hyd. Dwyseir y mynegiant emosiynol drwy ddefnyddio llawer o anghyseinedd.

Ym mis Rhagfyr 1694, galwyd ar Purcell i gyfansoddi cerddoriaeth ar gyfer angladd gwladol y Frenhines Mari. Wrth i'r cynhebrwng, mewn du i gyd, symud tuag at Abaty Westminster, cerddai pedwarawd trombôn ar y tu blaen, yn chwarae ymdeithgan araf. Yn yr Abaty canodd y côr yr anthem 'Thou knowest Lord the secret of our hearts' i gyfeiliant y pedwar trombôn, a'u sain ddofn a thywyll nhw yn ychwanegu at yr harmonïau.

> Naxos 8553435.
>
> Hyperion KING2.

Tavener

> Naxos 8555256.

Cafodd cân John Tavener *Song for Athene* gymeradwyaeth eang pan berfformiwyd hi yn angladd Diana Tywysoges Cymru wrth i'w harch gael ei chario allan o Abaty Westminster yn 1997. Ond fe'i cyfansoddwyd yn wreiddiol er cof am ffrind i'r cyfansoddwr, menyw ifanc o'r enw Athene Hariades, a oedd hefyd wedi marw'n ddisymwth mewn damwain ffordd.

Symlrwydd yw prif nodwedd yr anthem hon: mae'r baswyr yn dechrau gyda drôn, tra bo'r lleisiau uchaf yn llafarganu mewn unsain neu harmoni clos, gan hofran o amgylch y tonydd. Ychwanegir ing pellach drwy newid yn ôl ac ymlaen rhwng datganiadau o'r siant mewn cywair mwyaf a chywair lleiaf, tra bo'r geiriau'n ymdrin ag elfennau o ymadael a gorffwys mewn hedd.

Cafodd ymateb y cyhoedd i'r darn hwn yn 1997 effaith fawr ar Tavener ac aeth ati ar unwaith i osod cerdd gan William Blake gyda'r teitl *Eternity's Sunrise* i gerddoriaeth ar gyfer unawd soprano ac ensemble baróc. Mae seiniau addfwyn, tawel offerynnau'r cyfnod yn gosod y naws yn berffaith ar gyfer 'cân gofio'.

Harmonia Mundi HMU 907231.

Ysgrifennodd Elton John *Candle in the Wind* yn wreiddiol i ddathlu bywyd Marilyn Monroe. Cafodd ei hailysgrifennu, gyda geiriau gwahanol, ar ôl marwolaeth Diana Tywysoges Cymru yn 1997 a'i pherfformio yn Abaty Westminster yn ei hangladd. Oherwydd natur y digwyddiad a'r lleoliad, roedd rhaid gwneud rhai newidiadau i ateb gofynion yr achlysur; gwrandewch ar y newidiadau i'r gân a'i hofferyniaeth.

Candle in the Wind

Mae'r fersiwn gwreiddiol i'w glywed ar Mercury 5281592. Mae sengl 1997 ar Rocket PTCD1X.

Ym mis Ionawr 2002 comisiynwyd y cyfansoddwr Americanaidd John Adams gan Gerddorfa Ffilharmonig Efrog Newydd i gyfansoddi darn arbennig i gôr a cherddorfa i goffáu ymosodiadau terfysgol 9/11 ar Efrog Newydd, flwyddyn wedi'r digwyddiad. Roedd y gwaith hwn, *On the Transmigration of Souls*, i gael ei berfformio mewn cyfres o gyngherddau oedd yn cynnwys *Cân Llawenydd* Beethoven. Ar ôl ymweld â safle Ground Zero, effeithiwyd yn fawr ar Adams gan yr hyn a welodd ac mae'r delweddau a'r teimladau hyn wedi cael eu crisialu yn y gerddoriaeth. Roedd am greu'r teimladau a gaiff rhywun wrth fynd i mewn i eglwys gadeiriol Gothig fawr, adeilad y mae llawer o bobl wedi mynd drwyddo dros y blynyddoedd. Roedd rhaid i'r gerddoriaeth ganiatáu i'r gwrandäwr fod ar ei ben ei hun gyda'i deimladau, ei feddyliau a'i emosiynau. Mae'r gair 'transmigration' – trawsfudo – yn y teitl yn golygu symud o un lle i le arall. Roedd Adams am gyfleu nid yn unig y newid o fywyd i farwolaeth, ond hefyd fel y byddai bywyd yn newid i'r perthnasau a'r ffrindiau a adawyd ar ôl.

Cerddoriaeth er cof

Mae rhai crefyddau'n dysgu nad yw eneidiau pobl yn mynd i'r nefoedd pan fyddant yn marw ond eu bod yn mynd i fywyd newydd mewn corff arall. Dyma'r 'trawsfudo eneidiau' y mae'r teitl yn cyfeirio ato.

Mae'r geiriau a ddewiswyd ar gyfer y darn hwn yn ingol: mae'r côr plant a'r côr cymysg yn canu tameidiau o destun, negeseuon sy'n apêl uniongyrchol a adawyd yn Ground Zero gan berthnasau, megis 'Missing ... Please come home'. Yn y cefndir darllenir rhestr o enwau'r rhai fu farw gan leisiau yn amrywio o fachgen ifanc i oedolion canol oed. Mae'r ysgrifennu cerddorfaol wedi ei lunio fel ei fod yn awgrymu'r miliynau o ddarnau o bapur gwyn a ddisgynnodd yn araf i'r ddaear o'r nendyrau wrth iddynt losgi – gweadau trwchus fel storm eira.

Cerddoriaeth ar gyfer seremonïau pwysig

Seremonïau coroni

Mae cerddoriaeth sy'n cynnwys yr holl rwysg a mawredd y gallai cyfansoddwyr yr oes ei ennyn wedi cael ei defnyddio erioed ym Mhrydain ar achlysur coroni brenin neu frenhines. Meddyliwch, er enghraifft, am goroni Brenin Sior II yn 1727. Gan ei fod o dras Almaenig, gofynnodd y brenin i'r cyfansoddwr Almaenig George Friderick Handel (a oedd ar y pryd yn digwydd bod yn byw yn

Anthemau

Naxos 8557003.

Llundain) gyfansoddi pedair anthem ar gyfer yr achlysur. Yr enwocaf o'r rhain yw *Zadok the Priest*, a ganwyd yn ystod y seremoni eneinio.

Gwyddai Handel yn union sut i greu ymdeimlad o gyffro a chreu tensiwn cynyddol yn ei gerddoriaeth. Mae'r rhagarweiniad cerddorfaol yn dechrau *piano* gyda llinynnau a chwythbrennau, gyda rhythm rheolaidd yn pylsio yn y bas, ac uwchlaw iddo mae ffigurau'r cordiau gwasgar yn symud ar i fyny. Mae'r gerddoriaeth yn symud yn raddol o'r tonydd drwy wahanol gordiau 7fed, gan ysgogi ymdeimlad cryfach fyth o ddisgwylgarwch cyn dod i orffwys ar y llywydd i baratoi ar gyfer datganiad *forte* cyntaf y côr yn canu'r geiriau 'Zadok the Priest' mewn homoffoni saith rhan. Yn y rhan hon ychwanegir utgyrn a drymiau ac mae'r effaith drwyddi draw yn syfrdanol.

Wedyn mae'r awyrgylch yn newid yn llwyr ar gyfer y geiriau 'And all the people rejoiced' gyda gwead cyflym, tri yn y bar, tebyg i ddawns ar harmonïau'r tonydd a'r llywydd yn bennaf. Nid yw'n syndod fod yr anthem hon wedi cael ei chanu ym mhob achlysur coroni ers hynny ac mae'n ddewis poblogaidd fel cerddoriaeth mewn priodasau.

> Efallai eich bod wedi clywed y darn hwn yn y coroni chwerthinllyd yn y ffilm *Johnny English* yn 2003.

Ysgrifennwyd y darn cerddorfaol *Crown Imperial* gan William Walton ar gyfer coroni Sior VI yn 1937. Mae'n ddarn gafaelgar, yn llawn cyffro rhythmig a lliw cerddorfaol ac mae'n ffefryn mawr gyda cherddorfeydd ieuenctid.

> Naxos 8555869.

Ffanfferau

Ceir profiad coroni (a chadeirio) cwbl wahanol mewn eisteddfod. Yn ystod Eisteddfod Genedlaethol Cymru – gŵyl wyth diwrnod o ddiwylliant Cymraeg a gynhelir ym mis Awst – coroni a chadeirio'r beirdd buddugol yw uchafbwyntiau'r gweithgareddau. Mae derwyddon a phobl y sefydliad, yn ogystal ag aelodau'r cyhoedd, yn ymgynnull yn y pafiliwn sy'n cynnwys 3,000 o seddau, ac mae'r seremoni'n dechrau gyda ffanffer i alw'r holl bobl ynghyd. Chwaraeir y ffanffer ar ddau utgorn naturiol a elwir yn 'gyrn hirlas'. Sylwch ar adeiledd dwy ran y ffanffer. Mae'r adran gyntaf yn gorffen gyda diweddeb amherffaith, tra bod yr ail adran yn gorffen gyda diweddeb berffaith. Gweler tudalen 19 i gael rhagor o wybodaeth am y ffurf hon.

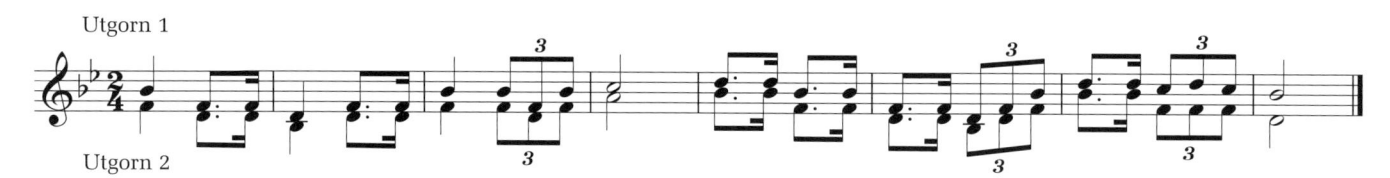

> Dyfernir y gadair am gerdd mewn *cynghanedd*, tra bo'r goron yn cael ei dyfarnu am farddoniaeth mewn ffurfiau eraill. I gael rhagor o wybodaeth am *gynghanedd*, ewch i dudalen 45.

> Does dim falfiau gan utgyrn naturiol felly nid oes modd chwarae'r ystod gromatig lawn arnynt. Sylwch ar y nifer cyfyngedig o drawiau yn yr enghraifft gerddorol.

Wedyn, cenir gweddi daer yn gofyn am ddoethineb, nerth, gwybodaeth, gwirionedd a chariad. Ar ôl y coroni/cadeirio, cenir cân arbennig, i'r alaw *Capten Morgan*, yn anrhydeddu'r bardd, ac mae grŵp o blant ysgol ifanc yn dawnsio'r *Ddawns Flodau*. Y delyn, yr organ a grŵp recorder sy'n darparu'r holl gyfeiliant yn ystod y seremoni.

Defnyddir ffanfferau yn aml i gyhoeddi achlysur neu ddigwyddiad arbennig. Yn 1942, ar anterth yr ail ryfel byd, comisiynwyd y cyfansoddwr Americanaidd Aaron Copland i ysgrifennu ffanffer i godi ysbryd lluoedd America. Fe'i perfformiwyd gyntaf gan Gerddorfa Symffoni Cincinnati ar 12 Mawrth 1943 a bu'n llwyddiant ar unwaith. Mae'r *Fanfare for the Common Man* i offerynnau pres a tharo wedi magu cysylltiad agos ers hynny â chenedlaetholdeb Americanaidd a digwyddiadau seremonïol. Mae wedi ei sgorio ar gyfer ensemble pres mawr: pedwar corn F, dau utgorn B♭, tri thrombôn a thiwba, pedwar tympan (wedi'u tiwnio i driad tonydd B♭), drwm fas a tham-tam.

Disgrifiodd Copland ei fwriad fel a ganlyn:

> 'Cyfansoddais ragarweiniad i'r adran daro, wedi'i dilyn gan y thema a gyhoeddir gan yr utgyrn a gan ehangu'r sgôr wedyn i gynnwys grwpiau o offerynnau pres. Yr her oedd cyfansoddi ffanffer draddodiadol, uniongyrchol a grymus, ond gyda sain gyfoes.'

Mae'n cyflawni hyn mewn nifer o ffyrdd, megis defnyddio patrymau rhythmig afreolaidd, cyfuno gwahanol gordiau ac ychwanegu nodau i roi 'min' i seiniau'r offerynnau pres.

Mae'r ffanffer hefyd yn gorffen yn annisgwyl nid yn y tonydd (B♭) ond yng nghywair mwy sionc D fwyaf gyda'r offerynnau uchaf i gyd yn chwarae yn eu cwmpasrannau uchaf er mwyn pwysleisio'r teimladau o optimistiaeth a gobaith.

> ESP 3984255442. Gwrandewch hefyd ar *Five Fanfares for the Uncommon Woman* gan Joan Tower, International Classics 374692, a *Celtic Fanfares* gan Ian Lawson, Chandis CHAN10051.

Cerddoriaeth a drama

Go brin fod unrhyw achlysur arbennig sydd â cherddoriaeth yn rhan ohono sy'n rhoi cymaint o fwynhad i wrando arno ac edrych arno nag ymweliad ag opera neu sioe gerdd.

Cyfuniad dramatig o eiriau a cherddoriaeth yw opera, ac weithiau ceir dawns i gyd-fynd â hi. Mae'r plot yn gallu bod ychydig yn ddryslyd weithiau, neu hyd yn oed yn ffantasïol ac yn anodd i'w ddilyn, ond yn gyffredinol mae digon o gynllwynio i hoelio sylw'r gynulleidfa. Mae cenfigen, brad, trasiedi, cymodi, maddeuant a chariad i gyd yn themâu cyffredin. Nid yn annisgwyl, mae'r fath amrywiaeth o deimladau yn galw am balet eang o liwiau cerddorol, synnwyr anffaeledig o ddrama, gallu i drefnu rhediad y digwyddiadau i gyd, heb sôn am bentwr reit fawr o bapur erwydd i ysgrifennu'r holl rannau lleisiol a cherddorfaol arno.

Mae'r posibiliadau'n ddiddiwedd a gall y cyfansoddwr roi rhwydd hynt i'w ddychymyg. Edrychwch, er enghraifft, ar yr opera *Aida* gan y cyfansoddwr Eidalaidd Giuseppe Verdi. Yn 1870, gwahoddwyd Verdi i gyfansoddi opera i ddathlu agor camlas Suez, achlysur o bwys byd-eang.

Aida

Roedd yr opera i gael ei pherfformio yn y tŷ opera newydd yng Nghairo, prifddinas yr Aifft. Ar y pryd roedd Cairo'n cael ei hadnabod fel Paris y Nil, dinas ffasiynol oedd yn gwirioni ar arddulliau pensaernïol, celf a cherddoriaeth Ewropeaidd. Yng ngolwg yr Ewropeaid, roedd y Dwyrain Canol yn egsotig a rhyfeddol; roedd cyfaredd trysorau'r Aifft wedi arwain at lawer o ysbeilio ar feddrodau'r hen Eifftwyr, gan Brydeinwyr a Ffrancwyr yn arbennig, a fu'n ymladd am reolaeth dros ogledd Affrica.

Yn naturiol, dewisodd Verdi libreto gyda thema Eifftaidd sy'n adrodd stori o gariad a brad yn erbyn cefndir o ryfel rhwng yr Eifftwyr a'u cymdogion, yr Ethiopiaid. Mae'r rhan fwyaf o'r ddrama yn digwydd yn llys ysblennydd y pharo yn Thebae. Mae dwy fenyw, Aida, caethferch o Ethiopia, ac Amneris, merch y pharo, yn cystadlu am gariad Radames, yr arwr a chapten gwarchodlu'r Aifft. Gwneir popeth ar raddfa eang; mae'r corws mawr o olygfa olaf Act II yn enghraifft glir o allu Verdi i ysgrifennu cerddoriaeth ar raddfa fawr i amryw o gorau ac unawdwyr, gyda cherddorfa enfawr ynghyd â band pres ar y llwyfan. Mae Radames yn arwain ei fyddin yn ôl yn fuddugoliaethus ar ôl trechu'r Ethiopiaid ac mae pobl yr Aifft, a gynrychiolir yn yr opera gan gorws enfawr o leisiau, yn llawenhau drwy ganu emyn o fawl *Gloria all' Egitto*.

> Mae'r corws i'w glywed ar Decca 4607652.

Er mwyn portreadu'r cymeriadau sy'n rhan o'r ddrama, mae Verdi'n defnyddio amryw o dechnegau cerddorol. Er enghraifft, caiff yr offeiriaid eu gweld fel pobl annymunol, anfad, sy'n awchu am waed ac, yn gyffredinol, mae eu geiriau wedi eu gosod mewn arddull sillafog, homoffonig, sy'n awgrymu eu bod yn hen-ffasiwn ac anhyblyg. Mewn cyferbyniad, mae cerddoriaeth yr offeiriadesau yn fwy telynegol. Mae eu cerddoriaeth nhw yn datblygu mewn arddull felismataidd, gyda phob sillaf wedi'i gosod i lawer o nodau. Yn y golygfeydd sy'n cynnwys yr offeiriadesau, mae Verdi'n cynnwys sawl golygfa bale sydd wedi'u sgorio'n bennaf ar gyfer llinynnau a chwythbrennau, ac mae'n defnyddio'r raddfa gromatig i awgrymu seiniau cerddoriaeth y Dwyrain Canol.

Cerddoriaeth ar y llwyfan rhyngwladol

Mae'r effaith ddramatig y gall cerddoriaeth ei chael ar ddigwyddiad mawr yn fythgofiadwy yn aml a gall greu argraff ar draws y byd i gyd.

Yn yr 1960au, gwahoddwyd y Beatles i gynrychioli Lloegr fel un o 14 gwlad oedd yn cyfrannu elfennau at ddarllediad lloeren byd-eang byw cyntaf y byd, dan yr enw 'Our World'. Penderfynodd y band ei fod am gael ei ddangos yn y stiwdio yn gweithio ar gân newydd o'r enw *All you need is Love*, a ysgrifennwyd gan John Lennon. Daw neges y gân o syniadau 'flower power' yr 1960au yn ymwneud â chariad rhydd, a law yn llaw â hynny roedd y gobaith y byddai'r gân yn ddealladwy i'r cannoedd o filiynau o wylwyr o'r 24 gwlad. Mae'r gân mewn cywair mwyaf ac mae'n cynnwys rhai harmonïau lleiaf gyda llinell fas gref drwyddi draw. Mae'r rhythm yn anarferol: ym mhob pennill ceir barau o amser $\frac{4}{4}$ am yn ail ag amser $\frac{3}{4}$.

> Parlophone 5299702.

Yn 1984 cynhaliwyd y Gemau Olympaidd yn Los Angeles. Yn ystod y seremoni agoriadol, chwaraeai 84 o bianyddion *Rhapsody in Blue* gan Gershwin ar 84 piano traws. Yn 1992, yng ngemau Barcelona, daeth cerddoriaeth glasurol a phop ynghyd pan ganodd y seren roc Freddie Mercury a'r gantores opera Monserrat Caballé y ddeuawd *Barcelona*, oedd wedi cael ei chyfansoddi'n arbennig, i gyfeiliant cerddorfa anferth, effeithiau goleuo syfrdanol ac arddangosfa dân gwyllt enfawr.

> Uni-Hollywood I79860.

Bydd caneuon a gomisiynir neu a drefnir yn arbennig ar gyfer digwyddiad chwaraeon yn aml yn tanlinellu'r ymdrech gorfforol, y teimlad o fod wedi cyflawni gorchest, y cymryd rhan, a'r balchder cenedlaethol y mae'r athletwyr a'r gwylwyr yn ei deimlo.

Mae'r gân swyddogol ar gyfer Cwpan Pêl-droed y Byd 2002 yn Korea a Japan, a gâi ei chanu gan Anastacia, yn dechrau gyda'r geiriau:

Special Marketing 5081762.

> Complicated
> Understanding what you can achieve
> Underrated
> The one to win
> One who believes

Yn ddiweddarach, mae'n parhau:

> Take no prisoners, fight to win
> And you will survive

Mae'r gerddoriaeth yn adlewyrchu'r teimladau cryfion hyn, gyda'i churiadau drwm trwm a'i llinellau diatonig syml.

Bu cytgan yr emyn *Cwm Rhondda* yn cael ei chanu ar derasau Parc yr Arfau yng Nghaerdydd am flynyddoedd, ac erbyn hyn mae wedi dod yr un mor gyfarwydd yn Stadiwm y Mileniwm. Mae'r geiriau 'Bread of heaven! Feed me till I want no more', yn cael eu canu gan filoedd o gefnogwyr, wedi cynnal tîm rygbi Cymru drwy lwyddiant ac aflwyddiant. Nid oedd yn syndod felly pan ddewiswyd yr emyn fel cân swyddogol tîm rygbi cenedlaethol Cymru ar gyfer Cwpan Rygbi'r Byd 2003. Mae'r trefniant arbennig hwn, a ganwyd gan unawdydd soprano gyda chorws a cherddorfa, yn dilyn yr emyn-dôn a'r geiriau gwreiddiol yn glos. Mae pob pennill wedi ei drefnu'n wahanol:

Pennill 1: unawd leisiol gyda chyfeiliant wedi ei syntheseiddio.

Pennill 2: unawd leisiol gyda'r gerddorfa. Sylwch ar y gyfalaw gan yr obo.

Pennill 3: hyd yma, dim ond yn y gytgan y mae'r corws wedi ymuno. Yma, mae newid cywair yn symud y gerddoriaeth hanner tôn i fyny, gyda'r geiriau 'Wales Victorious' yn cael eu gweiddi yn tarfu ar alaw'r emyn. Adleisir hyn yn y gytgan olaf, gyda'r geiriau 'Bread of heaven' yn cael eu disodli gan 'Wales Victorious', sy'n uchafbwynt priodol ac yn neges gref i'r timau eraill!

Yng Nghwpan Rygbi'r Byd yn 2003 gwelwyd Bryn Terfel yn uno gyda Shirley Bassey mewn trefniant arbennig o alaw Gustav Holst o 'The Planets' (sydd weithiau'n cael ei chanu gyda'r geiriau *I vow to thee my country*). Eto, neges o falchder cenedlaethol a disgwylgarwch a geir yng nghyswllt Cwpan Rygbi'r Byd – y cyntaf yn y mileniwm newydd. Ychwanegwyd côr meibion, cerddorfa, canwyd penillion Cymraeg a Saesneg am yn ail a chynhwyswyd negeseuon megis 'win, lose or draw, it's a victory for all', a chafodd hyn oll ei grynhoi yn y teitl *World in Union*.

Decca 476 124-0.

CDGA 1 trac 4.

Mae digwyddiadau gwleidyddol hefyd yn cael eu cysylltu'n aml â chaneuon sy'n cario neges genedlgarol gref. Mewn cyngerdd i ddathlu datganoli yng Nghaerdydd yn 1999, perfformiodd

Catatonia eu cân *International Velvet*, gyda'r gytgan wych 'Every day when I wake up I thank the Lord I'm Welsh'.

Cyfansoddi

Wrth gyfansoddi darn ar gyfer achlysur arbennig, rhaid ichi yn gyntaf benderfynu ar frîff.

> Beth yw natur yr achlysur? Ai dathliad ydyw? A yw'n ffurfiol neu'n anffurfiol?

> Pa mor fawr yw'r lleoliad? Ai ystafell gyffredin ydyw, clwb ieuenctid, neuadd ysgol, eglwys? Pa gyfyngiadau sy'n cael eu gosod gan y lleoliad?

> Ar gyfer pa fath o gynulleidfa ydych chi'n ysgrifennu? Ifanc? Hen? Cymysg?

> Pa gyfuniad o offerynnau fyddwch chi'n eu defnyddio neu fydd ar gael ichi? Beth am dechnoleg?

> Pa mor hir ddylai'r darn fod?

Meddyliwch am naws yr achlysur.

Mae achlysur llawen – pen-blwydd, priodas, parti – yn galw am gerddoriaeth gyda rhythmau ailadroddus cryf ac alawon bywiog.

Mae angen i gerddoriaeth i gerdded iddi fod â theimlad dau yn y bar; gall cerddoriaeth i ddawnsio iddi amrywio yn dibynnu ar yr hwyl.

Mae gofyn am sensitifrwydd a thriniaeth ofalus wrth ysgrifennu cerddoriaeth ar gyfer achlysur difrifol – gall curiad sy'n symud yn araf, cordiau lleiaf tywyll a defnyddio'r offerynnau isaf (sieloau, basau, trombonau a drymiau) roi pwysau a dyfnder i'r gerddoriaeth a helpu i greu awyrgylch addas. Mae rhywun yn tueddu i feddwl am y cyweiriau lleiaf (ond gweler ar y *chwith*) a symudiadau fesul cam, gyda'r cymalau melodig yn gorffen drwy symud tuag i lawr.

Mae ailadrodd yn nodwedd bwysig mewn cerddoriaeth a gyfansoddir gyda digwyddiad arbennig mewn golwg. Gall patrwm rhythmig parhaus (ostinato neu rwndfas) roi ymdeimlad cadarn o adeiledd i'r darn. Neu, gellir defnyddio alaw dda neu syniad melodig byr yn effeithiol drwy ddarn ar ei hyd, a gellir gwneud mân newidiadau i'r rhythm, y traw neu'r harmoni fel nad yw'r ailadrodd yn mynd yn rhy feichus.

Yn olaf, er mwyn cyfansoddi cerddoriaeth ar gyfer achlysur arbennig rhaid ichi ddychmygu eich hun yn yr achlysur hwnnw – sut byddech chi'n teimlo, pa emosiynau fyddech chi'n eu cael? Oni bai eich bod yn defnyddio eich dychymyg ac yn mynegi eich teimladau greddfol, ni cheir siâp, pwrpas, personoliaeth nac argyhoeddiad clir yn y gerddoriaeth.

Blanco y Negro 3984208342. Gweler tudalen 54 i gael rhagor o wybodaeth am *International Velvet*.

Er bod y cyweiriau lleiaf yn tueddu i gael eu cysylltu â darnau trist, peidiwch â theimlo'n gaeth i hyn; un o'r darnau enwocaf a glywir mewn angladdau yw'r Dead March o oratorio Handel *Saul*, ac mae yng nghywair C fwyaf.

Dau friff cyfansoddi

1. **Ysgrifennwch gân fer i gael ei pherfformio ar achlysur trist.**

   Dewiswch gerdd gyda thema drist, neu gallech ysgrifennu cerdd eich hun. Os yw wedi ei threfnu mewn penillion pedair llinell, meddyliwch am rwndfas y gallwch ei ailadrodd dro ar ôl tro islaw harmonïau sy'n newid. Gall y grwndfas hwn ychwanegu pwysau a difrifoldeb tra'r ydych yn amrywio'r alaw, yr harmoni a'r rhythm uwchben.

2. Ysgrifennwch ffanffer ar gyfer achlysur yn yr ysgol.

Dechreuwch drwy weithio ar syniad rhythmig bach, yna ceisiwch feddwl am ymadrodd, megis:

'I gael rhythm y stryd, cadw'r curiad: dyna i gyd!'

Dyma ddwy enghraifft i'ch helpu i fwrw iddi.

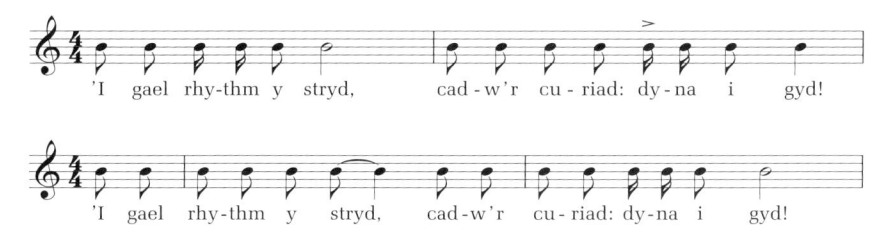

Wrth ichi droi'r rhythm yn alaw, cofiwch fod ffigurau sy'n neidio megis arpeggi a chordiau gwasgar yn rhoi egni ac yn codi'r galon.

Unwaith y byddwch wedi penderfynu ar y syniad pedwar bar sylfaenol hwn, ychwanegwch bedwar bar ateb i wneud cymal wyth bar. Mae hyn yn rhoi syniad agoriadol cryf ichi a gallech ei ddefnyddio fel eich adran A. O hyn ymlaen rhaid ichi benderfynu ar y ffurf yr ydych am ei defnyddio – dwyran, teiran, rondo ac ati. Un ffactor pwysig yw pa mor hir y dylai'r ffanffer fod. Yn olaf, peidiwch ag anghofio cyfansoddi gydag offerynnau pres a tharo penodol mewn golwg a chofiwch fod yn ymwybodol o ba mor anodd neu hawdd y dylai'r ffanffer fod.

Cerddoriaeth i'r Llwyfan a'r Sgrin

Y llwyfan

Gellir olrhain gwreiddiau cerddoriaeth i'w pherfformio'n ddramatig ar lwyfan yn ôl i'r 16eg a'r 17eg ganrif pan ymddangosodd opera am y tro cyntaf, a chyfansoddwyr megis Monteverdi yn yr Eidal.

Dros y blynyddoedd, mae priodi geiriau a cherddoriaeth wedi rhoi inni gyfoeth o unawdau, deuawdau a chorysau cofiadwy. Gyda phob cenhedlaeth, mae cyfansoddwyr wedi dod â'u harddull unigol hwy i gerddoriaeth lwyfan – dylech fod yn gyfarwydd ag enwau rhai o'r cyfansoddwyr opera mawr dros y canrifoedd, megis Mozart (Awstria) yn y 18fed ganrif, Verdi (yr Eidal) a Wagner (yr Almaen) yn y 19eg ganrif.

Yn ail hanner y 19eg ganrif daeth operâu comig ysgafn a elwid yn 'operetau', gan gyfansoddwyr megis Offenbach a Johann Strauss, yn hynod ffasiynol. Yn Llundain, daeth gweithiau Gilbert a Sullivan megis *The Pirates of Penzance* (1879), *The Mikado* (1885) a *The Gondoliers* (1889) yn boblogaidd. Yn Fienna, cafodd cyfansoddwr Hwngaraidd o'r enw Franz Lehár lwyddiant mawr hefyd gyda *The Merry Widow* (1905).

Sioeau Cerdd

Anogodd operetau gyfansoddwyr mwy diweddar oedd â chefndir mewn jazz, swing a cherddoriaeth ysgafn i roi cynnig ar ysgrifennu sioeau oedd yn dweud stori a cherddoriaeth ysgafnach na'r opera fawreddog draddodiadol. Dyna yw tarddiad y sioe gerdd fodern.

Cyn bo hir roedd cyfansoddwyr yn dechrau ysgrifennu sioeau gydag unawdau, deuawdau a rhai corysau. Yn Efrog Newydd, codwyd theatrau ar Broadway ac yma y ganed y sioe gerdd.

Dechreuodd y sioe gerdd yn Efrog Newydd yn yr 1920au, ac roedd yn anhygoel o boblogaidd gyda phobl Efrog Newydd. Roedd yr Americanwyr eisoes wedi gwirioni ar y ffilm sain gyntaf *The Jazz Singer* (1927), gydag Al Jolson yn chwarae'r brif ran, ac roedd dawns newydd o enw'r Charleston, gyda'i rhythm gafaelgar, wedi mynd â bryd pawb yn ddiweddar. Nawr, tro sioeau cerdd Broadway oedd gafael yn nychymyg y cyhoedd. Un o'r llwyddiannau mawr cyntaf oedd *Showboat* gan Jerome Kern yn 1927, ac fe'i dilynwyd yn 1935 gan opera i gast o bobl dduon yn unig, *Porgy and Bess* gan Gershwin.

Yn Llundain, yn Shaftesbury Avenue yn y West End y caiff llawer o sioeau cerdd eu llwyfannu. Yng Nghymru, bydd Canolfan newydd y Mileniwm yng Nghaerdydd yn gartref i Opera Cenedlaethol Cymru, ac yma caiff y cyhoedd gyfle i weld rhai o'r sioeau cerdd a'r operâu enwocaf a ysgrifennwyd erioed.

Erbyn hyn mae nifer cynyddol o sioeau cerdd Cymraeg yn cael eu comisiynu a'u perfformio ar gyfer dwy ŵyl ddiwylliannol fawr Cymru, yr Eisteddfod Genedlaethol ac Eisteddfod yr Urdd. Y sioe gerdd Gymraeg gyntaf i gael ei pherfformio oedd *Nia Ben Aur* yng

---

Mae Broadway, yr unig ffordd droellog ar ynys Manhattan, yn cael ei hadnabod fel canolfan theatrig America.

Roedd Gershwin wedi cael ei hyfforddi i ysgrifennu caneuon ysgafn, poblogaidd.

Gŵyl gystadleuol o gerddoriaeth, drama, dawnsio a barddoniaeth yw Eisteddfod. Mae'r Eisteddfod Genedlaethol ac Eisteddfod yr Urdd (Urdd Gobaith Cymru) yn wyliau diwylliannol sy'n para wythnos, y naill yn cael ei chynnal ym mis Awst a'r llall ym mis Mehefin, ac maent yn ymweld â gogledd a de Cymru am yn ail flwyddyn. Y rhain yw'r gwyliau mwyaf yn Ewrop. Gweler tudalen 53 i gael rhagor o wybodaeth am *Nia Ben Aur*.

Nghaerfyrddin yn 1974. Un o brif gyfansoddwyr cyfoes sioeau cerdd yng Nghymru yw Linda Gittins sydd wedi ysgrifennu sawl gwaith cofiadwy yn ymdrin â digwyddiadau hanesyddol o bwys megis *Pum diwrnod o ryddid* am wrthryfel pum diwrnod y Siartwyr yn Llanidloes.

Math pwysig arall o gerddoriaeth ar gyfer y llwyfan yw'r bale, lle mynegir drama drwy gyfrwng dawns. Mae gweithiau bale traddodiadol yn estynedig eu hyd, gyda chyfeiliant cerddorfa fawr. Mae cyfansoddwyr megis Tchaikovsky, Stravinsky, Bernstein a Britten wedi trefnu rhannau o'u sgorau bale (neu symudiadau offerynnol o'u hoperâu neu sioeau cerdd) yn gyfresi o symudiadau byr i'w perfformio mewn neuaddau cyngerdd yn hytrach na theatrau.

> Nifer o symudiadau byr yw cyfres.

West Side Story

Yn 1957, cafodd cyfansoddwr Americanaidd o Massachusetts o'r enw Leonard Bernstein (1918–1990) lwyddiant ysgubol gyda'i sioe gerdd *West Side Story*. Ysgrifennwyd y geiriau gan Stephen Sondheim, a ddaeth yn enwog ei hun fel cyfansoddwr sioeau cerdd yn ddiweddarach.

Wedi'i ysbrydoli gan drasiedi Shakespeare, *Romeo and Juliet*, trosglwyddodd Bernstein y cystadlu chwerw rhwng dau deulu Eidalaidd, y Montagues a'r Capulets, i ddwy giang sydd benben â'i gilydd yn Efrog Newydd, y Jets a'r Sharks. Mae Romeo'n troi'n Tony, a Juliet yn Maria. Mae Tony'n llofruddio brawd Maria ac mae'r cyfan yn gorffen mewn trasiedi.

Roedd Bernstein, un o eiconau cerddorol mawr America, yn gyfansoddwr ac yn arweinydd y dylanwadwyd yn fawr arno gan jazz. Yn *West Side Story*, defnyddiodd gyfuniad o ffiwgiau, trawsaceniadau jazz, rhythmau Lladin-Americanaidd ac unawdau mewn arddull operatig.

Gallwn glywed disgwylgarwch cyffrous y cyfarfyddiad rhwng y cariadon, Tony a Maria, yn y ddeuawd *Tonight*. Mae Bernstein wedi defnyddio cynhwysion cerddorol megis newidiadau cywair cynnil a rhythmau amrywiol yn y cyfeiliant i ddwysáu effeithiau dramatig y ddeuawd hon, sy'n llawn cariad ac angerdd.

> CDGA 2 trac 8.

Gwrandewch yn ofalus ar y trefniant cerddorfaol i weld sut mae'r cyfansoddwr yn creu tyndra a rhyddhad yn y gerddoriaeth. Sylwch ar yr unawd linynnol hyfryd ar ddechrau'r ddeuawd wrth i Maria ganu, a'r gyfalaw atgofus, a ddilynir gan ysgrifennu llawnach ar gyfer y llinynnau wrth i Tony ganu.

Mae'r ddeuawd, a genir mewn wythfedau yn rhan ganol y trac, yn dechrau gyda llinynnau teimladwy gloyw yn y chwe bar agoriadol, cyn i'r trefniant cerddorfaol a'r rhythm Lladin-Americanaidd trawsacennog ddechrau. Gallwn deimlo cyffro'r llwybr anodd y mae'r cariadon yn ei droedio.

Les Misérables

Cafodd yr ysgrifennwr Ffrengig Alain Boublil a'r cyfansoddwr Claude-Michel Schönberg lwyddiant aruthrol gyda'u portread cerddorol o nofel enwog Victor Hugo am y Chwyldro Ffrengig, *Les Misérables*. Roedd yn her enfawr a ddaeth ag amlygrwydd byd-eang i'r ysgrifennwr a'r cyfansoddwr dros nos. Agorodd y sioe gerdd ym mis Medi 1980 ym Mharis lle gwelodd dros hanner miliwn o bobl y cynhyrchiad gwreiddiol hwn yn y Ffrangeg.

> Cydweithiodd Boublil a Schönberg hefyd ar y sioe gerdd lwyddiannus *Miss Saigon*, a seiliwyd ar Madam Butterfly.

Cyn hir cafwyd fersiwn Saesneg o *Les Misérables* yn Llundain yn 1985 ac ar Broadway ddwy flynedd yn ddiweddarach. Mae'r llwyddiant a gafodd wedi bod yn anhygoel, gyda chynyrchiadau'n dal i chwarae mewn mwy nag 20 o wledydd heddiw.

Mae prif gymeriad y sioe, Jean Valjean, wedi cael ei ryddhau o'r carchar ar barôl ac mae'n dod yn berchennog ar ffatri lewyrchus. Mae'n dod yn ffrindiau â Cosette, merch amddifad, ac mae'n dianc i Baris wedi i blismon, Javert, ddechrau chwilio amdano am ei fod wedi torri ei amodau parôl gwreiddiol.

Dros gyfnod o 20 mlynedd mae Cosette yn tyfu i fyny ac yn syrthio mewn cariad â myfyriwr, Marius, sy'n cymryd rhan mewn terfysgoedd i wrthwynebu'r llywodraeth. Mae Javert, sydd erbyn hyn yn ysbïwr ar ran y llywodraeth, yn cyflawni hunanladdiad. Mae Marius, er ei fod wedi ei anafu, yn dod o hyd i Cosette gyda chymorth Jean Valjean, sy'n marw'n ddyn bodlon.

> CDGA 2 trac 9.

Gwrandewch ar yr unawd *Bring him home*. Yn y sioe gerdd, mae Jean Valjean, sy'n hen ddyn erbyn hyn, yn gweddïo ar Dduw i'r myfyriwr ifanc Marius ddychwelyd yn ddiogel at ei annwyl Cosette.

Ceir cyfeiliant ostinato atgofus i'r unawd denor uchel boblogaidd hon gyda ffigurau arpeggio ar y delyn. Mae'r cyfwng agoriadol o wythfed esgynnol yn cael ei ddefnyddio droeon yn hynod o effeithiol. Sylwch hefyd fel mae'r bas yn symud yn araf iawn fesul cam. Mae'r gwead yn amrywio hefyd, o'r delyn a'r llinynnau agoriadol, i sain fwy cyfoethog pan ddaw'r adran chwythbrennau i mewn, ac rydym yn clywed rhai cyfalawon hardd o fewn y gerddorfa.

> Term Eidaleg yw parlando sy'n golygu 'siarad', h.y. canu mewn modd sy'n ymdebygu i siarad.

Mae'r cyfansoddwr wedi defnyddio nodweddion megis dilyniant ac efelychiant yn effeithiol iawn. Mae'r cymalau'n gytbwys, a'r harmonïau'n symud yn esmwyth. Mae ail ran yr unawd yn fwy dramatig, mewn arddull parlando a gyda rhythmau mwy trawsacennog.

The Phantom of the Opera

Andrew Lloyd Weber yw cyfansoddwr amryw o sioeau cerdd llwyddiannus llwyfannau'r West End, yn cynnwys *Jesus Christ Superstar*, *Cats*, *Evita*, *Aspects of Love* a *Starlight Express*. Mae ei sioeau yn ymdrin â llu o bynciau yn amrywio o faterion crefyddol a gwleidyddol i gathod sy'n dawnsio a threnau sy'n sglefrio!

> **Cyswllt â'r we**
> Y wefan swyddogol ar gyfer sioeau cerdd Andrew Lloyd Weber yw: www.reallyuseful.com

Agorodd *The Phantom of the Opera* gyntaf ym mis Hydref 1986 a daeth yn un o lwyddiannau cerddorol mwyaf Llundain. Gweithiodd Lloyd Weber gyda Charles Hart a Richard Stilgoe, a ysgrifennodd y libreto. Daw'r stori wreiddiol, megis stori *Les Misérables*, o Ffrainc. Ysgrifennodd Gaston Leroux lyfr yn 1911 am y pethau rhyfedd a fyddai'n digwydd yn y tŷ opera enwog ym Mharis yn yr 1880au.

> Mae Lloyd Weber wedi cydweithio gyda nifer o awduron geiriau ar ei sioeau cerdd, yn cynnwys Tim Rice a Ben Elton.

Melodrama ramantaidd yw *Phantom of the Opera*. Yn ôl y chwedl, dyn wedi'i anffurfio oedd y Phantom a gafodd ei gaethiwo mewn masg gan ei fam pan oedd yn blentyn. Mae'n byw yn y carthffosydd o dan y tŷ opera ac mae wedi bod yn rhoi hyfforddiant llais i gantores ifanc, Christine, yn dawel bach.

Mae'r Phantom yn syrthio mewn cariad â Christine ac mae'n dychryn meistri'r tŷ opera i'w perswadio i roi un o'r prif rannau mewn opera iddi. Fodd bynnag, mae Christine yn dod yn ffrindiau â Raoul, noddwr y tŷ opera, ac mae hyn yn cythruddo'r Phantom cenfigennus i'w herwgipio. Mae hynny'n arwain at helfa, ac wrth i'r fagl gau am y Phantom mae'n rhoi dewis iddi: gall un ai aros gydag ef neu weld Raoul yn cael ei ladd. Yn y diwedd, fodd bynnag, mae'r Phantom yn ildio.

Gwrandewch ar thema agoriadol *Phantom of the Opera*. Mae'n hynod ddramatig gyda motif cwaferi cromatig pum nodyn yn symud rhwng cordiau D leiaf a B♭ fwyaf:

CDGA 2 trac 10.

Chwaraeir hyn yn uchel ar yr organ/syntheseiddydd ac mae'n creu argraff aruthrol, gan sefydlu dwyster dramatig y sioe gerdd gyda'i gwead cyfoethog. Ceir rhythm rheolaidd yn llinell y llais, yn defnyddio crosietau a rhythmau dot yn bennaf.

Mae ffilm o *Phantom of the Opera* wrthi'n cael ei chynhyrchu wrth i'r gyfrol hon gael ei hysgrifennu.

Profwch eich hun ar sioeau cerdd

1. Pwy ysgrifennodd (a) *Showboat*? (b) *Porgy and Bess*?

    (a) ....

    (b) ....

2. Ble perfformiwyd *Nia Ben Aur* gyntaf yn 1974?

    ....

3. Disgrifiwch gyfeiliant cerddorfaol agoriadol *Bring him home*.

    ....

    ....

4. Pwy yw'r giangiau sydd benben â'i gilydd yn *West Side Story*?

    ....

5. Pa un o'r tair sioe gerdd a drafodwyd yn y bennod hon yw'r gorau gennych chi? Rhowch dri rheswm *cerddorol* am eich dewis.

    Mae'n well gen i .... oherwydd:

    (a) ....

    (b) ....

    (c) ....

AI LLUNGOPI YW'R DUDALEN HON?
Rhowch wybod am y lladrad i *copyright@rhinegold.co.uk*
Ni chaiff neb wybod pwy ydych

Cyfansoddi

Dyma grynodeb byr o chwedl Gymreig *Gelert*:

Ci hela ffyddlon y Tywysog Llywelyn o Wynedd yng ngogledd Cymru oedd Gelert. Pan oedd ei feistr allan yn hela, arferai Gelert wylio dros fab bychan y tywysog yn y feithrinfa. Un dydd, daeth blaidd i mewn i'r feithrinfa a cheisiodd ymosod ar y baban, ond ar ôl brwydr waedlyd, lladdodd Gelert y blaidd. Pan ddychwelodd y tywysog o'r helfa, gwelodd Gelert wedi ei orchuddio mewn gwaed, a'r crud â'i ben i waered yn y feithrinfa. Gan dybio bod Gelert wedi lladd ei fab, estynnodd y tywysog ei gleddyf a lladdodd ei gi ffyddlon. Fel y gorweddai Gelert yn marw, clywyd y baban yn crïo. Yn rhy hwyr, sylweddolodd y tywysog mai amddiffyn y baban dianaf a wnaeth Gelert a'i fod wedi lladd y blaidd. Nid oedd cysuro ar y tywysog a chododd gysegrfa i Gelert. Mae i'w gweld hyd heddiw yn y pentref yn Eryri sy'n dwyn enw'r ci, Bedd-Gelert.

Cyfansoddwch gân neu gyfansoddiad offerynnol, gyda neu heb eiriau, yn portreadu galar y Tywysog Llywelyn. Gallech ei alw'n *Alarnad Llywelyn*.

Bydd angen ichi ystyried nodweddion megis:

➢ Y geiriau a ddewiswch (os byddwch yn dewis geiriau o gwbl)
➢ Y math o offeryn
➢ Y math o gyfeiliant
➢ Tempo
➢ Cywair
➢ Adeiledd
➢ Gwead
➢ Harmonïau
➢ Arddull.

> Cofiwch fod rhai cyfansoddwyr yn mynegi eu hemosiynau heb ddefnyddio geiriau o gwbl, gan adael y gerddoriaeth i siarad drosti ei hun.

Gwrandewch eto ar rai o'r caneuon a drafodwyd yn y bennod hon i weld sut mae'r cyfansoddwyr hyn wedi defnyddio cyfyngau, graddfeydd, pedalau, cordiau mwyaf a lleiaf, trawsgyweiriadau, a dilyniannau yn eu hysgrifennu.

Ar ôl cyfansoddi eich cân drist yn mynegi galar Llywelyn, chwaraewch hi ar ei hyd neu gofynnwch i'ch athro neu ffrind ei pherfformio ichi. Mae'n siŵr y bydd ganddynt rai awgrymiadau buddiol i'w cynnig.

Gallech ddechrau drwy ei hysgrifennu ar gyfer y piano neu'r syntheseiddydd. Os ydych yn teimlo'n fwy mentrus, gallech geisio ysgrifennu ar gyfer llinynnau a/neu offerynnau pres neu chwythbrennau. Byddai agoriad dolefus gan ffliwt neu obo gyda llinynnau adagio yn chwarae'n dawel yn portreadu'r tristwch. Rhowch gynnig arni i weld beth y gallwch ei wneud – efallai y synnwch chi eich hun.

Y sgrin

Yn gynharach yn y bennod buom yn trafod y ffilm lafar gyntaf erioed, *The Jazz Singer*, ffilm a fu'n garreg filltir fawr yn hanes y sinema. Cyn hyn nid oedd trac sain ynghlwm wrth y ffilmiau 'mud', ond ceid cerddoriaeth yn gyfeiliant iddynt bob amser.

Roedd sgorau a oedd wedi eu cyfansoddi'n arbennig yn anarferol iawn ar y dechrau, ond byddai stiwdios ffilm yn anfon ciw-restr, neu 'cue-sheet', allan gyda'r ffilm, yn rhestru'r golygfeydd a'u hyd, ac yn awgrymu cerddoriaeth stoc safonol i'w chwarae i gyd-fynd â'r naws. Mewn theatrau mwy câi'r gerddoriaeth hon ei pherfformio gan gerddorfa fach, ond mewn canolfannau llai câi ei chwarae gan bianydd neu organydd y sinema, a fyddai'n aml yn chwarae cerddoriaeth addas yn fyrfyfyr os na fyddai darn oedd wedi ei restru ar gael.

Pan geid helfa neu geffylau'n carlamu ar y sgrin, er enghraifft, byddai'r pianydd yn chwarae *vivace* yn uchel iawn, gan symud i fyny ac i lawr y piano mewn wythfedau. Yna, mewn golygfeydd rhamantaidd tyner, byddai'r pianydd yn chwarae cerddoriaeth *piano*. Efallai eich bod wedi gweld rhyw hen ddarnau o ffilmiau wedi'u crafu i gyd o olygfeydd tebyg ar y teledu mewn rhaglenni hanes.

Nawr, 80 mlynedd yn ddiweddarach, mewn rhai ffyrdd does dim llawer wedi newid. Rydym yn dal i gael cerddoriaeth sy'n ategu'r ddrama a'r digwyddiadau ar y sgrin, ond yr hyn sy'n wahanol heddiw yw'r math o gerddoriaeth a'r ffordd y caiff ei chlywed a'i chreu.

Bu datblygiadau technolegol enfawr ers dyddiau cynnar y sinema. Erbyn hyn mae gennym sain amlapio, neu 'wrap-around', sydd wedi cael ei recordio'n ddigidol ar ficroffonau sensitif gan ddefnyddio peiriannau amldrac. Caiff y gerddoriaeth sydd wedi ei recordio ei chymysgu gydag effeithiau arbennig, a defnyddir yr holl dechnoleg ddiweddaraf er mwyn denu cynulleidfaoedd i'r sinemâu a'u perswadio i brynu DVDs.

Caiff fersiwn wedi'i olygu o ffilm ei anfon at gyfansoddwr sy'n gweithio'n agos gyda'r cynhyrchydd. Mae cod amser ar y ffilm, sy'n caniatáu i'r gerddoriaeth gael ei chydamseru â'r lluniau. Caiff y gerddoriaeth ei chyfansoddi a'i recordio ar drac sain ar wahân gan gerddorion sesiwn.

Mae cyfansoddiadau ar gyfer y sinema a'r teledu wedi rhoi traciau cofiadwy inni, megis *Gone with the Wind*, *The Magnificent Seven*, *The Pink Panther* ac *ET*. Yn y gorffennol, roedd gan gyfansoddwyr Hollywood dimau mawr o drefnwyr a chopïwyr i'w helpu, yn ogystal â cherddorfeydd symffoni enfawr o gerddorion sesiwn ar gyflogau da y gallent eu defnyddio.

Gyda dyfodiad y ffilmiau llafar, cafwyd y gerddoriaeth gyntaf a oedd wedi ei chyfansoddi'n arbennig ar gyfer ffilmiau. Cyn gynted ag yr oedd modd cyfuno sain a ffilm, nid oedd angen pianyddion a cherddorfeydd y ffilmiau mud mwyach. Un o'r enwau mawr cyntaf oedd Awstriad o'r enw Max Steiner a aned yn 1888. Aethpwyd ag ef draw i Hollywood i ysgrifennu cerddoriaeth ffilm ac erbyn iddo farw yn 1971 roedd yn gyfoethog iawn. Ysgrifennodd Steiner dros 300 o draciau sain, yn cynnwys clasuron Hollywood megis *Casablanca*, *King Kong* a *Gone with the Wind*.

Roedd llawer o gyfansoddwyr clasurol eraill yn falch o weld ffynhonnell gomisiynau arall: roedd Walton (*Henry V*), Malcolm Arnold (*Bridge on the River Kwai*), Prokofiev (*Ivan the Terrible*) a Vaughan Williams (*Scott of the Antarctic*) i gyd yn gyfansoddwyr ffilm llwyddiannus.

Ysgrifennodd y cerddor o Gymru, Alun Hoddinott, lawer o gerddoriaeth ffilm pan oedd yn gyfansoddwr ifanc yn ceisio ennill

Mae'r arweinydd, y cyfansoddwr a'r pianydd jazz byd-enwog André Previn wedi siarad yn aml am y profiad amhrisiadwy a gafodd yn stiwdios Hollywood yn trefnu sgorau ffilmiau ar ôl iddo orffen ei wersi am y diwrnod.

ei blwyf, gan fod hynny'n talu'n dda a'i fod yn rhoi'r cyfle i ysgrifennu mewn genres a lliwiau gwahanol. Beth bynnag, nid arhosodd yn rhy hir yn y cyfrwng – mae rhai cyfansoddwyr yn dweud ei fod yn difetha eich dawn greadigol ac y bydd eich cerddoriaeth i gyd yn mynd i swnio'r un fath yn y pen draw.

Mae cyfarwyddwyr ffilm hefyd wedi defnyddio cerddoriaeth a oedd eisoes wedi cael ei chyfansoddi ar gyfer y neuadd gyngerdd fel traciau sain i'w ffilmiau, gan nad oedd hyn yn costio cymaint iddynt. Mae *Also Sprach Zarathustra* Richard Strauss yn *2001, a Space Odyssey*, yr Adagietto o *Symffoni Rhif 5* Mahler yn *Death in Venice*, a *Boléro* Ravel yn y ffilm *10* gyda Bo Derek yn dair enghraifft, ond mae llu o rai eraill.

John Williams

Cyswllt â'r we

Edrychwch ar wefan Williams:
www.johnwilliams.org

Mae John Williams yn un o'r cyfansoddwyr ffilm cyfoes enwocaf. Magodd ddealltwriaeth dda o seiniau cerddorfeydd mawr gyda llawer o offerynnau pres pan olynodd Arthur Fiedler fel arweinydd y Boston Pops Orchestra yn 1980. Fe'i ganed yn Efrog Newydd yn 1932, yn fab i dympanydd, a dechreuodd ei yrfa fel perfformiwr drwy chwarae'r piano mewn grŵp jazz.

Yn 1972 enillodd Williams Oscar am ei addasiad ffilm o'r sgôr i'r sioe gerdd lwyfan, *Fiddler on the Roof* (1971). Gwnaeth sgorau ffilm Williams argraff ar y cynhyrchydd Steven Speilberg ac, o 1974 pan fuont yn cydweithio ar *The Sugarland Express*, datblygodd cwlwm creadigol sy'n bodoli hyd heddiw rhwng y ddau ddyn. Arweiniodd at lawer o sgorau cofiadwy, yn cynnwys y gerddoriaeth i *Jaws* (1975), *Close Encounters of the Third Kind* (1977), *Raiders of the Lost Ark* (1981) a ffilmiau eraill Indiana Jones, *ET* (1982), *Empire of the Sun* (1987), *Jurassic Park* (1993), *Schindler's List* (1993), a *Saving Private Ryan* (1998). Cydweithiodd hefyd gyda George Lucas ar ffilmiau *Star Wars* ac yn ddiweddar, wrth gwrs, Williams greodd y thema ar gyfer ffilmiau *Harry Potter* Chris Columbus, sydd wedi bod yn llwyddiant ysgubol.

Jaws

Cyfeiriwyd yn gynharach at Richard Wagner fel un o'r enwau enwocaf sy'n gysylltiedig â chyfansoddi operatig. Ei gyfraniad nodedig (anfwriadol yn amlwg) i gerddoriaeth ffilm oedd rhoi label felodig wahanol i bob un o'i gymeriadau a themâu'r plot. Gelwir y labeli melodig hyn yn 'leitmotivau' a defnyddiai Wagner nhw i ddatblygu ac ehangu ar y ddrama ar y llwyfan drwy ddrama gerddorol gyfatebol yn y cyfeiliant cerddorfaol.

Meddyliwch sut defnyddiodd John Williams y dechneg hon yn y ffilm *Jaws*. Mae'n debyg mai leitmotiv y morgi ffyrnig yw'r motiff enwocaf a hawsaf i'w adnabod yn hanes y sinema. Dim ond dau nodyn, hanner tôn ar wahân, sydd iddo. Roedd hyn yn athrylith pur ar ran John Williams. Does dim angen dweud wrth y gynulleidfa mai dyma leitmotiv y morgi – mae'r awyrgylch brawychus y mae'n ei greu yn ein gwneud yn gwbl ymwybodol o'r perygl sy'n llercian! Bob tro y chwaraeir y motiff, mae'r gynulleidfa'n disgwyl gweld yr esgyll, ond mae'r cynhyrchydd yn ein cadw ar flaenau ein seddau am dros awr cyn inni weld Jaws ei hun! Mae hyn yn creu ansicrwydd rhyfeddol.

CDGA 2 trac 11.

Gwrandewch ar y thema agoriadol. Mae'r cyfan yn digwydd yn isel yn y gerddorfa gydag offerynnau bas – y bas dwbl, piano, allweddellau, gitâr a llinynnau ac ati. Gelwir yr ailadrodd yn ostinato: ystyr llythrennol y gair Eidalaidd hwn yw 'ystyfnig' – ni wnaiff dewi, mae'n dal i rygnu mynd! Sylwch fel mae John Williams yn cynyddu'r rhythm i gyfleu symud anweledig y morgi islaw'r wyneb!

Mae'r motiff yn datblygu'n raddol i grescendo anferth gyda *tutti* cerddorfaol enfawr. Yn ychwanegol at yr awyrgylch bygythiol y mae'n ei greu yma, mae John Williams yn cyflwyno motiff brawychus arall, a ddangosir ar ymyl y dudalen, y tro hwn gyda thri nodyn yn cael eu chwarae gan gyrn â mudydd arnynt.

Pan chwaraeir y ddwy thema hon, mewn cyweiriau gwahanol, rhoddant deimlad iasol i'r gerddoriaeth. **Deugyweiredd** yw'r enw ar glywed dau gywair gwahanol gyda'i gilydd.

Y tro nesaf y gwelwch chi'r ffilm, gwrandewch am y motiffau hyn bob tro mae'r morgi ffyrnig yn ymddangos. Ond byddwch ar eich gwyliadwriaeth – weithiau, mae'r cynhyrchydd yn gadael i Jaws ddod i'r wyneb heb y leitmotiv, er mwyn dychryn y gynulleidfa ymhellach!

Cyfansoddwr arall oedd yn enwog am roi llond bol o ofn i gynulleidfaoedd sinemâu oedd y gŵr o Efrog Newydd, Bernard Herrmann (1911–1975), a gyfansoddodd dros 60 o sgorau ffilm. Daeth i amlygrwydd yn 1940 pan ysgrifennodd y sgôr ar gyfer y ffilm glasurol *Citizen Kane*. Cyflwynodd seiniau electronig i'w draciau cerddoriaeth mor bell yn ôl â 1951 yn y ffilm iasol ffug-wyddonol *The Day the Earth Stood Still*.

Mae Herrmann yn neilltuol o adnabyddus fel y cyfansoddwr a ddaeth ag 'ias ac ofn' i mewn i ffilmiau Alfred Hitchcock; bu'n cydweithio gyda Hitchcock dros gyfnod o ddeng mlynedd, rhwng 1958 ac 1968. Ysgrifennodd y sgorau ar gyfer clasuron Hitchcock *Vertigo* (1958), *North by Northwest* (1959), *Psycho* (1960), *The Birds* (1963) a *Torn Curtain* (1966).

Pan roliodd credydau ffilm gyntaf James Bond *Dr No* ar draws sgriniau'r sinemâu yn 1963, ychydig iawn o bobl fyddai wedi dychmygu y byddai'r thema hon yn dod yn un o'r arwydd-donau a'r leitmotivau enwocaf erioed. Mae'r ffordd y mae'r thema yn creu disgwylgarwch a chyffro cyn i'r digwyddiadau ddechrau hyd yn oed yn enghraifft wych o ddefnyddio'r gerddorfa a gwahanol arddulliau cerddorol i ddwysáu'r tyndra dramatig.

Os ydych wedi gweld y ffilm, byddwch yn gyfarwydd â'r agoriad lle mae James Bond yn troi'n sydyn ac yn tanio'r gwn, yna fe welir gwaed coch yn llifo'n araf i lawr y sgrin. Mae'r thema, a chwaraeir gan Vic Flick ar gitâr drydan, gyda churiad taer y symbal a'r alaw ddilyniannol, yn gosod y naws ar gyfer y byd o gynllwynio ac ysbïo sy'n ganolog i holl ffilmiau Bond:

Mae'r thema hon (*uchod*) yn ymddangos mewn amryw o drefniannau cerddorfaol yn ffilmiau Bond. Mae cromatyddiaeth yn ffordd ragorol o greu cyffro. Mae i'r thema ffigur cromatig pedwar

Bernard Herrmann

Meddyliwch am y tannau'n sgrechian yng ngolygfa'r gawod yn *Psycho*, sy'n dal yn enwog 40 mlynedd yn ddiweddarach.

James Bond

Nid John Barry oedd cyfansoddwr y thema hon, fel y tybiwyd ar y pryd, ond Monty Norman. Mae'n debyg fod y stiwdio wedi gofyn i John Barry ailweithio'r thema oherwydd bod ganddi ei phroblemau. Cydweithiodd ef a Norman ar y ffilm Bond gyntaf *Dr No*. Penderfynwyd ar ei pherchenogaeth drwy'r llysoedd yn ddiweddar. Ewch i dudalen 104 i gael rhagor o wybodaeth am John Barry.

CDGA 2 trac 13.

nodyn ynghyd â phedal **fas** drawsacennog. Chwiliwch am y ffigur ostinato hwn yn y ffilmiau – mae fel pe bai bob amser yn arwydd fod rhywbeth mawr ar fin digwydd. Mae'r feiolinau hefyd yn chwarae'r thema'n uchel uwchlaw gweddill y gerddorfa.

Y cyrn Ffrengig sydd â phedwar nodyn cyntaf y thema yn yr adran gyntaf. Nawr daw sain swing y bandiau mawr, sy'n atgoffa rhywun gymaint o fandiau Americanaidd Stan Kenton, Duke Ellington a Count Basie:

Dyma'r James Bond cŵl a soffistigedig sy'n mwynhau cymdeithasu yn y casinos a'r bariau. Mae'r arddull yn wahanol iawn i arddull yr adran gyntaf. Unwaith eto gwelwn yr ysgrifennu cromatig, ond y tro hwn gyda rhythm gwahanol ac yn cael ei chwarae'n amlwg gan yr utgyrn.

Caiff disgwyliadau'r gynulleidfa eu dwysáu gan y gerddoriaeth agoriadol hon, cyn i lawer o ddim byd ddigwydd hyd yn oed. Dyma enghraifft glasurol o gydweithredu rhwng y gerddoriaeth a'r hyn sy'n digwydd ar y sgrin.

Mae'r cordiau jazz a ddefnyddir yn y thema hon (a welir ar y *chwith*) wedi dod i gael eu hadnabod fel 'cordiau Bond'. Chwaraewch nhw eich hunain ar yr allweddellau a dylent wneud ichi feddwl am 007, 'shaken not stirred'! Cordiau lleiaf ydynt gyda nodau ychwanegol. Rhowch gynnig ar greu cordiau jazz eich hun ar yr allweddellau neu ar eich gitâr.

John Barry

Ganed John Barry Prendergast yn Efrog yn 1933, mab i dafluniwr sinema a phianydd cyngerdd oedd wedi cael hyfforddiant clasurol. Ymunodd â'r fyddin yn 1948 a daeth yn drwmpedwr yn y band. Ar ôl gadael yn 1957, ffurfiodd ei grŵp jazz/roc a rôl ei hun dan yr enw John Barry 7. Cyn bo hir roeddent yn wynebau cyfarwydd ar y teledu, yn ymddangos ochr yn ochr â sêr pop megis Adam Faith a Tommy Steele, ac yna Tom Jones, Shirley Bassey, Lulu, Duran Duran, a Louis Armstrong.

Mae John Barry yn un o'r cyfansoddwyr ffilm mwyaf llwyddiannus ac uchel ei barch erioed, ac yntau wedi ennill pum Oscar am ei sgorau. Camodd i fyd cyfansoddi ar gyfer ffilmiau yn 1960, a thros y 30 mlynedd nesaf daeth ei enw'n gyfystyr â ffilmiau Bond: *From Russia With Love* (1963), *Goldfinger* (1964), *Thunderball* (1965), *On Her Majesty's Secret Service* (1969), *The Man With the Golden Gun* (1974), *Moonraker* (1979), *Octopussy* (1983) a *The Living Daylights* (1987).

Cafodd John Barry lwyddiant mawr hefyd gyda ffilmiau eraill megis *Zulu* (1964), *The Ipcress File* (1965), *Born Free* (1966), *Midnight Cowboy* (1969), *Out of Africa* (1985), *Dances with Wolves* (1990) a *Indecent Proposal* (1993). Erbyn hyn mae'n byw yn Efrog Newydd gyda'i wraig a'i blentyn, ond mae wedi gorfod cwtogi ar ei faich gwaith oherwydd salwch.

Cyfansoddi

Recordiwch ddarn byr o un o'ch hoff operâu sebon ar dâp fideo – ffrae neu funud lawn tyndra yn y stori os yw'n bosibl. Gwyliwch yr olygfa sawl gwaith yna ceisiwch gyfansoddi leitmotivau ar gyfer y

---

Byddai 'Dirty Den' yn ailymddangos yn *EastEnders* pan ddaeth wyneb yn wyneb â'i ferch ar ôl diflannu am flynyddoedd, a phawb yn meddwl ei fod wedi marw, yn enghraifft dda.

DWYN YW LLUNGOPÏO'R DUDALEN HON
Rhowch wybod i *copyright@rhinegold.co.uk* am achosion o gopïo
Gwarentir cyfrinachedd

cymeriadau. Mae'r broses o ysgrifennu sgôr ar gyfer ffilmiau a theledu yn hynod dechnegol a chostus, ond ewch ati i weld a allwch gyfansoddi a recordio eich cerddoriaeth eich hun i gyd-fynd â'r clip ffilm ar ddilyniannwr neu recordydd tâp.

Profwch eich hun ar gerddoriaeth ar gyfer y sgrin

1. Beth yw ystyr y term leitmotiv?

   ....

2. Pa offerynnau sy'n chwarae motiff y morgi ar ddechrau CDGA 2 trac 11?

   ....

3. Beth yw ystyr 'deugyweiredd'?

   ....

4. Beth yw cromatyddiaeth?

   ....

5. Mewn harmoni, beth a olygir gan y gair pedal?

   ....

6. Beth yw ystyr trawsacen?

   ....

7. Pwy ysgrifennodd y sgôr ar gyfer ffilm Hitchcock *The Birds*?

   ....

Prawf gwrando

Gwrandewch ar y dyfyniad cerddorol byr o ffilm Hitchcock *Vertigo*, a gyfansoddwyd gan Bernard Herrmann, ar CDGA 2 trac 12. Ysgrifennwch am y gerddoriaeth, gan gyfeirio at nodweddion megis yr offerynnau, y rhythm, y trefniant cerddorfaol, gwead, arddull, naws, tensiwn, motiffau, cyweiredd, harmonïau a lliw cerddorfaol.

Esblygiad Cerddoriaeth

Cerddoriaeth yr 20fed ganrif

Erbyn canol yr 1920au teimlai llawer ei bod yn amhosibl gwybod a oedd cerddoriaeth yn mentro ar daith i gyfeiriad newydd neu a oedd ar goll yn llwyr; wedi'r cyfan, roedd cerddoriaeth newydd yn symud ymhellach nag erioed oddi wrth ei gwreiddiau cyweiraidd. Aeth cerddoriaeth ramantaidd yn fwy a mwy cromatig, yn arbennig yng ngherddoriaeth Wagner a Mahler. O ganlyniad, roedd rhai cyfansoddwyr yn ysgrifennu cerddoriaeth nad oedd yn ceisio bod mewn unrhyw gywair, arddull sy'n cael ei hadnabod fel arddull ddigywair.

Erbyn yr 1960au, roedd rhai cyfansoddwyr yn adweithio yn erbyn y syniad y dylent bennu'r canlyniad cerddorol yn fanwl; felly roeddent yn ysgrifennu eu gweithiau fel sgorau graffig y gallai perfformwyr eu dehongli mewn llu o ffyrdd gwahanol.

Wedyn dechreuodd rhai cerddorion o America adweithio yn erbyn yr adwaith hwn! Edrychasant draw i ffwrdd o Ewrop, i gyfeiriad Asia ac Affrica. Mae cyfansoddwyr fel Riley, Glass, Reich ac Adams wedi ysgrifennu cerddoriaeth a fyddai wedi achosi'r un faint o syndod i'r naill ochr a'r llall o'r ddadl am gyweiredd/digyweiredd.

Digyweiredd

Nid yw cerddoriaeth ddigywair ynghlwm wrth nodyn tonydd ac felly nid oes synnwyr o gywair yn perthyn iddi. Un o'r cyfansoddwyr mwyaf a ysgrifennai gyfansoddiadau digywair oedd Arnold Schoenberg (1874–1951), cyfansoddwr o Fienna a ddihangodd o'r Almaen Natsïaidd yn ddiweddarach, gan ymgartrefu yng Nghalifffornia ar arfordir gorllewinol America. Ysgrifennodd gyfresi, pedwarawdau llinynnol, operâu, symffonïau a choncerti ond gwrthododd y cynnig i ysgrifennu cerddoriaeth ffilm yn Hollywood. Ei gymydog oedd George Gershwin a byddent yn chwarae tenis gyda'i gilydd yn aml. Roedd yn ffrindiau mawr â'r nofelydd Almaenig Thomas Mann (*Death in Venice*) a oedd hefyd wedi ffoi rhag y Natsïaid. Un arall oedd yn edmygydd mawr o Schoenberg oedd y sacsoffonydd jazz enwog Charlie Parker, a roiodd groeso brwd i ddelfrydau modern jazz. Mae gan Brifysgol De Callifornia Sefydliad Cerddoriaeth Schoenberg i'w goffáu.

Gwrandewch ar *Pierrot Lunaire* gan Arnold Schoenberg ar gyfer llais ac offerynnau, sy'n waith digywair. Dyma garreg filltir mewn cyfansoddi modernaidd. Nid yw'r llais yn siarad a go brin ei fod yn canu, ond mae'n gwneud mymryn o'r naill a'r llall. Y term Almaeneg a ddefnyddiai Schoenberg oedd *sprechgesang*, 'llafar-ganu'. Defnyddiodd y syniad yn gyntaf ar gyfer melodrama gerddorol.

Mae'n rhan o set o 21 cân a gyfansoddwyd i gerddoriaeth ramantaidd y Ffrancwr Albert Giraud. *Mondestrunken* ('Lleuadfeddw') yw'r enw ar y darn hwn a chafodd ei sgorio ar gyfer ffliwt, feiolin, sielo, piano a llais.

CDGA 2 trac 14. Mae'n siŵr y byddwch wedi gweld lluniau o Pierrot, ffigwr breuddwydiol blinderus y diddanwr o glown, a'i wyneb gwyn.

Dyma gyfieithiad o'r pennill cyntaf:
Liw nos, mae'r gwin a yfwn â'n llygaid yn cael ei arllwys i lawr yn donnau gan y lleuad,
ac mae llanw mawr yn gorlifo'r gorwel llonydd.

AI LLUNGOPI YW'R DUDALEN HON?
Rhowch wybod am y lladrad i copyright@rhinegold.co.uk
Ni chaiff neb wybod pwy ydych

Fe sylwch ar lawer o nodweddion digyweiredd yn y darn:

➤ Rhythmau cymhleth
➤ Arwyddion amser sy'n newid
➤ Dim cywair cartref na chanol cyweiraidd
➤ Cromatyddiaeth
➤ Neidiau enfawr
➤ Anghyseinedd
➤ Offerynnau'n chwarae mewn cwmpas uchel iawn.

Cyfresiaeth

Wrth ysgrifennu cerddoriaeth gyweiraidd, mae yna gonfensiynau a thraddodiadau: gallwch ddewis pa rai i'w dilyn a pha rai i'w hanwybyddu. Beth bynnag a wnewch, mae'r 'ddeialog hon â thraddodiad' yn ffynhonnell ddi-baid o syniadau a chyfeiriadau. Unwaith yr ewch ati i ysgrifennu cerddoriaeth ddigywair, mae confensiynau gwahanol yn eich wynebu. Yr oedd y diffyg adeiledd yn ei gwneud yn anodd i gyfansoddwyr ysgrifennu darnau hirach, mwy. (Weithiau byddent yn defnyddio testun, gan fod y geiriau'n rhoi cyfeiriad iddynt.) Eu ffordd o ymdopi â'r broblem oedd cyfresiaeth.

> Mae cerddoriaeth res hefyd yn cael ei galw'n gerddoriaeth 12 nodyn ac yn gerddoriaeth ddodecaffonig.

Dull newydd chwyldroadol o gyfansoddi a ddatblygwyd yn yr 1920au gan Schoenberg ac Awstriad arall, Josef Hauer (1883–1959) oedd cyfresiaeth. Nid oes cywair cartref na thonydd mewn cerddoriaeth res chwaith, nid oes nodau sy'n llywyddu, ac mae felly yn ddigywair. Mae'n anodd clywed y gwahaniaeth rhwng cyfansoddiadau digywair a rhai cyfresol ac ni ofynnir ichi wneud hynny yn eich arholiad. Fodd bynnag, efallai y bydd gofyn ichi wahaniaethu rhwng darn digywair a darn cyweiraidd o gerddoriaeth.

Y dull cyfansoddi sylfaenol yw dewis 12 nodyn cromatig o raddfa a llunio 'rhes' neu 'gyfres' drwy eu rhoi mewn trefn benodol. Y drefn hon ar y nodau, mewn gwahanol gyfuniadau, yw'r brif elfen wedyn sy'n uno'r cyfansoddiad. Gall y nodau ymddangos mewn gwahanol wythfedau (proses a elwir yn ddadleoliad wythfedol) a gellir eu trin yn y ffyrdd a ddisgrifir isod. Nid oes ymdeimlad o donydd na nodyn cywair mewn cerddoriaeth res; mae pob nodyn yn y rhes yr un mor bwysig ag unrhyw nodyn arall.

Gallwch ddefnyddio'r 12 nodyn mewn cordiau fertigol, neu'n llorweddol mewn alawon. Pan fyddwch yn gwrando ar gerddoriaeth gyweiraidd, bydd gennych fwy o syniad a yw'r harmonïau'n swnio'n anghywir. Fodd bynnag, gyda cherddoriaeth res ni allwch ganfod harmonïau 'anghywir' gan nad oes cywair cartref.

Trefn gysefin

> Mae darnau gan Schoenberg, Berg a Webern, yn cynnwys Amrywiadau Piano Op. 27, ar gael ar Naxos, 8553870.

Ysgrifennodd y cyfansoddwr o Awstria, Anton Webern (1883–1945), disgybl i Schoenberg, lawer o ddarnau ar gyfer y piano. Gadewch inni edrych ar drydydd symudiad ei Amrywiadau Piano, Op. 27.

Dyma'r 12 nodyn cromatig:

Dewisodd Webern ei res nodau, a elwir y drefn gysefin:

Gallwch weld y drefn gysefin hon yn yr Amrywiadau Piano:

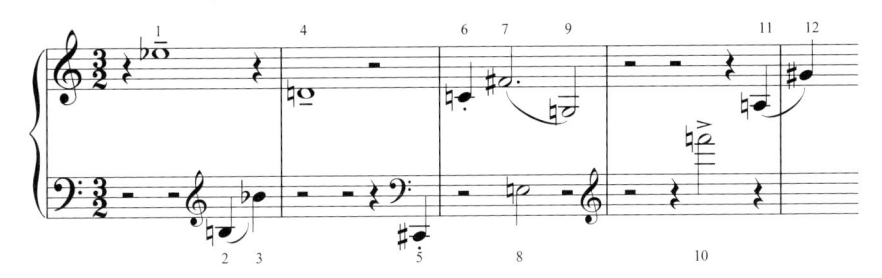

Gellir amrywio'r drefn gysefin mewn tair ffordd: trefn wrthdro, trefn olredol a gwrthdro olredol.

Trefn wrthdro

Gwrthdro yw pan fydd pob cyfwng yn y drefn gysefin yn cael ei droi â'i ben i waered. Yn y drefn gysefin, mae'r ail nodyn wyth hanner tôn uwchlaw'r nodyn cyntaf (E♭–B), felly yn y drefn wrthdro bydd yr ail nodyn wyth hanner tôn islaw'r nodyn cyntaf (E♭–G), ac yn y blaen:

Trefn olredol

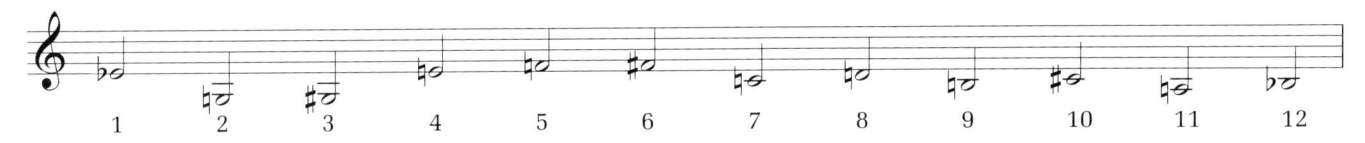

Mae olredol yn golygu 'symud tuag yn ôl' felly yn y drefn hon, chwaraeir y nodau i'r cyfeiriad arall o'u cymharu â'r drefn gysefin: mae nodyn 12 yn mynd yn nodyn 1, nodyn 11 yn mynd yn nodyn 2 ac ati:

Gallwch weld y drefn olredol yn y dyfyniad hwn o'r Amrywiadau Piano:

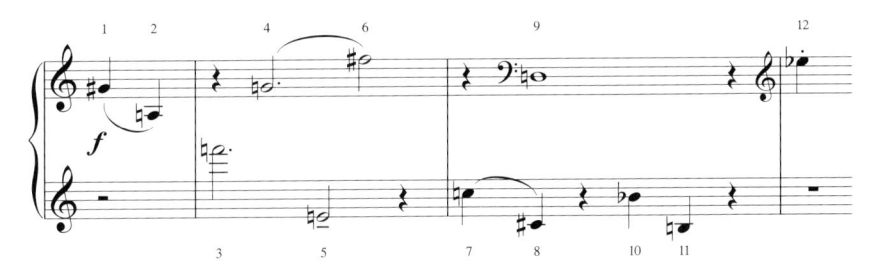

Gwrthdro olredol

Mae gwrthdro olredol yn cyfuno'r ddwy drefn flaenorol, fel bod y rhes yn cael ei chwarae â'i phen i waered (gwrthdro) ac am yn ôl (olredol):

Trawsnodi

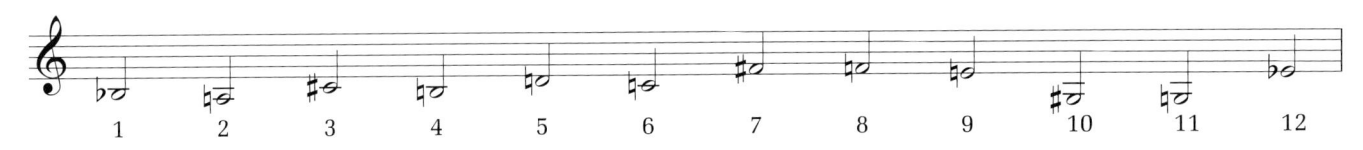

Gallwch hefyd drawsnodi unrhyw un o'r pedair trefn sylfaenol hon i fyny neu i lawr fel eu bod yn dechrau ar unrhyw un o 12 gradd graddfa gromatig. Dyma drawsnodiad o'r gwrthdro olredol bedair hanner tôn yn uwch:

Mae'n debyg y byddwch yn teimlo bod cerddoriaeth res braidd yn ddryslyd y tro cyntaf y clywch hi. Ceisiwch ddychmygu'r protestiadau pan ddaeth cyfresiaeth i sylw'r cyhoedd yn gyntaf. Roedd cynulleidfaoedd wedi gwylltio, yn bŵio ymdrechion cyntaf Schoenberg, ac mae'n debyg fod rhai perfformwyr yn casáu'r seiniau anghytsain cras. Nid oeddent yn ôl pob golwg yn cynnwys alaw na harmoni diatonig traddodiadol ac weithiau roedd y cyfyngau yn enfawr. Dywedodd rhai beirniaid fod cerddoriaeth res yn hesb o emosiwn. Dywedodd Mahler nad oedd yn deall cyfresiaeth (er ei fod yn parchu Schoenberg a'i fod yn gefnogwr brwd iddo), tra dywedai eraill mai dim ond Schoenberg a'i ddisgyblion ffyddlon, Berg a Webern, oedd yn ei deall.

> Wrth gwrs, nid cerddoriaeth ddigywair oedd yr unig fath o gerddoriaeth a ysgrifennwyd yn yr 20fed ganrif. Roedd cyfansoddwyr fel Gershwin, Vaughan Williams, Holst, Sibelius, Walton a Grace Williams yn cynhyrchu cyfansoddiadau cyweiraidd. Mae cerddoriaeth bop yn gyweiraidd (neu foddol) bron bob amser.

> Mae Alun Hoddinott wedi defnyddio technegau cyfresol yn aml yn ei gyfansoddiadau. *Lyrita* SRCD331.

Profwch eich hun ar gerddoriaeth gyfresol

1. Beth yw'r gwahaniaeth rhwng cerddoriaeth gyweiraidd a cherddoriaeth ddigywair?

   ....

   ....

2. Pam wnaeth Schoenberg ddatblygu cyfresiaeth?

   ....

   ....

3. Beth a olygir gan drawsnodi?

   ....

   ....

4. Beth yw ystyr 'sprechgesang'?

   ....

5. Beth a olygir gan fersiwn olredol y rhes 12 tôn?

   ....

   ....

Cyfansoddi

Ysgrifennwch gyfansoddiad cyfresol byr ar gyfer y piano gan ddefnyddio un neu fwy o'r trefnau a drafodwyd uchod. Byddwch yn feiddgar yn eich rhythmau a pheidiwch â bod ag ofn defnyddio dadleoliad wythfedol. Penderfynwch ar eich trefn gysefin a cheisiwch gael grwpiau o dri neu bedwar nodyn yn weddol agos at ei gilydd. Cofiwch fod modd trefnu'r nodau hyn yn fertigol yn ogystal ag yn llorweddol, ac y gallwch drawsnodi'r gwahanol drefnau.

Cerddoriaeth aleatorig

Wrth i foderniaeth fynd rhagddi, daeth rhai cyfansoddwyr yn fwy a mwy manwl, yn dweud wrth berfformwyr sut yn union i ddehongli'r gerddoriaeth. Yn rhannol fel adwaith i hyn, dechreuodd rhai cyfansoddwyr fynd i gyfeiriad tra gwahanol. Nodwedd ganolog y math newydd hwn o gyfansoddi oedd yr elfen o siawns. Bob tro y gwrandewch ar waith megis yr *Hallelujah Chorus* gan Handel yn cael ei berfformio, rydych yn gwybod eich bod yn gwrando ar yr un alawon a'r harmonïau ag mewn perfformiadau blaenorol. Yr hyn sy'n gwneud cerddoriaeth aleatorig yn wahanol i gerddoriaeth draddodiadol o'r fath yw na fydd unrhyw ddau berfformiad o ddarn yr un fath.

> Daw 'aleatorig' o *alea*, y gair Lladin am ddis; gêm o siawns yw chwarae dis.

Mewn mathau eraill o gerddoriaeth, mae'r cyfansoddwr yn gwneud yr holl benderfyniadau ynglŷn â rhythmau, trawiau ac ati, ac mae'r perfformiwr yn canu neu'n chwarae'r hyn sydd wedi'i ysgrifennu ar y sgôr. Mewn cerddoriaeth aleatorig, fodd bynnag, mae'r cyfansoddwr yn trosglwyddo'r penderfyniadau am y perfformiadau hyn i'r perfformiwr. Mae cyfansoddwyr yn rhoi awgrymiadau ysgrifenedig ar y sgôr ynglŷn â sut i fwrw ymlaen â'r gerddoriaeth, yna mater i'r perfformiwr ydyw.

Yr enghraifft gerddorol agosaf lle mae'r gerddoriaeth yn cael ei llywio gan y perfformiwr yw cerddoriaeth jazz a roc lle mae'r perfformiwr yn chwarae'n fyrfyfyr am nifer benodol o farrau neu ddarn llanw offerynnol. Ond yma cyfyngir arnynt gan eu bod yn dilyn adeileddau a phatrymau harmonig sydd eisoes yn y cyfansoddiad.

Gellir dweud mai yn America y dechreuodd cerddoriaeth aleatorig, er bod rhai o ddarnau enwocaf y byd wedi dod o'r Almaen, Ffrainc a Gwlad Pwyl lle mae'r elfen o siawns yn amrywio rhwng yr ychydig a'r bisâr.

John Cage

Mae John Cage (1912–1992) wedi ysgrifennu nifer o weithiau aleatorig. Mewn rhai ohonynt, mae'n gofyn i'r perfformwyr daflu ceiniog pen neu gynffon neu daflu dis ar adeg benodol er mwyn penderfynu sut i barhau â'r cyfansoddiad. Un cyfansoddiad aleatorig rhyfeddol yw *Imaginary Landscapes Rhif 4* (1951) i 24 perfformiwr. 12 set radio yw'r offerynnau. Mae dau berfformiwr yn rheoli pob set, un i newid y sianelau, a'r llall i reoli lefel y sain. Rhoddodd Cage gyfarwyddiadau manwl ar sut i weithio'r setiau radio. Daw'r elfen aleatorig o'r ffaith na allwch wybod ymlaen llaw beth sy'n cael ei darlledu.

Karlheinz Stockhausen

Mae Karlheinz Stockhausen yn gyfansoddwr aleatorig enwog arall. Fe'i ganed yn 1928 yn yr Almaen, ac mae wedi cynhyrchu llawer o gyfansoddiadau nodedig yn y genres cyfresol ac aleatorig. Yn ogystal, mae wedi mynd i'r afael yn frwd â'r cysyniad o seiniau a gynhyrchir yn electronig, cysyniad sy'n newid yn barhaus.

> Gellir gweld y Stockhausen ifanc ar glawr enwog albwm y Beatles *Sgt Pepper's Lonely Hearts Club Band*.

Yn 1959, ysgrifennodd Stockhausen ddarn o'r enw *Zyklus* ('cylch') ar gyfer offeryn taro unawdol sy'n cynnwys elfen wirioneddol arwyddocaol o siawns. Gall yr unawdydd ddechrau ar unrhyw dudalen o'r sgôr ac mae'r perfformiad yn gorffen ar ôl iddo gyrraedd yn ôl i'r man cychwyn: cyfansoddiad cylchol ydyw. Nodir trawiau nodau ac mae'r sgôr hefyd yn cynnwys parhad nodau o hyd amhenodol. Ceir cleffiau trebl ar ddechrau a diwedd pob erwydd, sy'n golygu bod modd i'r perfformiwr droi'r sgôr â'i phen i waered a chwarae clocwedd neu gwrthglocwedd, yn dibynnu ar ei chwiw neu ei hwyliau.

Cyfunodd Stockhausen hefyd offerynnau taro byw gyda thâp wedi ei recordio ymlaen llawn yn *Kontakte* (1960) a *Mikrophonie* (1964), a chafodd y technegwyr a oedd yn monitro'r seiniau o'r microffonau i bennu lliw neu ansawdd o'u dewis nhw.

Gwrandewch ar berfformiad o'i gyfansoddiad, a ysgrifennwyd yn 1968, dan yr enw *Stimmung* ('hwyl' neu 'diwnio'). Gwaith i chwe llais cymysg digyfeiliant ydyw: soprano 1, soprano 2, mezzo-soprano, tenor, bariton a bas (Almaeneg am 'llais' yw 'Stimme'). Ysgrifennodd Stockhausen y darn hwn ar ôl treulio mis yn cerdded drwy adfeilion temlau sanctaidd ym México. Mae'r 51 adran wedi'u seilio ar gord B♭^{9} a ddangosir ar y *dde*.

CDGA 2 trac 15.

Stimmung

B♭^{9}

Yr elfen o siawns yn y darn yw pan fydd yr arweinydd neu'r llais cyntaf yn dechrau gyda syniad newydd, a phawb arall yn dilyn. Pan fydd y pum llais sy'n dilyn yn teimlo eu bod ar yr un donfedd â'r arweinydd o ran tempo, rhythm a dynameg, mae canwr arall yn dechrau arwain ac ailadroddir y broses. Mae'r cantorion hefyd yn cyflwyno 'enwau hud' mewn gwahanol fannau ar hap yn y perfformiad.

Nodwedd arall o'r perfformiad yw'r ffordd y mae'r cantorion yn cynhyrchu gwahanol ansoddau lleisiol gan ddefnyddio technegau Asiaidd amrywiol.

Oherwydd yr elfen o siawns, gall y perffromiad bara rhwng 60 a 80 munud. Pan berffromiwyd *Stimmung* gyntaf yn Amsterdam yn 1969, cafodd y perfformiad ei chwalu gan brotestwyr! Mae hyn yn ein hatgoffa o'r hyn ddigwyddodd i fale Stravinsky *The Rite of Spring* ym Mharis yn 1913, pan dorrodd terfysg allan yn y gynulleidfa.

Krzysztof Penderecki

Ganed Krzysztof Penderecki yng ngwlad Pwyl yn 1933. Ysgrifennodd ei gyfansoddiad *Threnody for the victims of Hiroshima* ar gyfer 52 chwaraewr llinynnol. Nid oes curiad rheolaidd iddo nac alaw y mae modd ei hadnabod. Prif nodwedd y gwaith yw lefel donnog trwch y sain, lle mae clystyrau o gordiau sy'n cynnwys chwarter-tonau yn chwarae rhan bwysig. Mae rhai o'r rhain wedi'u nodiannu'n fanwl a nodir eraill gan graffeg ar y sgôr. Archwilir nifer o effeithiau arbennig, yn cynnwys chwarae'r tant ar yr ochr anghywir i'r bont, dirgrynu'r tannau gyda brwsh gwifrau a tharo ar gorff yr offeryn. Mae'r sgôr graffig wedi'i hysgrifennu mewn blociau amser o eiliadau ac mae'n rhoi arwyddion i'r perfformwyr ynglŷn â dynameg, pa mor gyflym i dynnu'r bwa ac ati.

Hanner tôn wedi ei haneru eto yw chwarter tôn.

Ni chafodd Penderecki hyfforddiant cerddorol ffurfiol erioed yn ystod ei blentyndod yng Ngwlad Pwyl.

Mae'n ddarn emosiynol iawn ac mae wedi cael ei alw'n 'glasur o foderniaeth hwyr'. Pan oedd yn fachgen, brawychwyd Penderecki wrth weld yr Iddewon yn ei famwlad, gwlad Pwyl, yn cael eu tyrru ynghyd i gael eu lladd gan y Natsïaid. Cafodd y dioddefaint a'r drasiedi yn Hiroshima ar ddiwedd yr ail ryfel byd effaith yr un mor frawychus arno.

Mae darn o berfformiad o'r gwaith wedi'i recordio ar y CD ar gyfer arholiad enghreifftiol CBAC 2003 (cwestiwn 10). Ceir clystyrau cordiau yn llawn tensiwn annioddefol yn portreadu anferthedd creulondeb dyn at ei gyd-ddyn, a'r dioddefaint a'r sgrechiadau ar ôl i'r bom gael ei ollwng ar Hiroshima gan America yn 1945.

Mae'r darn llawn i'w glywed ar *Double Forte* EMI 5743022.

Profwch eich hun ar gerddoriaeth aleatorig

1. Sut mae cerddoriaeth aleatorig yn wahanol i gerddoriaeth glasurol gonfensiynol?

   ....

   ....

2. Enwch un cyfansoddiad aleatorig lle gall y chwaraewr ddechrau ar unrhyw dudalen o'r sgôr.

   ....

3. Pam mae *Kontakte* yn arwyddocaol yn natblygiad cerddoriaeth aleatorig?

   ....

   ....

4. Pa fath o gord mae Penderecki wedi'i ddefnyddio yn *Threnody for the victims of Hiroshima*?

   ....

Cyfansoddi

Ysgrifennwch ddarn digyfeiliant i bedwar llais yn arddull *Stimmung*. Seiliwch eich cyfansoddiad ar gord pedwar nodyn gyda phob canwr yn ei dro yn arwain mewn arddull llafarganu tra bo'r tri arall yn dilyn. Bydd yr arweinydd yn llafarganu'r rhythm newydd bum gwaith cyn i'r lleill harmoneiddio yn eu tro. Ceisiwch greu amrywiaeth o seiniau lleisiol yn y cyfansoddiad.

Minimaliaeth

Llunnir cerddoriaeth finimalaidd o unedau, patrymau neu fotiffau bach alawol neu rythmig, sy'n cael eu hailadrodd lawer gwaith gyda newidiadau bychan iawn. Mae'r ailadroddiadau neu'r dolennau fel pe baent yn para am byth, ond mae pob newid, waeth pa mor fach yw, yn arwyddocaol iawn yn y gerddoriaeth hon.

Dechreuodd y mudiad minimalaidd yn America, ond dylanwadwyd yn drwm arno gan gerddoriaeth o India, drymio o orllewin Affrica a cherddoriaeth gamelan o Indonesia.

Mae'r beirniaid llawdrwm yn galw cerddoriaeth finimalaidd yn 'gerddoriaeth bapur wal' oherwydd y diffyg newid neu ddatblygiad amlwg sydd ynddi. Weithiau, rhaid ichi wrando'n ofalus iawn i ganfod y mân newidiadau yn y patrymau.

Dyma rai o nodweddion cerddoriaeth finimalaidd:

➤ Rhythmau a chymalau ailadroddus
➤ Defnyddio celloedd melodig yn hytrach nag alawon i greu'r gerddoriaeth
➤ Harmonïau sy'n newid yn araf a graddol
➤ Ychwanegu neu dynnu un nodyn i achosi newid graddol
➤ Newid seibiau am nodau a nodau am seibiau er mwyn achosi newid graddol

➢ Dim trawsgyweirio
➢ Cordiau moddol neu gordiau diatonig syml
➢ Acenion wedi'u dadleoli
➢ Haenu amlwead
➢ Dim newid tempo
➢ Gweadau amlrythmig
➢ Defnyddio tâp wedi'i recordio ymlaen llaw a/neu offerynnau electronig.

Technegau minimalaidd

Dyma rai o'r technegau yr ydych yn debygol o ddod ar eu traws wrth ysgrifennu ac astudio cerddoriaeth finimalaidd. Rhowch gynnig arnynt yn eich cyfansoddiadau chi.

Symud cydwedd

Symud cydwedd yw pan fydd yr un patrwm yn cael ei chwarae gan ddau neu fwy o chwaraewyr i ddechrau. Yna, drwy ychwanegu neu dynnu nodyn neu saib mewn un rhan, newidir hyd y patrwm. Fe sylwch nad yw'r rhan hon sydd wedi'i newid yn cydweddu neu'n cydamseru â'r rhan arall mwyach. Maes o law bydd y rhan sydd wedi'i newid yn dod yn ôl i gydweddu neu gydamseru â'r rhan arall.

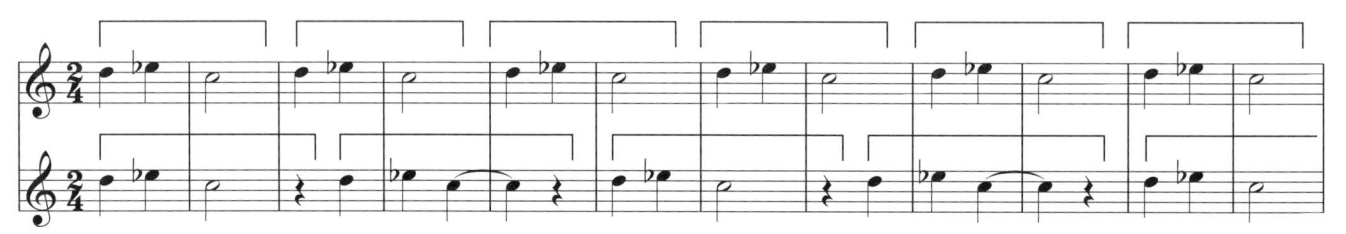

Rhan isaf yn gydwedd   Rhan isaf yn anghydwedd   Rhan isaf yn gydwedd

Yma, mae'r patrwm sy'n cael ei ailadrodd yn y rhan uchaf yn bedwar curiad. Yn y rhan isaf, ychwanegwyd saib crosiet, gan greu patrwm pum curiad sy'n symud i mewn ac allan o fod yn gydwedd â'r rhan uchaf.

Haenu patrymau ostinato

Amrywiad ar y dechneg o symud cydwedd yw haenu patrymau ostinato o wahanol hyd a'u chwarae yr un pryd. Yr hyn y mae'n ei olygu yw y bydd patrymau'n symud i mewn ac allan o fod yn gydwedd â'i gilydd yr un pryd. Yn yr enghraifft nesaf, mae'r patrwm ostinato cyntaf yn cynnwys pedwar curiad tra bo'r ail batrwm yn cynnwys tri churiad. Ar ddiwedd y pedwar bar, mae'r ddau batrwm wedi uno:

Patrwm ostinato o 4 curiad

Patrwm ostinato o 3 churiad

Mae techneg arall sy'n golygu ychwanegu nodyn at batrwm o nodau pan gânt eu hailadrodd, neu dynnu nodyn ohono. Gallech hefyd roi cynnig ar newid nodau am seibiau neu, i'r gwrthwyneb, roi nodau yn lle seibiau. Yma mae un cwafer arall wedi cael ei ychwanegu at y patrwm bob tro:

Alaw ychwanegol

* Mae un cwafer arall yn cael ei ychwanegu at y patrwm bob tro

Gallwch hefyd gael patrymau ostinato sy'n newid yn raddol, un nodyn neu rythm ar y tro. Yn yr un modd, gallai gwead y gerddoriaeth newid drwy fynd yn fwy trwchus neu'n fwy tenau. Yn yr enghraifft hon, sylwch fel mae'r patrymau ostinato yn symud yn raddol oddi wrth yr harmonïau gwreiddiol drwy newid dim ond un nodyn ym mhob bar:

Metamorffosis

* Dim ond un nodyn sy'n newid yn y rhan fwyaf o farrau

Wedi ei eni yng Nghaliffornia yn 1935, mae Terry Riley wedi cael ei alw'n dad cerddoriaeth finimalaidd. Cafodd ei waith arloesol *In C* ei berfformio gyntaf yn San Francisco yn 1965. Mae'r gwaith hwn yn cynnwys 53 darn o gerddoriaeth o fewn cwmpas o ddim ond un wythfed o C ganol i fyny, ac mae'n rhoi inni gordiau sy'n newid yn raddol iawn. Gall gael ei chwarae ar unrhyw gyflymder gan unrhyw grŵp o berfformwyr ar offerynnau o'u dewis nhw cyhyd ag y maent yn ei ddymuno. Cafodd y recordiad a'r perfformiad eu labelu'n 'mild hallucinogenic trip'! Mewn cyfnod pan oedd llawer o gyfansoddwyr yn gweithio mewn cyfresiaeth, dylech gofio bod darn o gerddoriaeth yn C fwyaf yn wyriad radical oddi wrth arferion y cyfnod.

Aeth Riley, fel y Beatles, yn ei flaen yn ddiweddarach i astudio cerddoriaeth Indiaidd, sydd ag elfen gref o ailadrodd yn y traddodiad raga. Ymddangosai'n aml mewn cyngherddau fel chwaraewr allweddellau. Fe'i comisiynwyd i gyfansoddi darn cerddorfaol ar gyfer canmlwyddiant Neuadd Carnegie yn 1991 fel teyrnged i'w ddylanwad mawr ar gerddoriaeth Americanaidd fodern.

Terry Riley

Cyswllt â'r we

Ewch i wefan Riley:
www.terryriley.com

Mae recordiad o *In C* ar gael ar Columbia ACD22251.

Ganed Steve Reich yn Efrog Newydd yn 1936. Astudiodd offerynnau taro pan oedd yn ei arddegau ac yn ddiweddarach daeth yn ddisgybl i Berio yng Nghaliffornia. Roedd hefyd yn un o'r perfformwyr yng nghyfansoddiad arloesol Riley *In C*.

Ffrwyth ymweliad â Ghana yng ngorllewin Affrica oedd *Drumming* (1970). Mae'n para 90 munud, ond yn y 30 munud cyntaf dim ond patrymau drymiau a geir, cyn i glockenspiele, marimbas a lleisiau gael eu hychwanegu. Techneg finimalaidd arall i wrando amdani yw cyfnewid seibiau am nodau. Mae hyn yn newid y brawddegu ac yn arwain at newid graddol.

Steve Reich

Cyswllt â'r we

Gwefan Reich yw:
www.stevereich.com

Mae *Different Trains* ar gael ar Elektra/Nonesuch, 7559791762; *Drumming* ar 7559791702.

CDGA 2 trac 19.

Philip Glass

Cyswllt â'r we

Ewch i wefan Glass:
www.philipglass.com

Mae *Music in Similar Motion* ar gael ar Elektra/Nonesuch 7559-79326-2.

John Adams

Arferai Reich deithio o un arfordir i'r llall ar draws America ar y trenau i ymweld â'i rieni a oedd wedi ysgaru. Hyn roddodd iddo ran o'r ysbrydoliaeth ar gyfer ei gyfansoddiad minimalaidd enwog *Different Trains* (1988). Mae'r gwaith hwn wedi'i sgorio ar gyfer pedwarawd llinynnol byw a seiniau sydd wedi'u recordio ymlaen llaw, ac mae'n para 27 munud. Yma clywn ddylanwad uniongyrchol technoleg cerddoriaeth ar y ffordd y cyflwynir ac y clywir cerddoriaeth.

Mae'r tapiau sydd wedi cael eu recordio ymlaen llaw yn cynnwys lleisiau porthorion platfformau, ei athrawes gartref a goroeswyr wedi'r holocost Natsïaidd (ail symudiad). Mae'r tapiau hyn yn adlewyrchu alawon a rhythmau lleferydd. Dyma jig-so hanesyddol Reich. Cafodd y geiriau llafar hyn eu recordio ar dâp magnetig, a gafodd ei dorri i fyny wedyn a'i lynu'n ôl at ei gilydd mewn dolennau. Nid yw'r broses yn annhebyg i samplu modern.

Gwrandewch ar gyfansoddiad Reich *Variations for Winds, Strings and Keyboards*. Y prif ddylanwad ar hwn oedd cyfansoddwr crefyddol o'r Oesoedd Canol o'r enw Pérotin (c. 1200) sy'n adnabyddus am gynnal nodau yn hir iawn er mwyn helpu i rwymo ei gyfansoddiadau ynghyd. Mae Reich wedi mabwysiadu dull cyffelyb, ac wedi creu tri datganiad o un dilyniant harmonig sy'n darparu cefndir i set o amrywiadau cymhleth a blodeuog.

Ganed nai i Al Jolson, Philip Glass, yn Baltimore a dylanwadwyd yn fawr arno gan ddolennau ailadroddus Steve Reich. Daeth hefyd dan ddylanwad y gitarydd Indiaidd enwog Ravi Shankar a'r chwaraewr tabla Alla Rakha. Roedd y newidiadau rhythmig hynod o gynnil mewn cerddoriaeth Indiaidd yn apelio'n fawr at Glass. Yn ogystal, teithiodd i'r Himalaya ac i ogledd Affrica i astudio patrymau drymio amlrythm y diwylliannau hynny.

Un o lwyddiannau mawr Glass oedd dod â minimaliaeth i mewn i faes opera a bale: rhoddodd iddo ddimensiwn theatraidd newydd. Cafodd ei feirniadu am symlrwydd ailadroddus ei operâu ond roedd llawer yn mwynhau ansawdd 'esmwyth ar y glust' ei gyfansoddiadau. Ysgrifennodd 'operâu proffil' wedi'u seilio ar fywydau Gandhi ac Einstein. Roedd ei opera *Einstein on the Beach* yn cynnwys harmonïau mwy traddodiadol er mwyn dod â'r arddull finimalaidd i gynulleidfa dorfol. Mae'r gwaith yn cynnwys dawns, golau, delweddau, geiriau a cherddoriaeth, wedi'u hasio'n 'gyfanwaith hypnotig'.

Ffurfiodd ei grŵp ei hun hefyd, y Philip Glass Ensemble, sy'n defnyddio offerynnau sy'n cael eu mwyhau'n drydanol. Cyfunodd nodiant a chyweiredd safonol â chyfarwyddiadau ac effeithiau electronig. Mae'r dechneg finimalaidd hon i'w chlywed yn ei gyfansoddiad pedair awr *Music in 12 Parts*.

Efallai y cewch gyfle i wrando ar gyfansoddiad arall o'r enw *Music in Similar Motion*, a ysgrifennwyd yn 1969. Yma mae syniad gwreiddiol y motiff agoriadol yn cael ei ddatblygu a'i newid drwy ailadrodd, ychwanegu neu dynnu nodau.

Ac yntau wedi ei eni ym Massachusetts yn 1947, mae gweithiau John Adams yn cynnwys concerti feiolin a symffonïau, ac mae'n teithio'r byd yn arwain ei gerddoriaeth gyda cherddorfeydd mawr.

Fel Glass, opera yw ei flaenoriaeth, ac mae'n eu seilio ar ddigwyddiadau a chymeriadau hanesyddol. Un o'i operâu enwocaf yw *Nixon in China* (1987), sy'n rhoi cipolwg inni ar ddiplomyddiaeth Arlywydd America, Richard Nixon, cyn iddo golli ei swydd yn sgandal Watergate. Gyda'r opera finimalaidd hon, daeth Adams â hanes cyfoes i mewn i'r tŷ opera ac enillodd wobr Grammy yn 1989 am y Cyfansoddiad Cyfoes Gorau.

Un o'i weithiau diweddaraf yw *On the Transmigration of Souls*, a ysgrifennwyd ar gyfer Cerddorfa Ffilharmonig Efrog Newydd i goffáu'r ymosodiadau terfysgol ar Ganolfan Fasnach y Byd ar 11 Medi 2001 flwyddyn union wedi'r digwyddiad. Rydym yn rhoi sylw i'r darn hwn yn y bennod ar Gerddoriaeth ar gyfer Achlysuron Arbennig (tudalen 89).

Yn 1978, cyfansoddodd Adams ddarn o'r enw *Shaker Loops*. Ceir ynddo ffigur syml sy'n amrywio o ran hyd i bob un o'r saith chwaraewr llinynnol, gan gynhyrchu patrwm harmonig sy'n newid yn barhaus. Mae gwreiddiau'r darn hwn mewn addoli: sect Americanaidd gan mwyaf oedd y Siglwyr a arferai grynu a siglo pan fyddent yn mynd i gyflwr dwys o ecstasi crefyddol.

Gwrandewch ar y trac *A Final Shaking*. Mae iddo ddwyster a chyffro er gwaethaf llawer o ailadrodd. Ceir ynddo eiliadau o orfoledd pur ac ecstasi yn y llinynnau. Ceir cydweddu pan fydd y saith rhan yn dechrau gyda'i gilydd ac yna'n ymwahanu nes eu bod yn anghydwedd â'i gilydd, gan greu gweadau sain cyfoethog.

Wedi'i eni yn Reading yn 1953, dylanwadwyd yn fawr ar Mike Oldfield gan ei dad, meddyg oedd yn chwarae'r gitâr. Mae brawd Mike, Terry, yn gyfansoddwr ffilm a theledu, a'i chwaer Sally yn gantores broffesiynol. Roedd yn cyfansoddi darnau i'r gitâr yn ddeg oed a phan oedd yn ifanc treuliai ei amser sbâr i gyd yn cyfansoddi ac yn perfformio ar ei gitâr mewn clybiau gwerin lleol.

Ar ôl gadael yr ysgol, ymunodd Oldfield â nifer o fandiau roc teithiol a gwnaeth albymau unigol yn stiwdios enwog Abbey Road lle'r oedd y Beatles yn recordio. Tra'r oedd ar daith, daeth Oldfield ar draws cerddorfa jazz fawr iawn. Gwnaeth yr amrywiaeth offerynnau yn y band argraff fawr arno a phlannwyd y syniad o gyfansoddiadau i lu o offerynnau yn gadarn yn ei feddwl. Y syniad hwn o weadau aml-haen fyddai'n ddiweddarach yn dwyn ffrwyth ar ffurf cyfansoddiad enwocaf Oldfield, *Tubular Bells*. Cafodd lawer o brofiad yn teithio gyda'r grŵp Whole World a'i arweinydd Kevin Ayers, ac erbyn iddo adael y band yn 1971 roedd wedi dod yn brif gitarydd a gitarydd bas rhagorol.

Ayers roddodd fenthyg ei recordydd tâp i'r Oldfield ifanc, a ddechreuodd roi syniadau cerddorol at ei gilydd; dyma oedd geni *Tubular Bells*. Drwy guddio'r pen 'dileu' gyda darn o gardbord, darganfu fod modd recordio haen newydd o sain heb ddileu'r recordiad oedd yno'n barod. Ei uchelgais oedd defnyddio'r dechneg hon i recordio gwaith ar raddfa fawr megis symffoni glasurol.

Yn ei ystafell wely gartref, aeth Oldfield ati i greu cyfansoddiad amlwead a alwyd yn *Breakfast in Bed* i ddechrau, yna yn *Opus One*, a maes o law yn *Tubular Bells*. Byddai'n chwarae'r offerynnau i gyd ei hun. Byddai'n ymweld â stiwdios Abbey Road yn aml ac yn arbrofi gyda'r seiniau a'r gweadau newydd a ganfu yno. Cyn bo hir roedd ganddo dâp bras, ond cafodd ei wrthod gan y rhan fwyaf o bobl yn y diwydiant cerddoriaeth.

Cyswllt â'r we

Mae cyfweliad gydag Adams am *On the Transmigration of Souls* ar gael ar:
www.newyorkphilharmonic.org/adams/interview.cfm

Efallai eich bod yn gwybod yr emyn *Arglwydd y Ddawns*, sydd wedi'i seilio ar gân o eiddo'r Siglwyr. Defnyddiodd y cyfansoddwr Americanaidd Aaron Copland yr un alaw yn ei gyfansoddiad cerddorfaol *Appalachian Spring*.

CDGA 2 trac 20.

Mike Oldfield

Cyswllt â'r we

Gwefan Oldfield yw:
www.mikeoldfield.com

Fodd bynnag, o'r diwedd cynigiwyd wythnos o amser stiwdio iddo gan entrepreneur ifanc, nad oedd neb wedi clywed amdano ar y pryd, o'r enw Richard Branson a oedd yn sefydlu label recordio *Virgin*. Aeth yr wythnos yn fisoedd, a maes o law cwblhaodd a chymysgodd Oldfield *Tubular Bells* gyda dau beiriannydd sain. Roedd Oldfield, nad oedd ond yn 19 oed, wedi chwarae dros 20 o offerynnau ei hun.

Rhyddhawyd *Tubular Bells* yn 1973 ac roedd yn llwyddiant ysgubol. Fe'i canmolwyd i'r cymylau gan y beirniaid ac roedd troellwyr megis John Peel yn chwarae'r gerddoriaeth byth a hefyd ar eu sioeau radio. Daeth y cyfansoddiad yn fwy enwog byth pan ddefnyddiwyd darn pedair munud ohono yn y ffilm gwlt *The Exorcist*, er nad oedd Oldfield ei hun wedi cael gwybod am hyn mae'n debyg!

CDGA 2 trac 17.

Yn 1989, creodd Oldfield fersiwn saith munud o *Tubular Bells* ar gyfer sioe Nicky Campbell ar Radio 1. Ailwampiodd fersiwn gwreiddiol 1973 gan ddefnyddio'r dechnoleg ddiweddaraf a galwodd ef yn *Tubular Bells II*. Roedd technoleg cerddoriaeth wedi cymryd camau enfawr ymlaen yn y 18 mlynedd a oedd wedi mynd heibio, felly pan ddaeth *Tubular Bells II* allan yn 1992 cafodd groeso brwd unwaith yn rhagor.

Profwch eich hun ar finimaliaeth

1. Enwch bump o nodweddion cerddoriaeth finimalaidd.

   ....

   ....

   ....

   ....

   ....

2. Enwch ddau ddiwylliant o'r tu allan i Ewrop sydd wedi dylanwadu ar gyfansoddwyr minimalaidd.

   ....

   ....

3. Pwy sy'n cael ei ystyried yn dad cerddoriaeth finimalaidd?

   ....

4. Enwch un opera gan John Adams.

   ....

5. Beth roddodd i Mike Oldfield y syniad o gyfansoddiad ar gyfer llu o offerynnau?

   ....

   ....

Cyfansoddi

Cyfansoddwch ddarn ar gyfer lleisiau neu offerynnau gan ddefnyddio rhai o'r technegau minimalaidd a drafodwyd yn y bennod. Dechreuwch drwy sefydlu patrwm rhythmig ostinato ac yna ychwanegwch yr haenau eraill yn raddol.

Ailgymysgu dawns clwb

Nid dim ond ym maes cerddoriaeth glasurol mae cerddoriaeth yn esblygu, wrth reswm. Mae ailgymysgu dawns clwb yn enghraifft dda o hyn. Mae'r math hwn o gerddoriaeth dawns wedi dod yn eithriadol o boblogaidd dros y degawdau diwethaf. Prif nodwedd cerddoriaeth dawns clwb yw rhythm cryf, cyflym, sy'n curo'n barhaus a drymiau a bas yw ei sylfaen. Ychwanegir dolennau drymiau, samplau ac ati at hyn. Wrth ailgymysgu dawns clwb, caiff samplau o gerddoriaeth sydd wedi'i recordio (clasurol, pop, roc, neu unrhyw gerddoriaeth arall nad oedd yn gysylltiedig yn wreiddiol â diwylliant clybiau) eu haildrefnu a'u cymysgu ag arddulliau dawns poblogaidd megis techno, garej, hip hop a cherddoriaeth tŷ i greu rhywbeth newydd.

Mae mynegi ein hunain drwy ddawns yn rhywbeth cyffredin i bawb, ond dim ond yn gymharol ddiweddar y mae'r math hwn o gerddoriaeth dawns, y mae technoleg mor ganolog iddi, wedi esblygu. Tra bo mathau eraill o gerddoriaeth dawns yn cael eu chwarae'n fyw neu'n cael eu recordio'n fyw a'u chwarae'n ôl wedyn, mae ailgymysgu dawns clwb yn golygu cymryd recordiadau gwreiddiol a'u trin drwy ddefnyddio cyfarpar arbenigol.

Yn yr 1970au daeth cerddoriaeth disgo yn hynod boblogaidd a datblygodd rôl y troellwr yn rheoli'r gerddoriaeth i fod yn un bwysig. Roedd systemau sain grymus yn pwmpio rhythmau cyflym allan i nifer fawr o ddawnswyr. Roedd gan y troellwyr fyrddau tro dwbl, pensetiau, a gwell mwyhaduron a seinyddion i chwarae'r gerddoriaeth arnynt.

Yr un pryd, arweiniodd arbrofi mewn gigiau dawns awyr agored yn Jamaica gyda rapio a rhan yr 'MC' at ffenomen cwbl newydd o siarad dros draciau cerddoriaeth sy'n bodoli'n barod. Esblygodd hip hop, math o rap, yn Efrog Newydd yn yr 1970au, gan ddod yn boblogaidd ar draws y byd yn yr 1980au. Yma, roedd troellwyr yn trin y byrddau tro fel offerynnau cerdd a daeth y dechneg o sgriffian recordiau i amlygrwydd.

Yn yr 1980au, datblygodd technoleg ymhellach, gyda mwy a mwy o ddefnydd yn cael ei wneud o syntheseiddwyr, peiriannau drymiau a cherddoriaeth samplau. Daeth cerddoriaeth tŷ asid yn hynod o boblogaidd, yn arbennig mewn rêfs anghyfreithlon, sydd â chysylltiad agos â diwylliant cyffuriau. Esblygodd cerddoriaeth techno, gan arwain at boblogrwydd aruthrol cerddoriaeth dawns megis garej, perlewyg/*trance*, jyngl a drwm a bas yn yr 1990au, a thwf sîn clybiau lewyrchus ar draws Ewrop, yn enwedig yn Ibiza.

Mae hyn i gyd wedi digwydd oherwydd y datblygiadau mawr sydd wedi digwydd mewn technoleg cerddoriaeth a dylanwadau TGCh. Mae'r offer hefyd wedi dod yn rhatach, sy'n golygu bod mwy o bobl yn gallu creu'r math hwn o gerddoriaeth eu hunain. Efallai y byddwch wedi cael cynnig ar ailgymysgu samplau eich hun yn yr ysgol. Mae'n siŵr y byddwch wedi sylwi ar y newidiadau a'r seiniau newydd sy'n cael eu hychwanegu wrth ail-greu cyfansoddiadau. Gallwch hyd yn oed gael cordiau i chwarae am yn ôl gyda lliwiau ac ansoddau newydd yn ymddangos.

Mae modd cymysgu mewn stiwdios, gartref neu yn yr ysgol, neu mae troellwyr yn aml yn gwneud hynny ar y pryd yn y clybiau. Mae cymysgu yn golygu defnyddio dolennau a samplau yn ogystal

Yn 2003 roedd y CD ar gyfer cwrs TGAU CBAC yn cynnwys fersiynau wedi'u hailgymysgu o gyfansoddiad Saint-Saëns *Carnival of the Animals* (trac 3) gyda chôr bechgyn Libera (Luminosa Warner Classics 0927 401172) a fersiwn cerddorfaol gan Diffusions (*Diffusion:* Classical Renaissance CRRCD01). Yn 2004, defnyddiodd CBAC ailgymysgiad William Orbit o *Adagio for Strings* Samuel Barber (Warner WEA 247 CD LC 4281).

â defnyddio deciau neu fyrddau troelli soffistigedig, a sgriffian ac aflunio recordiadau finyl a chwaraeir tuag yn ôl a thuag ymlaen. Mae ansawdd y sain yn rhagorol erbyn hyn gan fod y cyfarpar yn defnyddio seiniau sy'n cael eu gwella'n ddigidol.

Dolen Adran o ddau neu bedwar bar o gerddoriaeth yw dolen fel arfer a fydd yn gweddu i rythmau a harmoni dolennau eraill. Gall fod yn ddim ond cordiau, ychydig o nodau bas neu batrwm melodig. Caiff ei recordio ar samplydd neu ddilyniannwr, yna mae modd ei hailadrodd neu ei 'dolennu' ar unrhyw bwynt yn yr ailgymysgu. Mae technoleg ddigidol wedi gwneud y broses hon lawer yn haws nag yn y gorffennol pan oedd rhaid gosod darn o'r un recordiad yn sownd wrth ei gilydd gyda thâp glynu i greu dolen.

MIDI Mae MIDI yn sefyll am 'Musical Instruments Digital Interface'. Gyda datblygiad y dechnoleg hon – y rhyngwyneb digidol i offerynnau cerddorol – yn yr 1980au daeth yn bosibl i wybodaeth perfformio cerddoriaeth sy'n cael ei storio ar gyfrifiaduron ac offerynnau electronig gael ei chyfnewid a'i chyd-ddefnyddio. Roedd yn cynnig safon i'w galluogi i gyfathrebu â'i gilydd.

Os yw'r meddalwedd priodol gennych ar eich cyfrifiadur gallwch weld y traciau'n cael eu harddangos ar sgrin y cyfrifiadur. Dyma sut mae'r darnau sydd wedi cael eu recordio ymlaen llaw ar gyfer eich papur gwrando yn cael eu cydosod a'u golygu cyn eu trosglwyddo i CD.

Samplydd Dyfais yw samplydd a ddefnyddir i recordio adrannau o seiniau (samplau) fel gwybodaeth ddigidol. Mae'n golygu bod modd eu chwarae'n ôl gyda gwahanol amrywiadau. Gellir storio'r samplau hyn ar ffurf ddigidol a'u galw'n ôl drwy ddefnyddio signal o chwaraeydd MIDI.

Gallech greu darn cyfan gan ddefnyddio dim ond recordiadau sampl, ond ni chewch gyflwyno hwn fel cyfansoddiad gwreiddiol ar gyfer eich TGAU, gan ei fod wedi cael ei 'fenthyca'. Mae'r un fath â chreu traethawd gan ddefnyddio paragraffau o wahanol lyfrau, heb ddim byd gwreiddiol gennych chi. Dyna pam mae'n rhaid i chi a'ch athro ddatgan unrhyw samplau sydd wedi'u 'benthyca' yn eich cyfansoddiadau.

Ni bydd y bwrdd arholi chwaith yn derbyn cyfansoddiadau sy'n defnyddio rhaglenni Dance E-Jay gan nad oes angen sgiliau cyfansoddi cerddorol i gynhyrchu darn drwy ddefnyddio'r meddalwedd hwn.

Dilyniannwr Mae dilyniannwr yn recordio, golygu a rheoli offerynnau megis syntheseiddwyr a samplwyr. Mae'n chwarae data cerddoriaeth yn ôl gan ddefnyddio MIDI. Os byddwch yn cysylltu dilyniannwr â syntheseiddydd neu samplydd gan ddefnyddio cebl MIDI, y dilyniannwr hwnnw wedyn yw eich perfformiwr mecanyddol. Gall chwarae eich samplau a'ch offerynnau electronig, a rheoli'r holl brosesau electronig.

Peiriant drymiau Syntheseiddydd y mae modd ei raglennu i greu gwahanol guriadau a phatrymau drwm yw peiriant drymiau. Mae'n gallu efelychu amrywiaeth eang o offerynnau taro. Gellir defnyddio peiriannau drymiau i wneud dolennau drwm o ddau i bedwar bar. Fodd bynnag, maent yn mynd allan o ffasiwn erbyn hyn gan ei bod yn llawer cyflymach a haws creu traciau drymiau ar ddilyniannwr sy'n gweithio ar gyfrifiadur.

Gwrandewch ar y samplau wedi'u hailgymysgu o'r concerto gitâr enwog *Concierto de Aranjuez* gan y cyfansoddwr o Sbaen, Joaquin Rodrigo (1901–1999). Gwrandewch am y dolennau a'r samplau, a'r ffordd y mae'r gerddoriaeth yn cael ei hailgyflwyno a'i phecynnu gan ddefnyddio TGCh.

CDGA 2 trac 16.

Cyfansoddi

Crëwch eich cerddoriaeth dawns clwb eich hun wedi ei hailgymysgu gan ddefnyddio samplau o unrhyw ddau gyfnod cerddorol, er enghraifft baróc a rhamantaidd, wedi'u cymysgu â sylfaen o guriadau techno. Dechreuwch gyda'ch fersiwn chi eich hun o'r sampl, os dymunwch, cyn cyflwyno'r gerddoriaeth wedi'i hailgymysgu yn raddol gyda chrescendo cynyddol.

Ar y CD albwm dwbl *Diffusion: Classical Renaissance* gallwch weld fel mae ailgymysgwyr dawns wedi defnyddio samplau o lawer o gyfansoddiadau clasurol enwog: *Miserere*, Allegri; *Kanon*, Pachelbel; *The first Cuckoo in Spring*, Delius; *Morning*, Grieg; *Sorcerer's Apprentice*, Dukas; *Gymnopédie*, Satie; *Ffiwg yn D leiaf*, Bach.

Profwch eich hun ar ailgymysgu dawns clwb

1. Beth yw prif sylfaen cerddoriaeth dawns clwb?

   ....

2. Eglurwch ystyr (a) dolen ddrymiau) (b) sgriffian

   (a) ....

   (b) ....

3. Enwch beth o'r cyfarpar sy'n cael ei ddefnyddio gan droellwyr mewn clybiau.

   ....
   ....

4. Beth yw sampl?

   ....
   ....

5. Enwch dri math o gerddoriaeth dawns a disgo.

   ....
   ....
   ....

Rhestr Termau

Cofiwch fod disgwyl ichi ddefnyddio termau technegol yn gywir ac y dylech allu disgrifio rhywbeth pan glywch ef.

A cappella. Canu digyfeiliant.

Acen. 1. Symbol sy'n ymddangos uwchlaw nodyn ac sy'n dangos bod angen ymosod ar y nodyn penodol hwnnw. 2. Pwyslais.

Adroddgan. Unawd mewn rhythm rhydd sy'n adlewyrchu rhythm y testun.

Addurniad. Addurniadau wedi'u hargraffu neu wyriadau oddi wrth y sgôr ysgrifenedig a fwriedir i gyfoethogi perfformiad a darparu amrywiaeth mewn darnau sy'n cael eu hailadrodd.

Agorawd. 1. Y symudiad rhagarweiniol i waith mwy, opera yn aml. 2. Gwaith cerddorfaol byr, un symudiad.

Anghyseinedd. Gweler **Cyseinedd ac anghyseinedd**.

Ail fersiwn. Recordiad o gân yn cael ei pherfformio gan gerddorion gwahanol i'r rhai yn y recordiad gwreiddiol.

Ailadroddiad. Ailddatgan cymal neu ddarn o gerddoriaeth.

Alaw. Y llinell mewn darn o gerddoriaeth lle bwriedir i'r dewis o draw, hyd a chyfyngau, a'u trefniant, hawlio'r prif sylw. Gweler hefyd **Cyfeiliant**.

Aleatorig. Cerddoriaeth sy'n digwydd ar hap yn hytrach na thrwy benderfyniad y cyfansoddwr.

Alto. Llais gwryw uchel neu lais benyw isel.

Amldracio. Techneg recordio lle caiff sawl trac sain ei recordio ar ei ben ei hun ond eu bod yn cael eu chwarae gyda'i gilydd wedyn.

Amser cyfansawdd. Gweler **Amser syml a chyfansawdd**.

Amser syml a chyfansawdd. Mewn amser syml (e.e. $\frac{2}{4}$, $\frac{3}{4}$ neu $\frac{4}{4}$) crosiet yw'r curiad fel arfer a gall rannu'n ddau, pedwar neu wyth nodyn byrrach. Mewn amser cyfansawdd (e.e. $\frac{6}{8}$) crosiet dot yw'r curiad fel arfer a gall rannu'n dri neu'n chwe nodyn byrrach.

Anacrwsis. Un neu fwy o nodau'n rhagflaenu'r curiad cyntaf cryf mewn cymal.

Ansawdd. Lliw tôn offeryn neu lais.

Antiffoni. Cerddoriaeth lle mae dau neu fwy o grwpiau o berfformwyr yn canu neu'n chwarae am yn ail â'i gilydd.

Anthem. Darn corawl sy'n cael ei berfformio yng ngwasanaethau'r eglwys brotestannaidd.

Arco. Arwydd i chwaraewyr llinynnol chwarae'r llinynnau drwy dynnu'r bwa, yn hytrach na'u plycio.

Arpeggio. Nodau cord wedi eu chwarae mewn dilyniant, ar i fyny neu i lawr.

Arwydd amser. Dau rif, un ar ben y llall, e.e. $\frac{3}{4}$. Mae'r rhif uchaf yn dynodi nifer y curiadau i'r bar (3) a'r rhif isaf yn dynodi gwerth amser y curiad (crosiet).

Arwydd cywair. Meddalnodau neu lonnodau wedi'u rhoi yn union ar ôl y cleff ar erwydd sy'n newid pob nodyn o'r un enw ar y raddfa honno.

Bas. 1. Llais gwryw isel. 2. Y rhan isaf ei sain mewn cyfansoddiad cerddorol.

Blues deuddeg bar. Adeiledd a hanodd yn wreiddiol o'r blues ac sydd wedi cael ei fabwysiadu'n eang mewn cerddoriaeth jazz a phop. Mae'r alaw, sydd fel arfer wedi'i llunio o nodau'r blues, yn cynnwys tri chymal pedwar bar, yr ail yn aml yn ailadroddiad o'r cyntaf. Mae adeiledd y cordiau wedi'i seilio ar gordiau I, IV a V.

Brêc. Unawd fyrfyfyr sy'n gymal cyswllt mewn cerddoriaeth jazz a phop.

Byrdwn. Darn o gerddoriaeth a/neu eiriau sy'n cael eu hailadrodd, megis y gytgan mewn cân bop.

Cadenza. Unawd fyrfyfyr neu unawd wedi'i hysgrifennu mewn aria neu symudiad o goncerto.

Cainc. Cân neu alaw, megis mewn canu gwerin Cymraeg neu gerddoriaeth y delyn mewn cerdd dant.

Cam/Step. Hanner tôn neu dôn, neu un o raddau'r raddfa.

Cân stroffig. Cân lle defnyddir yr un gerddoriaeth ar gyfer pob pennill o'r testun.

Canon. Dyfais gyfansoddiadol lle mae'r alaw mewn un rhan yn cael ei hailadrodd, nodyn am nodyn, mewn rhan arall tra bo alaw'r rhan gyntaf yn parhau i ddatblygu.

Cerddoriaeth destunol. Cerddoriaeth sydd i fod i awgrymu delweddau gweledol neu stori.

Cerddoriaeth ddigywair. Cerddoriaeth heb donydd a heb unrhyw synnwyr o gywair felly.

Cerddoriaeth Faróc. Math o gerddoriaeth sy'n nodweddiadol o'r cyfnod 1666–1750.

Cerddoriaeth foddol. Cerddoriaeth wedi'i seilio ar un o raddfeydd saith dosbarth traw sy'n gyffredin mewn cerddoriaeth orllewinol, ond heb gynnwys graddfeydd mwyaf na lleiaf.

Cerddoriaeth glasurol. 1. Cerddoriaeth gelf o unrhyw gyfnod, yn hytrach na cherddoriaeth werin, jazz neu bop. 2. Cerddoriaeth a gyfansoddwyd yn ystod y cyfnod 1750–1827.

Cerddoriaeth gyfresol. Cerddoriaeth wedi'i seilio ar gyfres o 12 nodyn yn cynnwys pob traw ar y raddfa gromatig.

Cerddoriaeth gyweiraidd. Cerddoriaeth wedi'i seilio mewn cywair sydd wedi'i ddiffinio'n glir.

Cerddoriaeth ramantaidd. Cerddoriaeth lle mae'r neges emosiynol yr un mor bwysig â'r ffurf y mynegir hi ynddi. Fe'i defnyddir yn benodol am gerddoriaeth a gyfansoddwyd yn y cyfnod 1827–1914.

DWYN YW LLUNGOPÏO'R DUDALEN HON
Rhowch wybod i *copyright@rhinegold.co.uk* am achosion o gopïo
Gwarentir cyfrinachedd

Cerddoriaeth siambr. Cerddoriaeth a fwriadwyd i gael ei pherfformio gartref gydag un offeryn i bob rhan.

Cleff. Symbol sy'n diffinio traw nodau ar erwydd.

Clwm. Llinell grom yn uno pennau dau nodyn o'r un traw. Mae'n dangos y dylid ychwanegu gwerthoedd amser y ddau nodyn ynghyd i ffurfio un nodyn hir.

Coda. Adran olaf darn o gerddoriaeth.

Con sordino. Gyda mudydd; effaith arbennig mewn darnau ar gyfer offerynnau llinynnol a phres.

Concerto. Cyfansoddiad i un neu fwy o offerynnau unawdol, gyda chyfeiliant cerddorfa.

Côr. Grŵp o gantorion yn perfformio gyda'i gilydd un ai mewn unsain neu mewn gwahanol leisiau.

Cord clwstwr. Cord yn cynnwys sawl nodyn sydd hanner tôn neu dôn ar wahân.

Cord gwasgar. Cord toredig a chwaraeir fel cyfres o nodau.

Cord seithfed. Triad ynghyd â nodyn ar y 7fed uwchlaw'r nodyn gwreiddiol. Gweler **Cord seithfed y llywydd**.

Cord seithfed y llywydd. Cord sy'n cynnwys triad y llywydd gyda'r 7fed uwchlaw'r nodyn gwreiddiol wedi'i ychwanegu.

Cordiau cynradd. Cordiau I, IV a V.

Corws. 1. Grŵp mawr o gantorion yn canu mewn rhannau fel arfer. 2. Mwyhau sain yn electronig i roi mwy o gorff iddo.

Creu yn fyrfyfyr. Creu cerddoriaeth 'yn y fan a'r lle' tra'n perfformio, yn hytrach na dilyn sgôr ysgrifenedig.

Croes acen. Rhythm sy'n mynd yn groes i batrymau rheolaidd curiadau acennog a diacen mewn cerddoriaeth.

Cwmpas. Y pellter rhwng nodau uchaf ac isaf alaw, cyfansoddiad neu offeryn.

Cyfalaw. Alaw newydd sy'n cael ei chwarae yr un pryd ag alaw a glywyd cyn hynny.

Cyfansoddiad di-dor. Cerddoriaeth leisiol lle gosodir pob adran o'r testun i gerddoriaeth newydd. Gweler **Stroffig**.

Cyfeiliant. Cerddoriaeth sy'n cynnal yr alaw.

Cyfres. Casgliad o ddarnau a fwriadwyd i gael eu perfformio gyda'i gilydd. Roedd cyfres faróc yn cynnwys grŵp o ddawnsfeydd mewn ffurf ddwyran ac yn yr un cywair.

Cyfuniad. Cerddoriaeth lle caiff dau arddull neu fwy o arddulliau eu hasio e.e. clasurol a roc.

Cylchol. Darn sy'n gorffen yn debyg i'r dechrau.

Cyseinedd ac **anghyseinedd.** Sefydlogrwydd (cyseinedd) neu ansefydlogrwydd (anghyseinedd) cymharol dau neu fwy o nodau sy'n cael eu seinio gyda'i gilydd. Gelwir cyfyngau a chordiau cyseiniol yn gytgordiau. Gelwir cyfyngau a chordiau anghyseiniol yn anghytgordiau.

Cytgan. Mewn cerddoriaeth, gosodiad ar gyfer byrdwn y geiriau.

Cytgord. Cyfuniad o seiniau i gynhyrchu cord neu ddilyniant o gordiau.

Cywair. Y berthynas rhwng trawiau mewn darn o gerddoriaeth lle mae un traw (y tonydd) yn fwy pwysig. Traw'r tonydd sy'n pennu cywair y gerddoriaeth.

Cywair perthynol lleiaf/mwyaf. Dau gywair sy'n rhannu'r un arwydd cywair ond y mae eu tonyddion 3ydd lleiaf ar wahân. e.e. C fwyaf ac A leiaf.

Cywasgiad. Byrhau hyd nodau mewn alaw er mwyn cael amrywiad newydd.

Datblygiad. Archwilio cerddoriaeth a glywyd o'r blaen drwy ddulliau megis trawsgyweirio, dilyniannau a gwrthdro.

Desgant. Llinell addurnol sy'n cael ei chanu uwchlaw'r brif alaw mewn darn lleisiol.

Deugyweiredd. Defnyddio dau gywair gwahanol ar unwaith.

Dilyniannwr. Meddalwedd cyfrifiadurol er mwyn mewnbynnu, golygu a chwarae'n ôl ddata perfformio cerddoriaeth gan ddefnyddio MIDI.

Dilyniant. Ailadrodd motiff neu gymal mewn alaw ar unwaith yn yr un rhan ond ar draw gwahanol.

Div. neu **divisi.** Cerddoriaeth sydd â mwy nag un llinell o nodau ar gyfer adran offerynnol. Mae aelodau'r adran yn rhannu'n grwpiau, pob un yn chwarae un o'r llinellau hyn.

Diweddeb. Man gorffwys ar ddiwedd cymal sydd weithiau'n cael ei harmoneiddio gyda dau gord diweddebol. Y pedwar math yw: **Diweddeb Berffaith**: Cord V wedi'i ddilyn gan gord I; **Diweddeb Amherffaith**: cord I, II neu IV fel arfer yn symud i V; **Diweddeb Annisgwyl**: Cord V wedi'i ddilyn gan unrhyw gord ar wahân i I; **Diweddeb Amen**: Cord IV wedi'i ddilyn gan gord I.

Dolen dâp. Darn o dâp magnetig wedi'i osod benben fel bod modd ailadrodd y gerddoriaeth a recordiwyd arno cyhyd ag y mynnir. Erbyn hyn cynhyrchir yr effaith drwy ddefnyddio technoleg ddigidol.

Drôn. Gweler **Pedal neu ddrôn**.

Dynameg. Pa mor gryf (f) neu dawel (p) yw nodau.

Efelychiant. Dull gwrthbwyntiol lle mae syniad alawol a ddatganwyd mewn un rhan yn cael ei gopïo mewn rhan arall tra bo llinell alawol y rhan gyntaf yn parhau.

Estyniad. Gwneud y nodau'n hirach (e.e. drwy ddyblu gwerthoedd y nodau gwreiddiol i gyd).

Ffanffer. Galwad i hoelio sylw, sy'n cael ei chwarae ar offerynnau pres fel arfer.

Ffigur. Gweler **Motiff**.

Ffiwg. Cyfansoddiad gwrthbwyntiol wedi'i seilio ar alaw a glywir ym mhob rhan yn ei thro ar y dechrau.

Ffurf deiran. Adeiledd tair rhan (ABA) lle mae'r adrannau cyntaf ac olaf yn union yr un fath neu'n debyg iawn.

Ffurf ddwyran. Adeiledd cerddorol mewn dwy ran (AB).

Galwad ac ateb. Cerddoriaeth lle mae unawdydd yn canu neu'n chwarae cymal a grŵp mwy yn ymateb gyda chymal ateb ailadroddus fel arfer.

Glissando. Llithro o un traw i un arall.

Gosodiad. Cerddoriaeth wedi'i hychwanegu at destun fel bod y geiriau'n cael eu canu yn hytrach na'u siarad.

Gospel. Math o gân Affricanaidd-Americanaidd yn deillio o emynau Protestannaidd sydd wedi'u seilio ar destun o efengylau'r Beibl.

Graddfa. Casgliad o drawiau y gellir eu codi o ddarn o gerddoriaeth a'u trefnu fesul cam mewn trefn esgynnol neu ddisgynnol.

Graddfa bentatonig. Graddfa bum nodyn.

Graddfa gromatig. Graddfa o hanner tonau sy'n cynnwys pob un o'r 12 traw a geir ar allweddellau.

Graddfa'r blues. Graddfa lle mae rhai o drawiau'r raddfa fwyaf yn cael eu newid e.e. y 3ydd a'r 7fed.

Grwndfas. Alaw yn rhan y bas mewn cyfansoddiad sy'n cael ei hailadrodd lawer gwaith ac sy'n sylfaen i gyfres ddi-dor o amrywiadau alawol a/neu harmonig.

Gwasgiad dwbl. Chwarae cordiau dau nodyn ar offeryn llinynnol a chwaraeir â bwa.

Gwead. Nifer ac ansawdd y rhannau mewn cyfansoddiad a natur y berthynas rhyngddynt.

Gwrthbwynt. Cyfuno dwy neu fwy o linellau alawol yr un pryd.

Gwrthdro. 1. Y broses o droi alaw â'i phen i waered fel bod pob cyfwng yn y gwreiddiol yn cael ei gadw ond eu bod i gyd yn symud i'r cyfeiriad arall. 2. Mae cord yn gord gwrthdro pan fydd nodyn ar wahân i'r nodyn gwreiddiol yn seinio yn y bas. 3. Mae cyfwng yn gyfwng gwrthdro pan fydd un o'r ddau nodyn yn symud wythfed nes ei fod, yn lle bod islaw'r ail nodyn, yn uwch nag ef (ac i'r gwrthwyneb).

Hanner tôn. Y cyfwng lleiaf rhwng nodau yn y rhan fwyaf o gerddoriaeth orllewinol.

Heteroffoni. Gwead wedi'i lunio o alaw syml ynghyd â fersiwn mwy coeth ohoni yn cael eu chwarae neu eu canu gyda'i gilydd.

Homoffoni. Gwead lle mae'r alaw i'w chlywed mewn un rhan, tra bo'r rhannau eraill yn symud ar y cyd â'i gilydd mewn cyfeiliant.

Is-lywydd. Pedwaredd radd graddfa fwyaf neu leiaf (IV).

Leitmotiv. Motiff arweiniol. Darn neu syniad cerddorol melodig cofiadwy sy'n cynrychioli emosiwn, syniad, gwrthrych neu berson.

Libreto. Geiriau opera.

Llam. Cyfwng o 3ydd neu fwy rhwng nodau olynol mewn alaw.

Lleiaf. Gweler **Mwyaf**.

Llonnod. Arwydd (♯) sy'n codi traw nodyn o hanner tôn. Mae un neu fwy o lonnodau ar ddechrau erwydd yn llunio arwydd cywair. Mae pob llonnod mewn arwydd cywair yn codi nodau sydd â'r un enw llythyren un hanner tôn drwy weddill yr erwydd ar ei hyd oni chaiff hynny ei wrth-ddweud gan hapnod neu newid yn arwydd y cywair. Mae llonnod a ddangosir yn union o flaen nodyn yn cael ei alw'n hapnod, a dim ond tan ddiwedd y bar y mae ei effaith yn para.

Llywydd. Pumed (V) radd graddfa fwyaf neu leiaf.

Meddalnod. Arwydd (♭) sy'n gostwng traw nodyn un hanner tôn. Mae un neu fwy o arwyddion meddalnodau ar ddechrau erwydd yn llunio arwydd cywair. Mae pob meddalnod mewn arwydd cywair yn gostwng nodau sydd â'r un enw llythyren un hanner tôn drwy weddill yr erwydd ar ei hyd oni chaiff hynny ei wrth-ddweud gan hapnod neu newid yn arwydd y cywair. Mae meddalnod a ddangosir yn union o flaen nodyn yn cael ei alw'n hapnod, a dim ond tan ddiwedd y bar y mae ei effaith yn para. Gweler hefyd **Llonnod**.

Melisma. Grŵp o nodau a genir i un sillaf.

Mesur. Y ffordd y trefnir y curiad yn batrymau o guriadau cryf a gwan sy'n cael eu hailadrodd.

MIDI. 'Musical Instrumental Digital Interface'. System i gyfnewid data perfformio cerddoriaeth rhwng cyfrifiaduron a/neu offerynnau sydd â'r cyfarpar priodol.

Minimaliaeth. Arddull o'r 20fed ganrif a nodweddir gan ailadrodd amrywiol ar syniadau rhythmig, melodig neu harmonig syml.

Monoffoni. Un alaw ddigyfeiliant i leisiau neu offerynnau sy'n perfformio unawd neu unsain.

Motiff neu **ffigur**. Syniad melodig neu rythmig byr sy'n ddigon trawiadol fel bod modd ei amrywio mewn sawl ffordd heb iddo golli ei hunaniaeth.

Mudydd. Dyfais o bren, rwber neu fetel i dawelu/lleihau sain offerynnau llinynnol neu bres.

Mwyaf a **lleiaf**. Mae cyfwng mwyaf yn fwy na chyfwng lleiaf o hanner tôn.

Naid. Y pellter rhwng dau draw.

Nod metronom. Symbol yn dynodi gwerth nodyn, arwydd = a rhif ar ddechrau cyfansoddiad. Gwerth y nodyn yw'r curiad ac mae'r rhif yn dangos sawl curiad y dylid ei gael y funud. Felly mae ♩ = 84 yn golygu y dylai fod 84 curiad crosiet y funud.

Nodau diatonig a chromatig. Mae nodau diatonig yn perthyn i raddfa'r cywair sy'n llywodraethu ar y pryd, tra bo nodau cromatig yn ddieithr iddo. Er enghraifft, yn C fwyaf, mae F yn nodyn diatonig, tra bo F♯ yn nodyn cromatig.

Nodyn cromatig. Gweler **Nodau diatonig a chromatig**.

Nodyn gwreiddiol. Mewn cerddoriaeth gyweiraidd, traw sylfaenol unrhyw gord sydd wedi'i lunio o 3eddau ar ben ei gilydd. Nodyn gwreiddiol cord G yw'r nodyn G.

(Nodyn) Naturiol. Arwydd sy'n canslo effaith un o'r symbolau yn yr arwydd cywair, neu'n canslo effaith hapnod blaenorol.

Opera. Cyfansoddiad ar raddfa fawr yn cyfuno geiriau, cerddoriaeth, gwledd i'r llygaid a dawnsio weithiau.

Oratorio. Testun sanctaidd wedi'i osod ar gyfer y llais sy'n rhannu'n nifer o symudiadau ac wedi ei fwriadu ar gyfer cyngerdd yn hytrach na pherfformiad dramatig.

Ostinato. Patrwm rhythmig, alawol neu harmonig sy'n cael ei ailadrodd drosodd a throsodd. Gweler hefyd Riff.

Pedal neu **ddrôn**. Nodyn sy'n cael ei gynnal neu ei ailadrodd yn erbyn harmoni sy'n newid.

Pedal y tonydd. Gradd gyntaf y raddfa yn cael ei dal neu ei hailadrodd yn erbyn harmoni sy'n newid.

Peiriant drymiau. Syntheseiddydd sy'n gallu efelychu seiniau nifer o offerynnau taro.

Pennill. Adrannau sy'n cyferbynnu â'r gytgan.

Pennill a chytgan. Ffurf safonol a ddefnyddir mewn canu poblogaidd lle'r ailadroddir cytgan ar ôl y rhan fwyaf o benillion.

Pizzicato. Cyfarwyddyd i chwaraewyr llinynnol blycio'r tannau (yn hytrach na defnyddio'r bwa).

Polyffoni. Mae'n cyfeirio at wead lle mae dwy neu fwy o alawon i'w clywed gyda'i gilydd.

Preliwd. 1. Symudiad rhagarweiniol mewn gwaith mwy. 2. Gwaith un symudiad, i'r piano yn aml.

Riff. Patrwm melodig neu rythmig sy'n cael ei ailadrodd lawer gwaith – fe'i defnyddir yn benodol yng nghyd-destun cerddoriaeth jazz a phop.

Ritornello. Adran offerynnol mewn aria faróc, neu adran i ensemble llinynnol mawr mewn concerto baróc. Mewn rhai ariâu a symudiadau concerto defnyddir yr un deunyddiau cerddorol, neu ddeunyddiau cerddorol tebyg, bob tro mae'r ritornello yn ymddangos.

Rondo. Cyfansoddiad lle mae adran o gerddoriaeth (adran A) a glywir ar y dechrau yn cael ei hailadrodd sawl gwaith, gyda'r ailadroddiadau wedi'u gwahanu oddi wrth ei gilydd gan adrannau cyferbyniol o gerddoriaeth a elwir yn atganau (adrannau B, C ac ati).

Rubato Yn llythrennol 'dwyn amser', mewn Eidaleg. Newidiadau i leoliad curiadau mewn bar, er mwyn y mynegiant, a hynny weithiau'n arwain at amrywiadau yn y tempo drwyddo draw.

Rhagarweiniad. Adran agoriadol cân neu ddarn.

S.A.T.B. Ffurf fer am 'sopranos, altos, tenoriaid a baswyr', y pedair adran mewn côr cymysg safonol.

Samplydd. Dyfais a ddefnyddir i recordio adrannau o seiniau (samplau) fel gwybodaeth ddigidol. Mae'n golygu bod modd eu chwarae'n ôl gyda gwahanol addasiadau.

Sillafol. Cerddoriaeth leisiol lle mae pob sill o'r testun yn cael ei gosod i nodyn gwahanol.

Sonata. Cyfansoddiad offerynnol, mewn sawl symudiad neu adran fel arfer, wedi'i ysgrifennu ar gyfer un offeryn neu ensemble bach o offerynnau.

Soprano. Llais benyw uchel neu lais bachgen sydd heb dorri.

Sprechgesang. Arddull lleisiol sy'n hanner siarad, hanner canu. h.y. llafarganu

Symbolau cordiau. Llaw-fer am wahanol gordiau: C, Cmaj^7 ac yn y blaen. Fe'i defnyddir yn aml mewn jazz a cherddoriaeth boblogaidd.

Symffoni. Gwaith ar raddfa fawr ar gyfer cerddorfa, mewn pedwar symudiad fel arfer.

Symudiad. Adran sylweddol o ddarn hirach.

Syntheseiddydd. Offeryn electronig sy'n gallu cynhyrchu ac addasu sain, er enghraifft dynwared offerynnau cerdd eraill neu gynhyrchu seiniau ar wahân i rai cerddorol.

Tempo. Caiff cyflymder cyfansoddiad ei fesur fel arfer yn ôl cyflymder y curiad. Mae modd dangos hwnnw gyda chyfarwyddyd tempo, e.e. *allegro*, neu nod metronom, e.e. ♩ = 72.

Tenor. Llais gwryw uchel.

Tôn. 1. Cyfwng o ddau hanner tôn. 2. Sain ar draw penodol. 3. Ansawdd offeryn neu lais penodol.

Tonydd. Gradd gyntaf y raddfa fwyaf neu leiaf.

Traw. Pa mor uchel neu isel yw nodyn.

Trawsacennu. Rhoi pwyslais ar nodau sy'n cael eu seinio oddi ar y curiad neu ar guriad gwan, yn aml gyda seibiau neu'r ail o bâr o nodau clwm ar rai o'r curiadau cryf.

Trawsgyweiriad. Y broses harmonig neu alawol a ddefnyddir er mwyn i gerddoriaeth symud o un cywair i un arall.

Trebl. 1. Llais bachgen heb dorri. 2. Recorder sy'n gorwedd rhwng desgant a thenor.

Triad. Cord o dri thraw, yn cynnwys traw sylfaenol a elwir y nodyn gwreiddiol a'r nodau sydd 3ydd a 5ed uwchlaw iddo.

Trithon. Cyfwng o dri thôn, a elwir hefyd yn 'Naid y Diafol'.

Triadau eilaidd. Cordiau II, III, VI a VII.

Tutti. Darn lle mae holl aelodau'r ensemble yn chwarae.

Thema ac amrywiadau. Cyfansoddiad lle caiff y thema ei hailadrodd bob tro gyda newidiadau i un neu fwy o'i helfennau gwreiddiol.

Unsain. Sain gyfun dau neu fwy o nodau o'r un traw.

Virtuoso. Perfformiwr sy'n arbennig o wych yn dechnegol.

Wyth canolig. Y trydydd cymal yng nghorws ffurf 32 bar boblogaidd i ganeuon (AABA, lle bo B = yr wyth canolig).

Wythfed. Y cyfwng rhwng graddau cyntaf ac olaf graddfa fwyaf neu leiaf wyth nodyn. Yr un enw llythyren sydd i'r ddau nodyn.

Ynganiad. Hyd nodau yn eu cyd-destun e.e. stacato/byr neu legato/llyfn.